삶을 바꾼 페미니즘 강의실

박선미 · 조헌진희 외

장춘익 교수의 여성주의 교육실천
20년을 만나다

삶을 바꾼 페미니즘 강의실

곰
출판

들어가는 말

페미니즘이 다시 그리고 새로운 방식으로 중요해졌다. 2015년 한 남성 팝칼럼니스트의 "무뇌아적 페미니즘" 발언이 명시화한 한국 사회의 여성혐오에 대해, 젊은 여성들은 '나는 페미니스트입니다' 해시태그 운동으로 저항의 연대를 시작했다. 온라인과 오프라인을 넘나드는 이 새로운 대중적 페미니즘 운동은 메갈리아와 미러링, 2016년 강남역 살인사건, 2018년의 미투운동, 그리고 디지털 성범죄 편파수사에서 출발한 혜화역 '불편한 용기' 30만 시위로 이어지며, 한국 사회에 성폭력과 성차별에 분노하는 신세대 페미니즘의 존재를 확실히 부각시켰다.

다른 한편 이 폭발적인 분노와 저항은 오히려 우리 사회에서 가부장적 사회문화 권력의 힘이 여전히 도도하게 그리고 새롭게 재구성되며 발휘되고 있음을 잘 드러내주는 것이기도 했다. 무엇보다 미투 운동은 우리 사회의 기득권 남성 엘리트 집단이 여전히 얼마나 권위적 가부장문화의 남성중심주의에 안주하고 있는지 잘 보여주었다. 지배적 권위주의적 남성들이 습관적이고 노골적으로 여성 신체를 착취적으로 수단화하는 관행을 즐겨왔다면, 진보적 남성들 역시 동료 여성들을 위계적 질서 속에서 정서적, 신체적으로 자기중심적으로 대상화했음이 드러났다. 성차와 무관하게 동료시민으로서 사회적 권위를 나누고, 주체적 인간으로서 그 고유의 가치를 존중하고 소통하는 연대의 가치는 진보의 공간에서조차 아직 저 멀리 희미하다.

더 주목해야 할 점은 신자유주의 정치경제의 피해자인 한국의 신세대, '헬조선'을 말하던 남성 청년들이 디지털 공간을 중심으로 반인권적 성폭력과 여성혐오 문화를 소비하고, 생산하는 주체로 퇴행하고 있다는 사실이다. 반지성주의적인 안티페미니즘이 일상의 공론장을 장악하면서, 올림픽 금메달 3관왕 스포츠 영웅조차도 숏컷에 여대를 다닌다는 등의 이유로 온라인 학대와 위협을 피하지 못한다. 여성으로서 최초의 국민 MC가 될 것으로 기대되는 한 유능한 신인 방송인은 여대 출신에 중성적 외모라는 이유로 그의 사소한 행동에 대해 '남성혐오'를 의심받는다.

디지털 여성혐오와 새로운 남성중심주의는 현실사회로 역류하여 진보와 보수를 지지하는 전통적 세대 정치의 지형도마저 흔들어놓았다. 2021년 4월 7일 실시된 서울시장 보궐선거 사전출구조사 결과에 따르면, 20대 여성의 40.9%와 20대 남성의 72.5%가 '국민의힘' 오세훈 후보에게, 그리고 각각의 44%와 22.2%가 '더불어민주당'의 박영선 후보에게 표를 던졌다(이하나 기자, 2021.04.14. '페미니즘 탓에 민주당 졌다?…', 「여성신문」). 남성 청년세대의 정치적 당파성은 전체적으로 60세 이상 노년세대의 그것과 부합하는 것으로 나타나고 있다. 그에 반해 10명 중 약 4명이 자신을 페미니스트로 여기는 20대 여성들은 노동 이슈나 정치 이슈에서도 진보적 가치와 진보적 정당을 분명하게 지지한다(김은지 기자, 2021.09.06. '20대여자 현상: 강한 페미니즘 집단, 새 정치세력 되다', 「시사인」). 이제 청년세대의 성별 정치적 양극화는 일시적 현상이 아니라 현실정치의 상수처럼 자리 잡는 모습이다. 그리고 이처럼 고착화된 일상의 반페미니즘과 청년세대 성별 정치적 양극화는 드디어 제도권 정치의 동조라는 더 심각한 백래시로까지 이어지고 있다. 2022년 3월 대선은 젠더갈등과 여성혐오를 한국 정당정치의 핵심 의제로 공론화하고, 20대와 30대 청년세대의 정치적 당파성을 성별로 확실하게 양극화시킨 하나의 정치사적 전환점으로 기록될 것이다(배두헌 기자, 2022.01.16. "'여가부 폐지' 尹, 20대 지지율 급반등… 이재명은?', 「해럴드경제」 / 손원제 기자, 2022.03.12. '윤석열, 이준석 '갈라치기'에 어퍼컷… 2030 여성 표심의 반격', 「한겨레」 / 윤석만 기자, 2022.03.15. '젠더 갈등 증폭 '이대남', 새 정부에 득일까 실일까', 「중앙일보」).

문제는 '페미'가 일상의 공론장뿐 아니라 제도권 보수정치에서조차 낙인 명칭이 되어버린 어처구니없는 이 상황에 대해 기존의 여성계와 페미니스트 집단의 효율적인 대중정치적 대응은 잘 보이지 않는다는 사실이다. 제도권에 통합된 구페미니스트 세대, 대안적 시민

문화를 주도하는 영페미니스트 세대, 또 새로운 대중적 페미니즘을 대변하는 영영페미니스트 세대 간에 통합적인 이슈화 전략이나 행동은 찾기 어렵다. 관료화된 제도권 페미니스트들뿐 아니라, 각자의 터널 비전(tunnel vision)에 갇힌 시민사회의 분열된 페미니스트 집단은 좀처럼 페미니즘의 대중정치적 역량을 이끌어내지 못한다. 또한 이러한 사회적, 정치적 퇴행과 반지성주의의 혐오 문화에 맞서서 새로운 비판적 정신적 자원을 키워내야 할 대학의 페미니즘 교육 역시 착종에 빠져있다. 강의실에서는 피해의식으로 분노하는 남학생들의 공격이, 또 '이미 다 안다'는 소위 의식화된 여학생들의 조롱이 어지럽게 교차하며 토론과 상호이해를 가로막는다.

그러나 혐오와 대립, 갈등과 대결만 있는 것처럼 보이는 페미니즘 이슈의 이 외면적 상황은 다르게 보면 오히려 우리 사회 전체가 이제는 이 주제를 공론장의 중심에서 공개적으로, 그리고 보다 보편적 언어로 진지하고 본격적으로 논의해야 하는 시점에 도달했음을 알려주는 시그널이다. 조직화된 여성 집단의 정치사회운동으로서의 페미니즘, 성차와 젠더불평등에 대한 이론과 담론으로서의 페미니즘을 넘어, 모든 개인과 일상의 행위규범을 코드화하는 사회문화적 메타 가치, 즉 보편적 세계관으로서의 페미니즘에 대해 우리 공동체가, 특히 정치, 문화, 교육에 관심 있는 모두가 함께 그리고 즉시 논의해야만 한다는 것을 절실하게 말해주고 있다.

이 책은 바로 이러한 '보편적 세계관으로서 페미니즘'을 지향하고 실제로 그렇게 작동했던 한 교육적 실천, 그래서 누군가에게는 '나의 삶을 바꾼 수업'으로 경험되었던 어떤 교육 사례에 대한 기억이자 보고이고, 이야기이자 이론적 해석이며, 또 그에 대한 집단적 대화이자 비평이다. 그 놀라운 화제의 수업은 춘천이라는 지역의 한 대학, 그곳에서 2000년부터 약 20년간 이어진 장춘익 교수(1959~2021)의 〈여성주의철학〉이다. 그는 이 책에 참여한 인터뷰이, 토론자, 또는 집필진 중 누군가에게는 스승이었고, 누군가에는 긴 학연을 나눈 친구였고, 누군가에게는 새롭게 발견한 잠재적 학문적 동지였다. 작년 2월 그는 갑자기 작고했고, 그렇게 황망히 남겨진 자들은 큰 슬픔과 충격에 휩싸였는데, 그것은 단순히 예상치 못한 이른 이별 때문만은 아니었다. 많은 제자와 동료들이 그의 죽음을 마치 "자신의 세계 한 켠이 무너진 듯"(『그리운 장춘익 선생님 추모문집』 머리말, 곰출판 비공식 출판물, 2021년 6월 5일, 5쪽)한 충격, 자기세계의 상실로 경험했는데, 불현듯 엄습한 이 예상치 못한 감정은 각자에게 설명을 요구했다. 그래서 그들은 상실이 비로소 돌아보게 만든 지나간 실존, 20대 초반 성장사의 한 단면을 각인한 특별한 교육 경험, 망각했던 그 과거의 실존적 변화의 시간을 현재로 끌어올리고, 탐색하며, 그 미래적 의미를 묻는다. 스승의 갑작스러운 '부재'는 지나간 시간, 그가 선사한 교육관계의 경험을 다시 각자의 내면에 '현존'하게 했다. 그러면서 그들은 제자이자 학습자로서 또 동료학자로서 그의 여성주의 교육이 학습자 개인의 삶, 세상을 보는 시선을, 그리고 관계에 대한 정서를 어떻게 바꾸어버렸는지 비로소 성찰하고 깨닫게 된다. 이런 의미에서 이 책은 롤랑 바르트가 『밝은 방』에서 말하는, 이제는 작고한 엄마의 품에 안긴 자신의 어린 시절 모습이 담긴 사진이 불러온 강렬한 실존적 감각, '그것이 거기 있었다'는 그 통찰, 삶의 궤적을 결정지은, 하지만 이제는 흩어진 과거의 그 순간들, 여성주의적 전환적 인식의 시간에 대한 성찰의 기록이다.

이 책은 1부와 2부로 구성되어 있다. 1부는 세계관적 인식의 실존적 전환을 촉발한 저 특별한 교육이 벌어진 바로 그 강의실, 그 수업, 그리고 그 수업 경험의 의미와 수업이 지향했던 여성주의 페다고지에 대해 이야기한다. 1장은 그 특별한 강의실의 출발점, 즉 장춘익 교수의 〈여성주의철학〉의 교안과 교재, 그것의 통시적 변화를 재구성한다. 남겨진 그의 20년간의 다양한 수업자료들을 토대로 〈여성주의철학〉의 내용과 방법을 구체적으로 분석해, 그것이 지향하는 수업모델을 진단한다. 2장은 수강생들의 집단적 수업 보고이자 평가다. 설문조사 플랫폼과 전자메일을 통해 익명으로 실시된 설문조사에서 수강생들은 긴 시간을 거슬러 자신의 수업 경험을 소환한다. 20년간 14학기에 걸쳐 시행된 〈여성주의철학〉 수업의 총 473명 수강생 중 102명이 응답했는데, 이 설문조사의 결과는 20년간 이 수업을 관통하는 특정한 영향 방식, 즉 수업은 '성차와 젠더질서, 인간과 사회에 대해 주체적으로 생각'하도록 만들었다는 것을 구체적이고 계량적으로 확인해준다. 3장은 집단 설문조사를 통해 확인된 수업의 이러한 영향 과정에 내포된 인지적, 정서적, 실존적 경험의 내용을 몇 가지 이론을 동원하여 해석하는 시도를 한다. 이 해석은 장춘익의 〈여성주의철학〉 수업을 보다 일반적인 여성주의 페다고지로 재구성하기 위한 준비 작업이라고 할 수 있다. 그리고 4장은 앞 장의 내용들을 토대로 장춘익 교수의 〈여성주의철학〉 수업이 여성주의 페다고지에 던지는 시사점을 확인하고, 한국 사회의 새로운 여성주의 페다고지를 전망하는 전문가 6인의 서로 다른 시선을 담고 있다.

2부는 이제 학교를 떠난, 성인이 된 수강생들의 개인적인 회상을 담고 있다. 5장은 열 가지 서로 다른 인생의 궤적을 밟아가는, 20대 초반에서 40대 중반까지 서로 다른 세대의 수강생 10인의 심층 인터뷰를 정리한 것이다. 이들은 자신이 경험한 〈여성주의철학〉 강의실을 각자 자신의 관점에서 생생하게 이야기하는데, 이 회상의 과정에서 이들은 그 수업, 그리고 장춘익 교수와의 교육관계 경험이 자신에게 하나의 생애사적 분기점이었음을 깨닫게 된다. 6장은 1990년대 후반에서 2000년대 초반 한국 사회에서 처음으로 목도된 대중적 페미니즘의 시기, 소위 영페미니스트 세대에 속한 수강생 4인 4색의 자전적 에세이를 담고 있다. 이들은 당시 한림대 여성주의 공동체 '날'을 중심으로 캠퍼스 페미니즘 운동을 이끌면서, 〈여성주의철학〉의 열렬한 초기 수강생이 되었다. 이들은 대학 시절의 이 특별한 교육관계의 경험과 여성주의 공동체 활동을 회고하며 현재 한국 사회의 대안적 사회문화운동의 일부가 된 자신들의 삶을 때론 담백하게, 때론 역동적으로 전해준다. 이들의 현재 삶은 그 자체로 장춘익 교수의 여성주의 교육에 대한 실천적 증언이라고 해도 좋을 것이다.

결국 이 책은 애도를 위해 기억하고 회상하는 가운데 다시 발견한 놀라운 교육실천, 많은 학습자들의 삶과 시선을 바꾼 한 특별한 여성주의 페다고지의 현재적 의미에 대한 것이다. 20여 년 전 시작된 장춘익 교수의 여성주의 페다고지가 특별한 이유는 그의 수업 현장이 시민사회 공론장의 참여자 다양성, 의사소통의 개방성, 관계의 상호구속성의 특성을 두루 갖춘 드문 경우였기 때문이다. 그의 〈여성주의철학〉은 춘천의 한림대 철학과라는 교육공동체를 배경으로 신뢰자원을 가진 전임교원의 전공교과목이었으며, 여남 비율이 균형을 이룬 학습자 집단이 주체적으로 주제를 중심으로 토론하는 수업이었으며, 여남 학생 모두에게 서로 다른 방식으로 정체성의 정치를 재고하게 만드는 '남성 교수자에 의한 페미니즘 교육'이었다.

2015년 이후 가시화된 소위 페미니즘 리부트와 페미니즘 전쟁을 목도하면서, 우리는 이제 페미니즘이 정체성의 정치를 바탕으로 하는 분리된 하위문화로서의 위상과 국가가 주도하는 관료제적 진보정책의 틀을 넘어서, 보다 보편적 도덕적 규범에 준거하는 정치적 시민사회의 중심 공론장에 들어서야 한다는 것을 절실하게 깨닫는다. 장춘익 교수는 페미니즘을 보편적 인권운동이나 생태주의와 더불어 탈산업 현대사회가 사회정의를 위한 시민적 연대의 도덕을 키울 수 있는 핵심적 사회문화적 자원이라고 생각했다. 〈여성주의철학〉을 개설한 2000년 즈음 그는 "노동 운동이 퇴조한 상태에서, 정당성을 담보로 국가의 권력을 통하여 자본의 논리를 순치하기 어려운 상태에서, (…) 자본과 권력의 지배적 논리에서 벗어나 있으면서 그것들의 무제한적 확산을 견제할 수 있는 실천을 가능케 할 윤리적, 문화적 지반"(장춘익, 『근대성과 계몽-모더니티의 미래』(2022), 21세기북스, 204쪽)은 무엇일지 묻는다. 그러면서 "환경의식을 비롯하여 보편적 인권주의, 여성주의 등을 중심으로 인간의 행위 결과에 대한 성찰적 태도와 연대의식이 확산되고 정보사회의 지배적 질서 내·외부에서 새로운 집합적 실천이 전개"(앞의 책, 205쪽)된다고 진단한다.

그래서 장춘익 교수의 〈여성주의철학〉은 하나의 수업으로만 머물지 않았다. 그는 영페미니스트들의 캠퍼스 내 다양한 문화활동을 지지했고, 학과와 캠퍼스 공동체 내 성 갈등 사안들에 대해 공적 통로나 개인 홈페이지에 자신의 의견을 공개하고 학생들의 논의를 촉구했다. 그 결과 그의 수업은 다양한 교육지도와 상호작용을 하면서, 철학과와 한림대 전체에 작은 단위의 여성주의 공론장들을 지지하고, 파생시키고, 연결시키는 핵심 미시 공론장으로 기능했다. 장춘익 교수의 〈여성주의철학〉을 여성 수강생들뿐 아니라 남성 수강생들도 종종 '나의 삶을 바꾼 수업'으로 기억하는 것은, 그의 페미니즘 페다고지가 바로 이처럼 고유한 의미의 의사소통과 공감을 통해 사적 개인들을 보편적 인권과 도덕의 가치를 중심으로 연대하는 능력을 갖춘 정치적 공중, 민주정치의 주체인 시민사회 공동체로 전환시키는 원리에 토대를 두었기 때문이라고 우리는 생각한다. 2022년 현재 한국 사회에서 페미니즘 이슈를 둘러싼 착종된 권력 구도와 정치적 혼란은 새로운 여성주의 페다고지의 필요를 반증하고 있다. 우리는 이 새로운 페다고지의 단초를 바로 춘천이라는 지역의 한 대학에서 20여 년간 묵묵히 이어온 장춘익 교수의 놀라운 여성주의 교육실천에서 발견할 수 있다고 감히 주장하고 싶다. 시민공동체는 성별, 세대별, 사회계급별, 문화집단별 차이를 가진 구성원들 모두가 고유한 의미에서 서로 평등하고 자유롭게, 동시에 상호 책임감을 가지고 의사소통하는 관계에 들어섬으로써 비로소 연대할 수 있다는 것, 시민 공동체가 '단지 수평적으로 연결'하는 것 외에 다른 방식으로 사회정의와 여성주의 연대의 도덕으로 나가는 길은 없다는 것, 그것을 이책은 말하고 싶다.

이 책이 지금의 모습으로 독자들을 만날 수 있는 것은 문자 그대로 집단지성과 시민공동체적 연대 덕분이다. 지금으로부터 약 1년 전, 장춘익 교수의 교육실천을 연구하기 위한 5인의 연구회가 구성되었고 수업연구와 집단 설문조사 연구, 심층 인터뷰와 토론회 등을 실시했다. 구체적으로 보자면, 1부 1장과 3장은 탁선미가 연구, 집필했다. 2장은 나영정이 기획하고, 나영정과 탁선미가 연구, 집필했다. 권율수는 집단 설문조사 연구 작업에 공동연구원으로 참여했다. 4장은 노성숙이 기획했다. 노성숙을 포함해서 토론회에 참가한 전문가 6인의 비평문은 원문을 최대한 그대로 반영해 게재되었다. 5장은 조한진희가 기획하고 박미숙, 채해원과 함께 인터뷰를 실시한 후, 녹취록을 바탕으로 조한진희가 정리했다. 6장은 필자 4인이 주도적으로 집필했다. 모든 기획, 연구 단계에서 연구회 5인은 상시적이고 긴밀하게 의견을 교환했다. 특히 노성숙은 전체 내용을 철학적 교육방법론의 관점에서 감수했고, 권율수는 자신의 2017년 수강 경험을 바탕으로 2010년대 수강생들의 관점을 대변해주었다.

이 책에 성명이 적시된 집필자들 외에도 이 책이 세상에 나오기까지 많은 사람들이 손과 마음을 더해주었다. 무엇보다 심층 인터뷰와 집단 설문조사에 성실하게 응해준 수강생들에게 깊은 감사를 전하고 싶다. 이들의 회상과 보고 덕분에 페미니즘 교육의 한 역사적 장소, 장춘익 교수의 20년 페미니즘 강의실이 특별한 여성주의 페다고지의 현장으로 객관화될 수 있었다. 곰출판의 심경보 대표는 그 자신이 이 수업의 수강생으로서 이 책의 의미를 바로 이해하고 연구회의 출간 제의에 적극 응했다.

무엇보다 이 책의 대상이자 출발점인 장춘익 교수에게 깊이 감사한다. 그는 제도권에 안착한 남성 전임교수로서 그 어떤 외부적 의무와 필요의 조건도 없이 20년간 〈여성주의철학〉 교육을 실천함으로써, 페미니즘이 성별의 문제가 아니라 인식과 세계관의 문제라는 것을 분명히 증명해주었다. 교수자 스스로 학생들과 실존적 존중의 관계에 들어섬으로써, 학생들이 '비난받지 않고' 자신의 의견을 밝히고 소통할 수 있었던 그의 페미니즘 강의실에서 학생들은 성차에 대한 관습적 편견을 넘어서는 '발견'의 기쁨을 누리고, 스스로 인식의 전환을 이뤄낼 수 있었다. 그의 존중과 발견의 페미니즘 강의실은 하나의 교육 혁명이었다.

이제 이 책이 대학의 안과 밖에서 새로운 페미니즘 페다고지, 여성주의 교육실천에 관심이 있는 모든 독자들과 만나기를 우리는 간절하게 소망한다. 장춘익 교수의 '존중과 발견의 페미니즘 강의실'이 그 원래의 장소를 넘어서, 또 과거 그의 수강생들 집단을 넘어서 새롭게 실험되고 경험될 때, 비로소 저 작은 교육 혁명은 지나간 신화가 아닌 오늘의 한국 시민사회의 보편적 도덕적 자원으로 전유될 것이기 때문이다.

2022년 4월
〈장춘익교육실천연구회〉의 생각을 담아
탁선미

어쨌건 페미니스트인 Y에게

장춘익

페미니스트를 보면 짜증 난다는 사람이 많지. 문제는 남자만 그런
게 아니라 여자들도 그렇다는 것이 아마 상당히 당혹스러울 거야.
페미니스트는 일종의 적대국의 국민인 것 같아. 어떤 사람이 적대
국의 국민으로 분류되면 상대는 그에게서 그 사람의 개인을 보는 것
이 아니라 집단의 속성만 확인하면 되지. 그런 사람의 경우엔 이름
을 부르지 않아. 집합명사로 표시하고 '그런 부류의 또 하나'로 취
급하면 되지. 굳이 이름을 부를 때는 대개 확인 사살이 필요할 때뿐
이야. 보통은 성불평등 문제를 제기하는 여자를 보면, '또 하나의
악악거리는, 짜증 나는 페미니스트로군'이라고 생각하면 되는 것이
지.

그런 취급을 받는 것은, 안타깝지만, 의외일 수는 없어. 장구하게

유지되어 온 권력과 문화에 도전하는데 어찌 개인의 이름이 불리기를 바랄 수 있겠어? 또 장검을 빼 들고 무시무시하게 달려들기보다는 작은 칼로 여기저기를 들쑤시는데, 짜증 나지 않겠어? 그리고 오래 가는 항의는 아무튼 짜증 나는 거야. 내가 잘 돌보고 싶은 아이도 자꾸 울면 짜증 나는데(의학상의 이상증세로 끊임없이 우는 아이를 평소 아이들에 애정이 많은 여성에게 폐쇄된 공간에서 돌보도록 하니까, 3일 정도 지나서 살해 충동을 느끼더라는 결과를 낸 실험도 있었지), 별로 동의해 주고 싶지 않은 이야기를 자꾸 하면 정말 짜증이 안 나겠어?

내가 이 말을 하는 것은 그런 반응에 대해 존중심을 가지라는 것은 물론 아니야. 사람들의 짜증 내는 반응을 자꾸 접하면, 그리고 가까운 사람들과도 자주 다투게 되면, 점점 자신이 없어지고 초라하게 느껴질 수 있을 텐데, 그때 어쩌겠느냐는 이야기를 하자는 거야.

반복되는 항의가 사람을 초라하게 느끼도록 만든다는 것은 분명한 것 같아. 항의는 내가, 우리가, 갖지 못한 것을 이야기하는 것이고, 같은 항의가 오래 반복된다는 것은 그렇게 오랫동안 결핍의 상태에 있다는 것이니까. 그러니까 항의 기간이 길어지면 저쪽은 짜증 나고 이쪽은 초라하고 비참한 거야.

이런 느낌은 인지상정이야. 인지상정이라고 하지만, 일단 그 느낌이 들기 시작하면 너무 기분이 좋지 않기 때문에, 모든 것을 다 버리고 싶기 때문에, 어떤 대비를 해야 돼. 설마 네가 "불만은 나의 힘"이라면서, 대립 자체를 즐기는 것이 아니라면 말이야. 역시 역사적 소명의식이 너를 뒷받침하는 가장 큰 힘이겠지. 그러나 나는 그 이야기는 접어두고 싶다. 내가 말하고 싶은 것은 좀 더 개인적인 문제야. 감히 조언자 역할을 해도 된다면 두 가지를 말하고 싶다.

하나는 네가 세상에서 이미 알고 있는 것을 확인하는 것보다 새로운 것을 흡수하는 것이 더 많아야 한다는 것이야. 뿌리에서 흡수하는 것보다 많은 수분을 방출하는 식물은 고사한다. 대기의 온도가 높을수록 더 많은 수분을 빨아들여야 하지. 항의할 줄 알아야 하지만, 나중에 자신이 줄 것도 있어야 한다. 세상에 애정과 호기심을 가지고, 네 지식과 정서의 저장고를 듬뿍 채워두어라. 페미니즘이 네 주장의 설득력을 보증해주는 것이 아니라, 너의 지식이 너의 페미니즘에 설득력을 가져다주는 것이야. 페미니즘 아닌 다른 영역에서도 지적으로 신뢰받을 수 있어야 사람들이 네 페미니즘도 신뢰한단다.

다른 하나는 자신의 기쁨이 있어야 한다는 것이다. 네가 너의 기쁨을 찾는다고 해서 항의의 진실성이 떨어지는 것은 아니란다. 오히려 너의 기쁨과 생동성만큼 너의 주장에 전반적인 설득력을 가져다주는 것도 없단다. 다른 사람에게 무엇을 내놓거나 혹은 포기하라고 요구하는 것보다, 네가 가지고 있는 것에 다른 사람들이 호기심을 갖도록 해라. 그렇게 하려면 너에게 어떤 즐거움이 있어야 한단다. 종교수행자가 괴로운 표정만 짓고 있으면 사람들이 호기심을 가질 수 있겠니? 다 버리고도 잔잔한 미소를 짓는 그런 '다름'에 비로소 사람들이 압도되는 것이지. 페미니스트면서 나름대로 멋지고 행복하게 살아라.

P.S. 내가 이 글을 쓸 때가 한여름이다. 네가 해충박멸에 너무 진을 빼지 말고 익충보호에 더 힘쓰기를 바란다. 그게 더 현명한 농법이다. 아, 내 이름의 '익' 자는 다른 '익' 자이니 나를 보호할 필요는 없단다. 그리고 너를 '어쨌건 페미니스트'라고 부른 것은 네가 페미니스트라는 명칭을 반쯤 불편한 심정으로, 그러나 피하지는 않겠다는 심정으로 받아들이는 것 같아서였다.

장춘익 교수는 2000년대 초반 개인 홈페이지 '날개통신'을 운영했다. 학생들과의 다양한 대화를 위해 운영된 이 개인 홈페이지에 그는 종종 에세이를 연재했고, 많은 학생 독자들이 그 에세이를 읽었다. 이 글은 2003년 게재되어, 당시 여러 한림대 동아리와 커뮤니티에 공유되었다.

1부 츤층과 뺄겸이 강의실

1. 페미니즘
강의실이 열리다

 탁선미

여성주의 담론의 상승과 소멸

장춘익 교수가 〈여성주의철학〉 강의를 처음 개설한 2000년 전후, 한국 사회에서는 여성 시민단체와 지식인 집단을 중심으로 담론화되던 성차별과 여성인권 문제들이 국가권력에 의해 본격적으로 법, 제도, 기구의 형태로 정비되기 시작했다. 한국에서 여성정책 국가기구의 출발점은 1988년 사회·문화 분야의 여성 권익을 조율하는 국무총리 산하 정무장관(제2)실이었다. 하지만 1990년 사회주의 동구권의 몰락과 냉전의 종식, 1995년 베이징 세계여성대회, 1998년 국민의정부 출범을 거치며 예방적이고 포괄적인 여성권익보호를 지향하는 '성주류화(gender mainstreaming)' 원칙이 국가 정책의 기준으로 받아들여졌다. 그 결과 1999년 2월 「남녀차별금지 및 구제에 관한 법률」(이하 남녀차별금지법)과 「남녀고용평등법」이 제정 및 개정됐다. 그리고 2001년 1월 대통령 직속 '여성특별위원회'의 업무, 보건복지부의 가정폭력 및 성폭력 피해자 보호와 성매매 방지 업무, 노동부의 여성 관련 업무 등을 이관, 통합한 여성부가 신설되었다.[1] 이러한 제도적 성취는 대학사회에도 적잖은 영향을 미쳤다. 1999년 제정된 「남녀차별금지법」을 토대로 교육인적자원부는 1990년대 운동권 여학생들이 요구해왔던 반성폭력학칙 제정을 전국 대학에 권고했다. 그리고 이 권고에 따라 2000년 즈음 전국 대부분의 대학에서 반성폭력학칙이 제정되고, 성평등센터와 같은 전담 기구들이 일제히 개설되었다.[2]

다른 한편 1990년대 한국의 대학은 여성에 대한 차별과 그에 대한 저항, 그리고 양성 갈등의 중심 무대였다. 무엇보다 1993년 여름에 터진 '서울대 신정휴 교수 사건'으로 6년여간 민사소송의 법정 공방이 이어지며, 시민사회와 대학 여성주의 운동권의 연대가 이루어지면서 대대적인 언론의 주목을 받았다. 이 사건은 신정휴 교수의 성희롱을 거부한 대학원생이 실험실 조교직에서 해고된 것의 부당함을 알리는 대자보에서 시작되었다. 관련 재판에서 원고는 1심에서는 승소, 2심에서는 패소했으나, 대법원이 상고심 판결을 파기환송하면서 직장 내 위계 관계에 있는 상급자가 하급자를 향해 원하지 않는 성적 언동을 지속적으로 행하는 것을 '인격권 침해'로 적시했다. 그 결과 서울고법 민사 18부 파기환송심에서 '신 교수는 우 조교에게 500만 원을 지급하라'는 일부 승소 판결이 확정되었다.[3] 6년간의 소송과 판결을 통해 우리 사회에는 '성희롱(sexual harassment)'이라는 개념이 처음으로 각인되었다. 이는 이후 직업 세계로 진출한 여성들이 일상적으로 겪는 '이름 없는 문제'를 사회적으로 인지하게 만드는 계기가 되었다.[4] 새로운 밀레니엄을 마주하며 여성학자 신상숙은 "성폭력은 (…) 여성운동이 괄목할 만한 진전을 보인 1990년대의 역동성을 집약할 수 있는 화두"이며, "1990년대 초에 언론에 공개된 일련의 성폭행 사건들을 계기로 촉발된 한국 사회의 반성폭력운동은 여성단체들이 연대하여 입법화에 주력하는 초기 단계를 벗어나 이제 대학가, 직장, 운동사회, 심지어 사이버 공간으로까지 파급되는 본격적인 확산 국면으로 접어들었다"[5]고 희망에 찬 진단을 내놓는다.

장춘익 교수가 한림대에서 〈여성주의철학〉을 개설한 시점의 우리 대학사회는 민주정부의 새로운 성평등 규범과 정책이 성립되는 한편, 권위적이며 모순된 성문화 및 성차별을 우리의 문제로 질문하려는 대학 여성주의 운동권의 움직임이 동시에 이루어지는 시기였다. 이 상황에서 전국의 대학에 여성권익을 보호하는 학칙과 기구가 도입되고, 여성의 불평등과 여성에 대한 성적 지배를 탐구하는 여성학 교과과정이 전국 여대를 중심으로 신설된 것은, 시민사회의 저항적 여성주의 하위담론이 국가권력의 주목과 인정을 받고 전체사회에서 문화적으로 대항헤게모니(counterhegemony)의 권위를 막 획득하기 시작한 것으로 평가할 수 있다. 즉 페미니즘이 이러한 권위를 획득한 것은 양방향의 동력이 작용한 결과였다. 한편에서는 대학공론장의 주변부라고 할 수 있는 여성주의 운동권 학생조직의 요구[6]가 있었고, 다른 한편으로는 고등교육의 중심 공론장에서 충분히 소통하고 논의되지 못한 채 국가에 의해 선제적으로 흡수된 국제사회의 보편적 여성인권규약의 규범이 작용했다. 따라서 대학의 중심 공론장, 즉 기존 분과학문들, 대학의 전임교수들, 정식 교과과정 교과목들이 어떻게 여성주의 문제의식과 관점을 흡수하고 그에 부응할지는 이제부터 논의되고 실천되어야 할 후속 사안이었다. 이런 관점에서 볼 때, 이 시기 대학가에서 '성' 또는 '여성'이라는 명칭을 단 교양과목이 폭발적으로 개설되고 여자대학을 중심으로 여성학 협동전공이나 연계과정의 개설이 확산된 것은, 대학교육 공론장이 여성주의적 내적 변화를 받아들이는 출발점일 수도 있고, 또는 대항헤게모니의 권위를 부여하는 행정 관료적 제도화에 대학의 저항적 여성주의 하위 문화가 동화하는 과정일 수도 있다. 아무튼 이렇게 2000년을 전후하여 확대된 여성주의 고등교육의 수요는 전문지식과 탐구를 위한 여성주의 학문 공론장의 확대로 이어지게 된다. 2000년대 들어서 다양한 분과학문의 여성(주의) 관련 학술지들이 연이어 창간되었고 이 중 다수는 현재까지 이어지고 있다.[7]

　장춘익 교수 역시 이 시기에 〈여성주의철학〉이라는 단일한 전공교과목을 넘어서 학부협동전공과정으로 여성학을 염두에 두었던 것으로 보인다. 한림대의 공식적 논의 여부는 현재 더 이상 확인하기 어려우나, 남겨진 기안에 따르면 장춘익 교수는 "이론적, 실증적 탐구"를 지향하는 종합학문으로서 여성학 교과과정을 생각했다. "철학, 문학, 심리학, 사회학, 언론정보학, 사회복지학, 생물학" 전공의 참여를 제안하는 이 기안에서 그는 여성학 설치의 필요를 다음과 같이 서술한다.

"여성학은 여성의 삶을 탐구하고 여성의 삶의 질을 향상시킬 수 있는 방향을 모색한다. 오늘날 여성학은 더 이상 소수의 관심사에 그치는 것이 아니라 사회, 문화, 정치, 역사를 비판적으로 재해석하고 재구성하는 거대한 지적 흐름이다. 이런 지적 흐름에 더하여 대학에 여학생의 수가 증가하면서 여성학에 대한 수요는 크게 증가하였다. 그러나 아직도 여성학은 일부 여대에서만 전공으로 채택되어 있어 관련된 전공과정이나 과목이 선진 외국에 비해 턱없이 부족한 실정이다. 여기에는 크게 두 가지 원인이 작용하는 것으로 보인다. 그 하나는 여전히 학문의 대상을 거의 전적으로 남성들이 규정하고 있다는 사실이고 다른 하나는 종합학문적 성격을 갖는 여성학을 발전시키기 위한 학제간 연구의 분위기가 약하다는 점이다. 세계적인 지적 흐름에 맞추고 또 이미 대학 내에 상당한 정도로 형성되어 있는 수요에 부응하기 위하여 여성학 협동과정의 개설은 유의미하고 시의적절한 것으로 여겨진다."[8]

하지만 2000년 즈음 화려하게 개화한 대학 여성주의 교육이 이후 일관되게 성장한 것은 아니었다. 늦어도 2000년대 중반부터 여성주의 담론 및 교육의 정체와 혼란은 이미 분명하게 드러나고 있었다. 2005년 페미니스트 잡지 「이프 IF」가 폐간되고, 서울 소재 49개 대학 중 25개 대학에서 활동하던 총여학생회가 2000년대 중반부터 급속도로 위축, 소멸되었다. 같은 시기 서울여대, 숙명여대, 이화여대 등에서 여성학 교육과정이 폐지 또는 축소되었다. 2018년 교과목편

람 기준 전국 198개 4년제 대학의 '성' 관련 전공 및 교양수업 개설 상황을 보면 전공교과목은 평균 2.11개, 교양교과목은 평균 2.94개에 머문다.[9] 또한 많은 대학에서 '성' 관련 생물학적, 의학적 이해를 다루는 교과목은 큰 인기를 누리는 데 반해, 좁은 의미의 여성주의 교과목에 대한 관심은 그에 훨씬 못 미치고 있다.[10] 여성학 학부 과정은 대부분 폐지되고 주로 석사 이상 학위과정인 협동전공이나 연계전공이 약 10개 학교에서 소수의 학생을 대상으로 명맥을 이어가고 있다.

주변부의 공론장에서 대학교육의 공론장으로

수전 팔루디는 1980년대 중반 이후 미국 주류 저널리즘과 미디어에서 민주당 정부 아래 제도화된 여성해방운동의 성취를 의문시하고 부정하는 수사학과 담론들, 즉 남성중심주의의 백래시가 확산되는 배경과 원인을 자세히 분석했다.[11] 팔루디의 분석에 따르면, 1970년대 중반 이후 중동에너지 전쟁이 촉발한 미국사회의 정치경제적 위기로 인해 주류 보수 세력과 공화당 정부는 정당성 문제에 직면한다. 그러면서 정당성에 대한 회의를 방어하고 기득권을 수호하기 위해 미국의 주류 사회집단은 여성해방의 물결에 직면해 상징자본을 잃어가는 보수적 도덕, 종교, 교육자 집단과 결탁한다. 팔루디는 1980년대 중후반의 반여성주의적 성정치는 미국 보수 주류사회의 본질적 위기를 은폐하는 수사학이라고 비판한다. 이에 더해 여성운동의 성과를 라이프스타일 소비문화로 왜곡·흡수하는 문화상품 시장으로 인해, 퇴행이 해방으로 호도되는 착시현상이 일어난다고 지적한다.

약 20년의 격차를 두고 한국 사회에서 이와 유사한 상황이 전개된 셈인데, 2000년 중후반 한국의 백래시에도 여성운동의 제도적 성취가 선행했다. 1997년 신정휴 교수의 성희롱 배상 판결, 1999년 「남녀차별금지법」 제정 및 군가산점제의 위헌 결정(2001년 1월 4일부터 폐지), 2001년 여성부 출범, 2004년 「성매매방지법」의 제정, 2005년 호주제 폐지 등 일련의 여성차별적 법률들이 해소되면서 한국 사회의 남성들은 세대별로 자신의 개인적, 문화적 정체성과 직접적으로 연관된 삶의 조건들이 어떻게 변화하는지 목도했다. 그러면서 "1998년 IMF 사태 이후 강화되기 시작한 신자유주의적 무한경쟁 체제하에서 남성성이 근본적으로 위협받는 상황이 여성운동에 대한 (…) 반감의 토대"[12]가 되었다고 생각해볼 수 있다.

여기서 하나 더 주목할 것은 2000년대 중후반 캠퍼스 페미니즘의 후퇴를 여성주의 운동에 대한 직접적인 백래시의 결과로서보다, 1995년 WTO(세계무역기구) 출범 이후 신자유주의 시장 논리를 대학교육에 도입한 김영삼 정부의 「5.13 교육개혁안」의 영향으로 설명하는 입장이다.[13] 이 교육개혁안은 전통적 교양교육과 인문학 교과과정을 시대에 뒤떨어진 것으로 규정하며, 인문학도 미래산업에 기여하는 실용적 지식교육으로 전환되어야 한다고 주장했다. 특히 정부의 평가와 경쟁력 순위에 민감한 주요 사립대학들이 이 교육개혁안에 앞장서서 부응하는데, 인문대학의 학과제가 학부제로 전환되어 학과 정원의 개념이 사실상 무력화되기 시작한 것이 바로 이때부터다. 2006년 여성학 학부 연계전공, 2007년 여성학 석사협동전공을 수요 부족을 이유로 폐지한 숙명여대는 같은 시기 여성 리더십 연계 전공을 신설한다. 이것은 여성주의 교육이 신자유주의적 정책 목표 앞에서 어떤 혼란을 겪을 수 있는지 보여주는 하나의 예라고 할 수 있다.[14]

2000년 장춘익 교수가 〈여성주의철학〉을 개설하고 여성학 협동전공과정을 기안한 것은 여성주의 대항적 공론장에 대한 시대적 요구에 부합한 것이었다. 하지만 당시 한국 대부분의 철학과에서는 정치적으로 중립적이고 문헌학적 해석을 중심으로 하는 학문 이해와 그에 따른 학과 운영이 조금도 흔들림 없이 통용되고 있었다. 이런 상황에서, 한림대 내의 제도적 배경이나 의무가 없이 전임 남성 교원이 〈여성주의철학〉을 전공교과목으로 개설해 다양한 교안을 개발하며 갈등과 감정적 공격이 상존하는 여성주의 교육을 20년간 이어간 것은 놀라운 일이다. 장춘익 교수가 2000년 즈음 우리 사회와 교육 환경의 변화에 직면해서 〈여성주의철학〉 교과목을 도입한 것은 결국 지식인으로서, 사회철학자로서 그리고 철학교육자로서의 자기이해와 연결된 개인적 선택이었고, 또 그런 자기이해의 확장이었다고 평가할 수 있다.

장춘익 교수가 생각하는 비판적 사회철학은 역사적으로 전개되는 사회의 작동원리를 이해하고 그 과정에서 변화·재생산되는 인간억압과 배제, 차별과 착취의 기제를 파악하고 철학적 개념을 통해 비판하는 것이다. 그는 여성주의가 보편적 인권, 생태주의와 더불어 고도 근대 지식정보 사회에서 도덕적 연대를 가능하게 하는 중요한 비판적 실천의 자원이라고 생각했다.[15] 30년간 개설·운영해왔던 〈사회정치철학〉 교과목의 수업목표 설명에서 그는 일관되게 '평등과 정의의 개념을 중심으로' 교과 내용이 진행될 것을 적시했다.[16] 사회철학자로서 이런 교육적, 지적 관심은 그의 다른 여러 교과목에서도 반영되었지만, 무엇보다 주제적 관점에서 실천적 문제와 도덕적 가치, 그리고 사회이론과 이념을 직접 대상으로 삼는 〈사회정치철학〉과 〈여성주의철학〉에서 더 많이 표현되고 논의되었다.

결론적으로 장춘익 교수가 20년간 교육해온 〈여성주의철학〉은 적어도 교육의 틀 내에서 여성주의 가치와 사유를 시민적 공중(公衆)의 자발적인 의사소통 과정으로 재의미화하려는 노력이었다고 평가할 수 있다. 전임교수의 권위와 장기간의 신뢰자원을 바탕으로, 여남 학습자가 거의 동등한 비율로 참여하는 〈여성주의철학〉 전공교과목은 학생운동에서 분리되어 게토화된 1990년대~2000년대 캠퍼스 페미니즘을 교육의 중심 공론장으로 끌어들인 것이다. 그리고 이것은 한국의 여성주의 공론장에 태생적으로 내재된 이중성과 분열, 즉 시민사회 주변부로 게토화된 하위 공론장으로서의 위상과 국가권력을 통해 위로부터 획득한 관료제적 문화적 권위라는 분열적 이중성[17]을 교육 공론장의 중심으로 끌어들여 극복하려는 소중한 시도였다고 생각한다.

'여성주의철학'이 지나온 시간들

〈여성주의철학〉 교과목은 2000년부터 2020년까지 총 14학기 동안 개설되었다. 미개설된 6년은 교수자가 연구년 수행 중이거나 담당해야 할 다른 교과목의 부담이 많아진 학기였다. 이 14회 수업의 총 수강생은 473명으로 학기당 평균 수강생 규모는 약 34명이다. 남겨진 출석부를 바탕으로 이 학습 집단을 성별로 구분하면 여학생이 16.4명 남학생이 17.4명으로 거의 반반이다. 그리고 철학전공 수강생과 타전공 수강생을 구분해보면 각각 약 24명과 10명으로 확인된다. 고학년 대상 철학 전공수업인 〈여성주의철학〉 수강생 중 타전공 학생이 약 30%에 육박한다는 것은 분명 인문학 전공수업으로서는 특별한 상황이다. 이것은 〈여성주의철학〉 교과목에 대한 학제 간의 학습 관심 또는 공통학문적인 학습 수요가 있다는 것을 시사한다. 이 30%의 타전공 수강생들은 주로 인문사회과학 전공 학생들이지만, 가끔 의과대학이나 법과대학 학생들도 확인된다.

〈여성주의철학〉 교과 운영 전체 기간을 통시적으로 살펴보면, 주교재는 총 6번 바뀌었다. 교과목을 처음 개설한 2000년과 2001년의 주교재는 여성주의 이론을 자유주의 페미니즘에서 출발해 급진주의, 사회주의 페미니즘 등을 거쳐 블랙페미니즘과 에코페미니즘에 이르기까지 포괄적이고 체계적으로 소개하는 로즈마리 퍼트넘 통의 『페미니즘 사상-종합적 접근 Feminist Thought』(2000)이었다. 이 책은 초기 7∼8년간 주교재 선정 여부와 무관하게 배경 이론 이해를 위한 주요 참고문헌으로 활용되었다. 2003년부터 2007년까지 채택한 두 번째 교재는 독일 훔볼트대학 젠더연구 협동과정 교수들의 공동연구물인 『젠더연구-성평들을 위한 비판적 학문 Gender Studien. Eine

Einführung』(2002)이었다. 2000년 즈음 장춘익 교수는 이 책의 공동 번역 작업에 참여하면서 훔볼트대학과 연계한 국제학술대회에 논평자로도 참여했다.[18] 이 일련의 작업은 여성권리와 여성차별에 대한 페미니즘의 문제의식에 성차와 성역할의 의미화 과정에 주목하고 그것을 해체하려는 젠더연구의 관점을 보강하는 계기가 되었다.[19] 이 책은 젠더연구의 핵심 주제로 '정체성' '신체' '지식' '자연' '신화' '기억' '섹슈얼리티' '폭력' '정치'를 꼽는데,[20] 이것은 모든 개인으로 하여금 젠더화된 일상, 젠더화된 세계 속에서 살아가게끔 만드는 삶의 범주들이다. 이 책은 무엇보다 지식과 사상, 일상과 세계가 어떻게 미시적으로 또 거시적으로 젠더화되어 있는지 해독해내고, 그것이 여성억압과 차별뿐 아니라 남성통제와 가부장 권력 및 폭력을 재생산해내는 장치라는 것을 성찰하도록 촉구한다.

2009년과 2010년에 채택된 세 번째 교재는 독일사회학자 울리히 벡과 엘리자베트 벡-게른스하임의 『사랑은 지독한, 그러나 너무나 정상적인 혼란 Das ganz normale Chaos der Liebe』(1999)이었다. '사랑, 결혼, 가족, 아이들의 미래를 향한 근원적 성찰'이라는 부제를 가진 이 책은 1970년대 제2차 여성해방운동 이후 서구사회 전반에 가시화된 성과 친밀성 문화질서의 대변화를 탐구한 사회학 연구서다. 이 책은 앤서니 기든스의 『현대 사회의 성·사랑·에로티시즘-친밀성의 구조변동 The Transformation of Intimacy: Sexuality, Love, and Eroticism in Modern Societies』(1996), 체계이론가인 니클라스 루만의 『열정으로서의 사랑-친밀성의 코드화 Liebe als Passion: Zur

Codierung von Intimität』(2009)와 함께 근대사회에서 고유한 개인의 정서적 가치들을 담아내는 사적 영역이 어떻게 동시에 성차와 성역할을 차별적으로 의미화하는 핵심 기제가 되었는지, 그리고 제2차 여성운동과 여성들의 성해방 이후 이 영역이 어떤 문명사적 대변화 앞에 섰는지 성찰하기를 요구하고 있다. 이 세 번째 교재는 페미니즘과 젠더연구 이론의 틀을 벗어나 성과 젠더에 대한 역사적, 경험적 이해를 토대로, 섹슈얼리티의 성차별적 의미화 과정에 대해 비판적으로 사유하도록 자극하려는 의도에서 선정되었다. 이 시기 학생들의 조별 발표를 위해 협의 하에 선택된 주제들은 2009년의 경우 '군대' '노출' '우울' '직업관' '결혼관' '사회화' '포르노그래피'였고, 2010년은 '결혼' '데이트' '군대' '순결' '패션' '성범죄' '개콘 분석'이었다.

사회집단 간 갈등과 폭력을 연구하는 유럽 정치사회학자이자 페미니스트인 제인 프리드먼의 『페미니즘 Feminism』(2002)은 2011년과 2013년 〈여성주의철학〉의 교재였다. 프리드먼은 2001년 서문에서 "페미니즘 내부의 많은 다양성과 갈등에도 불구하고, 그리고 우리가 지금 '탈(脫)페미니즘'의 시대에 들어섰다는 주장에도 불구하고, 모든 페미니즘에는 현대사회에 매우 적합한 중요하고도 가치 있는 목표가 내재되어 있다"고 강조한다. 이 책의 장점은 다양한 페미니즘 이론들을 구분하고 서로 대립시키기보다 페미니스트들이 대결하고자 했던 사회적, 정치적 쟁점들에 다시 주목했다는 데 있다. 더불어 이론들을 그에 대한 설명 도구로 평가하고 활용한다. 그런 의미에서 이 책은 페미니즘 이론들 간의 결합이자 페미니즘 이론과 정치사회적 문제들의 결합이라고 볼 수 있다. 프리드먼은 이 책에서 '평등인가, 차이인가' '페미니즘과 정치' '고용과 세계경제' '섹슈얼리티와 권력' '민족성과 정체성'이라는 5개의 쟁점을 중심으로 페미니즘이 어떤 세부 문제에 대결했는지, 페미니즘 논의를 통해 각각의 쟁점들이 어떤 새로운 시각에서 관찰 가능해졌는지 서술하고자 한다. 이전의 수업보다 프리드먼의 교재를 사용한 2011년과 2013년 수업에서는 정치사회적인 문제에 좀 더 비중이 옮겨졌는데, 정체성이나 섹슈얼리티, 폭력과 같이 일상의 젠더 질서를 묻는 주제들은 보충 설명이나 실습과제 등으로 보완한 것으로 보인다. 2013년의 '나의 젠더 일대기' 에세이 작성 과제는 이런 시도 중 하나인데, 남겨진 제출물들은 여성주의 사유가 개인적 정체성의 가치나 일상의 행위규범에 대해 비판적 성찰을 끌어내는 훌륭한 인식 도구임을 잘 보여준다.[21]

2015년과 2017년 〈여성주의철학〉을 위해 선택된 다섯 번째 교재는 한국여성연구소가 기획한 『젠더와 사회-15개의 시선으로 읽는 여성과 남성』(2014)이었다. 이 책의 1부 '성별화된 사회와 젠더'에서는 젠더 개념이 도입되고 구사되는 이론적 논의들을 설명하고, 2부 '젠더와 일상'에서는 "일상생활에서 경험하는 사건들을 중심으로 쉽고 흥미롭게 읽힐 수 있는 글들을" 소개한다. 3부 '젠더를 넘어서 성평등으로'에서는 "성별 불평등을 해소하기 위한 실천으로서 정책과 운동"을 다룬다. 장춘익 교수는 처음 2주 정도 이론적인 내용에 대한 강의를 진행한 후 이 책의 10개 소주제를 택해서 조별로 지정 주제의 교재 내용을 분석하고 발표한 후, 토론을 주도하고, 최종적으로 전 과정에 대한 보고서를 작성하도록 했다. 발표와 토론을 위해 선택한 소주제는 2부 전체 6개 주제(이성애 연애, 경쟁하는 몸, 가족, 불안정한 노동, 남성성, 아이돌 소녀산업) 1부의 2개 주제(젠더인류학, 성별화된 섹슈얼리티)와 3부의 2개 주제(돌봄의 책임, 성평등운동)였다. 이 교재는 텍스트 분석과 발제, 주제발표, 토론이라는 3단계 과정을 유기적이고 통합적으로 조직하기에 매우 효율적인데, 실제로 이 2개 연도에 학생들의 자발적 참여도가 매우 높았다. 교수는 토론이 마무리되어 갈 때쯤 핵심적인 쟁점 한두 가지에 대해서 명쾌한 개념적 설명을 더하는 식으로 학생들이 문제의식을 각자 분명하게 할 수 있도록 조력했다. 2015년과 2017년 〈여성주의철학〉 수업은 페미니즘에 대해 사회적 관심이 커진 상황에서 수강생 규모도 큰 편이었고 수업 만족도도 높았던 것으로 보인다. 제출된 조별 발표 자료 역시 전반적으로 고르게 그 내용이 충실하고 우수한데, 이것은 수업 만족도에 대한 간접적 증거라고 할 수 있겠다.[22]

2018년과 2020년 〈여성주의철학〉의 교재는 국내 철학자들의 연구모임 '사회비판과대안'이 현대 페미니즘 이론가 8명의 사상을 압축적으로 설명한 『현대 페미니즘의 테제들』(2016)이었다. 이 시기의 수업 분위기를 이해하려면, 당시의 특수한 시대적 상황을 우선 상기할 필요가 있다. 2016년 5월 강남역 살인사건 이후, 20대 청년들을 강의실에서 맞는 페미니즘 교육자들의 고충은 여실히 더 커졌다. 한편에서는 강의실 페미니즘을 향한 남학생들의 전통적 비아냥거림에 상처

받은 자존심의 공격성이 더해졌고, 다른 한편에서는 모든 통합과 타협을 위선이라며 분노하는 래디컬 페미니스트들의 공격이 새롭게 등장했다.

이런 상황에서 사상과 이론 자체에 집중하고, 해석학적 거리를 유지하며 페미니즘의 주제에 접근하는 것은 정체성과 일상 경험에 연결된 주제 중심 수업보다 생산적인 대안이 될 수 있을 것이다. 여기에 더해 2020년 초부터 맞닥뜨린 코로나19 방역 정책으로 인한 비대면 수업 조건에서 학생 발표보다 강의의 비중을 좀 더 높이는 것은 효율적인 선택이었다. 이 새로운 교재는 강의 비중을 높이는 데 좀 더 적합했다. 하지만 비대면 상황에서도 장춘익 교수는 소개된 이론에 대한 토론뿐 아니라 텍스트 발제와 개별 비평과제 등을 병행했다. 그리고 전반적인 수업 만족도 역시 대면 수업보다 낮지 않았다.

지금까지 서술한 20년간의 〈여성주의철학〉 수업을 시간 역순으로 정리하자면 다음과 같다.

연도	인원	철학 전공	기타 전공	여	남	주교재
2020	24	15	9 (사과대 다수)	12	12	연구모임 사회비판과대안 엮음 『현대 페미니즘의 테제들』(2016)
2019	—					미개설
2018	25	14 + 5(인문 학부)	6 (사과대, 인문 대, 의대 각 2명)	13	12	『현대 페미니즘의 테제들』(2016)
2017	42	38	4	17	25	한국여성연구소 『젠더와 사회』(2014)
2016	—					미개설
2015	35	32	3 (영문 2, 사과 대 1)	22	13	『젠더와 사회』(2014)
2014	—					미개설
2013	37	30	7 (사학 1, 사과 대 5, 공대 2)	19	18	제인 프리드먼 『페미니즘』(2002)
2012	—					미개설
2011	33	25	8 (영문 1, 디콘 1, 사과대 4, 법 대 2)	19	14	『페미니즘』(2002)
2010	29	21	8 (인문대 6, 법 대1, 경영 1)	16	13	울리히 벡 외 『사랑은 지독한, 그러나 너무나 정상적인 혼란』 (1999)
2009	38	33	5 (사학 1, 사과 대 2, 경영대 1, 언어병리 1)	17	21	
2008	—					미개설
2007	46	20	26 (인문대 18, 사과대 4, 디콘 2, 청각 1)	22	24	크리스티나 폰 브라운 외 『젠더연구』(2002), 로즈마리 퍼트넘 통 『페미니즘 사상』(2000)
2006	—					미개설, 연구년
2005	18	14	4 (인문대 3, 사 과대 1)	9	9	『젠더연구』(2002), 『페미니즘 사상』(2000)
2004	25	19	6 (인문대 2, 사 과대 3, 공대 1)	9	16	
2003	38	19	19 (인문대 13, 사과대 6)	19	19	
2002	—					미개설

2001	39	18	21 (인문대 15, 사과대 6)	18	21	
2000	44	33	11 (인문대 3, 사과대 6, 공대 2)	21	23	『페미니즘 사상』(2000)
1998~9						대학원 〈사회철학연습〉 J. A. Kourany(1998), *Philosophy in a Feminist Voice*
총인원	473명	335명	138명	230	243	
학기당 평균 인원	33.8명	23.9명	9.9명	16.4	17.4	

장춘익 교수의 〈여성주의철학〉(2000~2020) 수강생 규모 및 교재

'여성주의철학'이 말해온 것들

이제 〈여성주의철학〉 수업 내용이 구체적으로 어떻게 구성되었는지 살펴보자. 수업 내용을 이해하는 데는 남겨진 교안이 좋은 기초자료가 되었다. 여기에 더해 기말고사 시험지와 답안지들, 그리고 제출된 과제물들을 수합해 검토했다. 〈여성주의철학〉은 학기 초반 2~4주는 여성주의 이론의 핵심 개념과 생각들에 대한 강의식 수업으로, 10주 ~12주 정도는 교재 발제 및 젠더화된 사회에서 일상적으로 경험하는 주제들에 대한 세미나식 발제와 토론 수업으로 진행되었다. 교재 발제 외에 추가적으로 학생들과 협의해 조별 주제발표를 하는데, 일상 주제(2010: '결혼' '데이트' '군대' '순결' '패션' '성범죄' '개콘 분석')를 선정하거나, 교재가 제시하는 주제를 그대로 택하기도 했다. 조별 주제발표 외에, 특히 학기 초 "여성은 ○○○이다" "남성은 ◇◇◇이다" "사랑은 □□□이다" 같은 문장을 작성하는 작은 과제들을 제시해 수업

중에 발표·토론하거나, '나의 젠더 일대기' 에세이 작성(2013년)과 같은 자기분석 과제를 학기 말까지 제출하도록 했다. 앞 절에서 살펴보았듯이 장춘익 교수는 21년간 총 6종의 주교재를 선택했다. 로즈마리 퍼트넘 통의 저서를 사용한 초기 2개 연도를 제외하고, 이후 사용된 5개 교재별로 남겨진 수업계획서와 교안, 과제물과 기말고사 문제 및 답안지 등을 각각 검토, 분석한 결과를 다음과 같이 다섯 개의 표로 재구성했다. 수업계획서에 제시된 수업 목표와 함께 주별 수업의 세부 내용, 과제와 평가 방법 그리고 과제 및 시험문제를 포괄했기 때문에, 실제로 〈여성주의철학〉 수업이 한 학기 동안 진행되는 전과정을 개괄적으로나마 상상해볼 수 있을 것이다.

1. 2007년:『젠더연구』

주교재	크리스티나 폰 브라운 외, 『젠더연구』(2002)
수업의 목적 및 목표	성의식은 신체를 관리하는 방식을 익히고 성역할을 수행하면서 형성되고 강화된다. 이분법적 성의식은 남성 혹은 여성의 어떤 특징들을 특별히 강화시키고 강조하는 경향을 갖는데, 이런 구조는 한편으로 이성의 매력을 증가시키면서 다른 한편으로 자신과 타인에 억압을 행사하게 된다. 본 수업은 실제로 생활에서 접하는 주제들을 통해 우리의 성의식이 어떻게 표현되는지를 살펴보고, 성에 대해 좀 더 복합적이면서 해방적인 시각을 가질 수 있는 가능성을 모색해본다.
수업 진행 방식	강의와 발표, 토론을 병행한다. 이론보다는 구체적인 주제들에 대한 발제와 토론이 중시된다. *평가: 조사·발표 및 보고서 50% / 기말시험 40% / 출석 10%
주별 세부 강의계획	
1주	젠더연구를 위한 몇 가지 이론과 개념
2주	성의식의 형성: 어린이 프로그램 분석
3주	신체의 이해, 신체관리 방식의 차이
4주	여성의 노출 - 그 해방과 구속의 이중성

5주	여성과 미
6주	젠더와 군대
7주	남성의 우울, 분노
8주	(중간고사 주간)
9주	스포츠와 젠더
10주	예술과 젠더
11주	비만에 대한 이해방식
12주	트랜스젠더 - 무엇이 문제인가?
13주	포르노그래피 - 무엇이 문제인가?
14주	나이에 대한 이해
15주	기말고사
16주	(보충주간)
기말고사	1. 오늘날 점점 남성에게도 신체미가 요구되는 경향이 있는데, 이것은 사랑에 대한 견해가 달라진 것과 상관이 있습니다. 간략하게 설명해보십시오. (200자 내외, 20점) 2. 트랜스젠더는 한편으로 성이분법에 혼란을 주는 현상이기도 하지만 다른 한편으로 성이분법을 고착시키는 데 기여하기도 합니다. 어떤 점에서 그럴까요? (200자 내외, 20점) 3. "억압적 이성애 repressive heterosexuality"란 무슨 의미일까요? (200자 내외, 20점) 4. 오늘날 남성들이 자기정체성을 형성하는 것이 점점 어려운 일이 되어가고 있습니다. 어째서 그럴까요? 5. 다음은 수업참여도를 묻는 질문입니다. (6가지 조별 주제발표 서술. 감점 5점 문항)

2. 2010년: 『사랑은 지독한, 그러나 너무나 정상적인 혼란』

주교재	울리히 벡·엘리자베트 벡—게른스하임, 『사랑은 지독한, 그러나 너무나 정상적인 혼란』(1999)
수업의 목적 및 목표	성역할 관념은 기본적인 사고방식에서부터 정치, 경제에 이르기까지 막대한 영향을 미치고 있다. 그 작용방식을 살펴보고 사회적 변화와 함께 성역할 관념에 어떤 심층적 변화가 일어나고 있는지, 또 그 변화가 역으로 다시 어떤 사회적 변화를 불가피하게 하는지를 살피고자 한다.

수업 진행 방식	교재를 통한 이론적 접근과, 구체적인 주제에 대한 발표/토론을 병행한다. 수업참가자들은 조를 이루어 교재에 대한 발제와 구체적인 주제에 대한 발표에 참여한다. *평가: 교재발표 30% / 주제발표 30% / 기말고사 30% / 출석 10%
주별 세부 강의계획	
1주	수업소개: 젠더관계(성역할)가 왜 문제인가? 젠더 문제의 범위: 종교부터 경제까지
2주	사랑이냐 자유냐?
3주	사회의 개인화와 인간관계의 변화
4주	사회의 개인화와 인간관계의 변화 / 주제 토론 ①결혼
5주	자유로운 사랑, 자유로운 이혼: 해방의 두 얼굴
6주	자유로운 사랑, 자유로운 이혼: 해방의 두 얼굴 / 주제 토론 ②데이트
7주	내 모든 사랑을 아이에게
8주	(중간고사 주간)
9주	내 모든 사랑을 아이에게 / 주제 토론 ③군대
10주	이브의 두 번째 사과 또는 사랑의 미래
11주	(*축제일. 보강 6월 9일) / 주제 토론 ④순결
12주	이브의 두 번째 사과 또는 사랑의 미래 / 주제 토론 ⑤패션
13주	주제 토론과 관련된 주요 젠더이론 소개 / 주제 토론 ⑥성범죄
14주	주제 토론과 관련된 주요 젠더이론 소개 / 주제 토론 ⑦개콘 분석
15주	기말고사
16주	(보충주간)
기말고사	1. 사랑이 이전보다 더 중요해지면서 동시에 더 어려워지는 이유는 무엇입니까? (500자 이내, 50점) 2. 사랑관계의 불안정성을 완화시킬 수 있는 길은 무엇일까요? (500자 이내, 50점) 3. 이번 수업에서 우리는 결혼, 데이트, 군대, 순결, 패션, 성범죄, 개콘 분석을 주제로 다루었습니다. 발표가 가장 좋았던 조는 어느 조라고 생각합니까? (자신의 조 제외, 최다 득표조에 5점 추가)
기타	2009년: 동일한 교재 + 7개 주제발표(군대, 노출, 우울, 직업관, 결혼관, 사회화, 포르노그래피)

44

3. 2013년: 『페미니즘』

주교재	제인 프리드먼, 『페미니즘』(2002)
수업의 목적 및 목표	성역할 관념은 기본적인 사고방식에서부터 정치, 경제에 이르기까지 막대한 영향을 미치고 있다. 그 작용방식을 살펴보고 사회적 변화와 함께 성역할 관념에 어떤 심층적 변화가 일어나고 있는지, 또 그 변화가 역으로 다시 어떤 사회적 변화를 불가피하게 하는지를 살피고자 한다.
수업 진행 방식	교재를 통한 이론적 접근과, 구체적인 주제에 대한 발표/토론을 병행한다. 수업참가자들은 조를 이루어 교재에 대한 발제와 구체적인 주제에 대한 발표에 참여한다. *강의·토론(대화)·발표(발표는 점수 차이 최소화) / 공연관람·일일여행·자유학습(예: 랜덤 대화 상대자와 대화하기) *평가: 교재발표 30% / 주제발표 30% / 기말고사 30% / 출석 10%
주별 세부 강의계획	
1주	수업소개: 젠더관계(성역할)가 왜 문제인가? 젠더 문제의 범위: 종교부터 경제까지
2주	평등인가 차이인가?
3주	페미니즘과 정치
4주	주제 토론①
5주	고용과 세계경제
6주	주제 토론②
7주	섹슈얼리티와 권력
8주	(중간고사 주간)
9주	주제 토론③
10주	한국에서 성소수자의 현실
11주	(*축제일. 보강 6월 16일)
12주	주제 토론④
13주	주제 토론⑤
14주	일차정리
15주	기말고사
16주	(보충주간)

중간고사	1. 평등-차이 논쟁과 관련해서 최소주의 입장과 최대주의 입장을 간략히 서술하시오.(15점) 2. 생물학적 섹스 그 자체가 사회적 구성물이라는 주장은 무슨 뜻일까요?(15점) 3. 페미니즘이 공/사 구별을 문제 삼은 이유는 무엇일까요?(10점) 4. '이념의 정치'와 '참여의 정치'의 차이는 무엇인가요?(10점) 5. '공적 가부장제'란 표현은 무엇을 뜻합니까?(10점) * 각 문제 200자 내외로 답하시오.(총 60점 만점)
기말고사	1. 노동시장이 왜 젠더화된 방식으로 분리되어 있는지, 그리고 왜 여성들이 남성들보다 평균적으로 적게 버는지에 대해 설명해보십시오.(20점) 2. 여성억압과 관련하여, 이중체계론이란 어떤 입장을 말합니까?(20점) 3. 레즈비언 페미니즘은 왜 이성애를 문제로 여길까요?(20점) 4. 모성의 제도와 모성의 경험을 분리해서 생각하자는 것은 무슨 뜻일까요?(10점) * 각 문제 200자 내외로 답하시오.(총 70점 만점)
기타	* 첫시간 과제: 사랑은 ( )이다. 남자는 ( )이다. 여자는 ( )이다. 작성 후 해석하기. * '나의 젠더 일대기' 에세이 작성 제출과제 (*학기말까지) * 2011년 발표 주제 일부 확인됨: ①가정폭력, ②결혼, ③맞벌이와 가사활동

4. 2017년: 『젠더와 사회』

주교재	1. 한국여성연구소, 『젠더와 사회』(2014) 2. 윤보라 외, 『그럼에도 페미니즘』(2017)
수업의 목적 및 목표	성역할 관념은 기본적인 사고방식에서부터 정치, 경제에 이르기까지 막대한 영향을 미치고 있다. 그 작용방식을 살펴보고 사회적 변화와 함께 성역할 관념에 어떤 심층적 변화가 일어나고 있는지, 또 그 변화가 역으로 다시 어떤 사회적 변화를 불가피하게 하는지를 살피고자 한다. 지식 ─ 젠더 문제에 대한 다학문적이고 비판적인 접근 기술 ─ 젠더 편향성을 읽어내고 스스로의 편향성을 교정 태도 ─ 평등을 지향하면서도 개인의 특이성에 대해 열린 태도를 갖기
수업 진행 방식	* 수업참가자들은 조를 이루어 발제와 토론을 주도한다. * 교재를 예습한다. * 충만한 호기심, (자기)비판적 정신, 열린 토론 자세 외에 특별한 준비사항 없음

46

주별 세부 강의계획	
1주	수업소개: 젠더관계(성역할)가 왜 문제인가? 젠더 문제의 범위: 종교부터 경제까지
2주	젠더와 사회구조 / 교재예습, 발표준비
3주	남성성의 위기와 한국의 남성 문화 / 제1발표
4주	이성애 연애와 친밀성 / 제2발표
5주	신자유주의 시대의 경쟁하는 몸 / 제3발표
6주	성별화된 섹슈얼리티와 여성주의 성정치학 / 제4발표
7주	아이돌 공화국: 소녀산업의 지구화와 소녀 육체의 상업화 / 제5발표
8주	(중간고사 주간)
9주	불안정한 노동시장에서 살아남기 / 제6발표
10주	'가족들' 안과 밖의 여성 그리고 남성들 / 제7발표
11주	돌봄은 누구의 책임인가 / 제8발표
12주	인류학으로 젠더 읽기 / 제9발표
13주	시민사회와 성평등 운동 / 제10발표
14주	종합토론
15주	기말고사
16주	(보충주간)
기말고사	1. '남성성의 위기'라는 담론 뒤에는 어떤 사회적 변화가 있는 것일까요? 그리고 '남성성의 위기'에 대응해서 어떤 실천적 방향을 생각해볼 수 있습니까? 2. 일반적인 (이성애) 연애관을 비판적으로 고찰해보십시오. 3. 섹슈얼리티에 대한 본질주의적인 접근과 구성주의적인 접근을 구별해서 설명하십시오. 4. (한국의) 소녀산업이 취하는 문화적 전략은 어떤 것입니까? 5. 젠더 문제와 관련해서 볼 때 종래의 돌봄 노동에는 어떤 문제점이 있었습니까? 그리고 바람직한 변화의 방향은 무엇입니까? (보너스 문제) 본인이 아주 중요하다고 생각했고 시험에 대비해 열심히 준비한 내용이 있다면, 위의 내용 중 하나를 대체해서 써도 좋습니다. ― 각 문제 300자 내외, 각 20점 (*이 기말고사 문제는 2015년 문제임. 2015년과 2017년은 교재와 주별 세부 강의계획이 동일하므로 이와 유사한 기말고사 문제가 출제되었을 것으로 추정함.)

5. 2020년: 『현대 페미니즘의 테제들』

주교재	1. 연구모임 사회비판과대안, 『현대 페미니즘의 테제들』(2016) 2. 샐리 해스랭어 외, 『페미니즘의 주제들』(2016)
수업의 목적 및 목표	성역할 관념은 기본적인 사고방식에서부터 정치, 경제에 이르기까지 막대한 영향을 미치고 있다. 그 작용방식을 살펴보고 사회적 변화와 함께 성역할 관념에 어떤 심층적 변화가 일어나고 있는지, 또 그 변화가 역으로 다시 어떤 사회적 변화를 불가피하게 하는지를 살피고자 한다. 이번 학기에는 현대 페미니즘 철학의 가장 대표적인 사상가들에 대해 살펴본다. 지식 — 페미니즘 철학에 대한 명확한 지식 기술 — 토론식으로 지식을 교환하는 능력 태도 — 자기성찰적 태도
수업 진행 방식	* 수업참가자들은 조를 이루어 발제와 토론을 주도하고, 교수는 어려운 문제를 해결하는 데 도움을 준다. * 교재를 예습한다. * 충만한 호기심, (자기)비판적 정신, 열린 토론 자세 외에 특별한 준비사항 없음
주별 세부 강의계획	
1주	페미니즘이란 무엇인가? / 교재예습
2주	페미니즘의 규범적 요소와 기술적 요소 / 교재예습, 발표준비
3주	페미니즘과 여성의 다양성 / 교재예습, 발표준비
4주	반—성차별주의로서의 페미니즘 / 교재예습, 발표준비
5주	시몬 드 보부아르 - 절대적 타자에서 실존적 인간으로 / 제1발표
6주	뤼스 이리가레 - 성차의 존재론과 수평적 초월 / 제2발표
7주	샌드라 하딩 - 포스트모던 입장론의 변화와 한계 / 제3발표
8주	(중간고사 주간)
9주	캐롤 길리건 - 정의 윤리를 넘어 돌봄 윤리로 / 제4발표
10주	엘렌 식수 - 여성적 글쓰기 / 제5발표
11주	아이리스 매리언 영 - 차이의 정치 / 제6발표
12주	주디스 버틀러 - 자연은 얼마나 과학적인가 / 제7발표
13주	J. K. 깁슨-그레이엄 - 페미니즘과 차이의 정치경제학 / 제8발표
14주	종합토론
15주	기말고사
16주	(보충주간)

기말고사	다음의 철학자 중 두 사람을 골라 핵심 사상을 정리하고, 그에 대한 자신의 견해를 말해보십시오.(각 600자 내외, 각50점) 1. 시몬느 드 보부아르 / 2. 샌드라 하딩 / 3. 아이리스 매리언 영 / 4. 주디스 버틀러 / 5. J. K. 깁슨-그레이엄
기타	* 2020년 수업은 코로나 방역의 이유로 실시간 화상강의로 시행되었다. * 협의한 비평과제의 사례: '영화 〈기생충〉비평' '페미니즘 시대의 BL' (제출과제는 모두 동일한 점수부여. 미제출자는 10점 감점) * 기말고사는 대면시험으로 실시함.

위에서 제시한 5개의 수업계획서를 통해서 우리는 장춘익 교수가 '젠더'를 미시적 차원에서 거시적 차원까지 복잡하고도 일관되게 권력과 자원을 여성차별적으로 배분하기 위해 사회를 조직하는 원리이자 슈퍼코드로[23] 간주하고 있으며, '여성주의'는 바로 이 슈퍼코드의 전모를 다각도에서 비판적으로 탐색하고 전복하려는 이론이자 노력으로 생각한다는 것을 알 수 있다. 시험 문제들을 살펴보면 그의 〈여성주의철학〉은 학생들이 가부장제 남성중심주의가 성적 욕망에서부터 경제 권력에 이르기까지 제도화한 '차별적 분배'의 원리라는 것을 비판적으로 직시할 것을 분명하게 요구한다.

'여성주의철학'이 말해온 방식들

앞 절에서 본 5개의 수업 개요를 통해서 짐작할 수 있듯이 장춘익 교수의 〈여성주의철학〉 수업은 무엇보다 '발제와 토론'으로 이루어졌다. 그가 수학했던 독일의 인문대학 수업은 그 방식에 있어서 교수가 체계적으로 주제에 대한 설명과 지식을 전달하는 강의(Vorlesung), 그리고 특정한 주제 또는 텍스트에 대해 학습자가 다각도로 탐구하여 주제의 핵심 문제들을 분명하게 정리하고 그에 대한 설명을 설득력 있게 제시하는 발제 및 그에 대한 참석자들의 토론으로 구성되는 세미나(Seminar)로 구분된다. 〈여성주의철학〉은 바로 후자인 세미나 유형의 수업으로 진행됐는데, 학생들은 대부분 지정된 교재의 장들을 따라가며 발제와 토론을 하고 동시에 협의한 개별 젠더 주제에 대한 발제와 토론을 병행했다. 앞 절에서 살펴본 2011년과 2013년의 수업계획서에서는 교재발표, 주제발표, 기말고사에 각 30%씩 평가비율이 지정되어 있다. 2017년 수업 개요를 보면 주교재 10개의 장은 그대로 발표용 소주제가 된다. "젠더 쟁점을 두루 다루"면서도 "각 학문의 이론적 성과를 반영하기 위해"[24] 쓰인 『젠더와 사회』 덕분에 텍스트 발제와 주제 발제의 통합도가 높은 경우였다.

한국대학에서 흔히 '토론식 수업'이라고 불리는 이 세미나 수업은 발제를 담당한 학습자의 의지와 능력에 따라 수업의 질이 좌우되는 단점이 있을 수 있다. 교수자는 이 단점을 보완할 다양한 장치를 도입할 필요가 있는데, 방금 소개한 2017년 수업계획서의 사례와 같이 이론과 현상을 균형 있게 담아내는 교재의 선택 자체도 중요하다. 장춘익 교수는 로즈마리 퍼트넘 통의 『페미니즘 사상』, 제인 프리드먼의 『페미니즘』, 연구모임 사회비판과대안의 『현대 페미니즘 테제들』과 같이 페미니즘 이론서들을 교재로 하고 일상의 젠더 주제를 보충하거나, 반대로 『젠더와 사회』나 『사랑은 지독한, 그러나 너무나 정상적인 혼란』과 같은 사회문화적 주제 중심형 교재를 택하고 보충 텍스트 및 교수자의 강의와 설명으로 이론적 개념과 틀을 제공하는 두 가지 방식 사이에서 다양한 절충을 시도한 것으로 보인다. 여러 교재를 실험하면서 장춘익 교수가 도달한 결론 중 하나는 학부 학생들이 예습할 수 있는 책을 주교재로 택한다는 것이었다. 학생들이 스스로 예습할 수 있기 위해서는 문제를 너무 복잡하거나 어렵지 않게, 명확하게 서술한 교재가 필요하다. 발표와 토론식 수업에서는 학습자들 스스로 묻고 답하는 사유를 통해 문제에 대한 이해에 도달해야 하기 때문에, 수업 전후로 길잡이 역할을 해줄 교재는 매우 중요하다.

토론식 수업의 약점을 보충하는 또 다른 방법은 교수자가 발제 주제를 설득력 있게 설명해내는 이론적 개념과 명제를 명확하게 전달하는 것이다. 장춘익 교수 역시 수업 개설 초기에 학생들의 논의가 과도한 열정 때문이든 또는 의지 부족 때문이든 난맥에 빠지는 경험을 하면서 이 단점을 보완하기 위해 강의 비중을 높여나갔다. 주제 중심 발제와 토론이 이루어지는 경우, 발제 토론이 어느 정도 진행된 수업 후반부에 토론의 핵심 논지를 교수자의 언어로 정리, 보완해주는 방식을 주로 택했다. 결국 강의식 개입을 보완한 토론식 수업으로 발전해나간 것이다. 강의에 해당하는 부분을 구성하는 방식에서도 장춘익 교수는 특별한 전략이 있었다. 그는 수업의 강의 부분에서 이론의 내용을 그 자체로 설명하기보다, 이론 뒤에 숨은 저자의 물음과 답의 핵심 논지를 명확하게 재구성하는 것을 선호한다. 2011년과 2013년 교재인 『페미니즘』의 1장 '평등인가 차이인가—페미니즘의 영원한 문제'의 초반부 주요 부분과 그것을 재구성하는 장춘익 교수의 수업 메모를 비교해보자.

평등에 대한 논쟁은 (…) 그동안 페미니스트 저작들에서 평등—차이 논쟁으로 언급되어 왔으며 (…) 해결하기가 더욱 어렵다. 거칠게 말하자면, 그것은 여성들이 남성과 똑같아지기 위해 투쟁해야 하는가, 아니면 남성들과 차이가 있다고 인정해야 하는가에 관한 논쟁이다. (…) 만일 여성들이 남성과 평등하다고 주장한다면, 여성들은 어떤 남성과 평등하다고 주장해야 하는가? 그리고 어떤 문제에 있어서 평등을 주장해야 하는가? 여성들은 기호의 평등을 주장해야 하는가? 그리고 만일 여성들이 차이를 인정하고자 한다면, 그러면 이런 차이들은 자연적, 생물학적인 차이인가, 아니면 특별한 사회적, 경제적 조건의 결과의 차이인가? 이러한 것들은 평등—차이 논쟁이 불러일으키는 많은 문제들 가운데 극히 일부에 불과하다. (…) 그리고 이런 논쟁을 더 복잡하게 만드는 요인은 남성과 여성의 차이라고 생각되는 것들이 여성들에 대한 차별과 완전한 사회적, 정치적 시민권에서 여성을 배제하는 것을 정당화하는 데 사용되어왔다는 사실이다. (…) 그렇다면 성차란 무엇을 의미하는가? 페미니스트들은 역사적으로 남녀 간의 자연적 차이가 가정되어 온 방식에 초점을 맞추고 이러한 차이가 상이한 사회와 문명 속에서 다양한 사회적, 정치적, 경제적 의미를 부여받게 되는 방식을 분석해왔다. (…) 어떤 페미니스트들은 섹스의 사회적 구성을 강조할 필요성 때문에 젠더라는 용어를 거부해 왔다. (…) 예를 들어, 모니크 위티그(Monique Wittigs)는 섹스는 사회적 구성물들일 뿐이며 남성들과 여성들을 분리하는 것은 자연 또는 인간 생물학에 어떠한 근거도 두고 있지 않은 사회적 권력관계의 산물에 지나지 않는다고 주

장한다. (제인 프리드먼, 『페미니즘』 29~46쪽)

보통 불리한 처지는 차이를 통해 정당화되었다.

차이에 차별을 연결 짓는다.

전략

차이는 없다. 혹은 별로 없다 - 최소주의

차이는 있다. 심지어 장점이다 - 최대주의

차이는 있더라도 중요하지 않다.

차이는 정말 있는가?

차이의 성격은 무엇인가?

차이는 자연적 차이(생물학적 차이)인가, 사회문화적 차이인가?

Sex: male - female

Gender: masculine - feminine

Gender 개념의 유래, 장점

— 남성성/여성성이 사회, 문화적 구성물이라면 달리 될 수도 있다.

Sex/Gender의 이분법의 약점

Sex를 생물학적인 것으로 고정, 섹스도 젠더에 의해 구성된 것이다.

> Sex란 사실 (a,b,c,d,…x)(a,b,c,d,…y)인데 특정한 요소를 집어내어 그것이
> 본질적인 것으로 보는 것이다.
>
> (장춘익 메모, 2011.03.10.)

프리드먼은 평등과 차이를 둘러싼 복잡한 페미니즘 이론적 논쟁의
맥락을 부각하고자 한다. 그에 반해 장춘익의 교안은 문제적 경험,
즉 생물학적 성차에 사회문화적 차별을 결부시키고 차별을 자연적으
로 조건화된 것으로 규정함으로써, 원인과 결과를 뒤집는 억압적 이
데올로기 효과가 나타난다는 문제적 경험 상황에서 출발한다. 그리
고 이 문제적 상황을 해소할 페미니스트의 전략을 두 가지로 상상해
볼 수 있다는 것이다. 평등과 차이를 여성(주의)의 본질적 실존 조건
으로 해석해내기보다 역사적, 사회적으로 구성되고 재생산되는 성차
별을 해소하는 전략의 문제, 즉 페미니즘이 가부장사회의 여성차별
에 맞서고 그 위계질서를 전복할 수 있는 두 가지 대응 방식으로 제
시하는 셈이다. 이론을 인식된 '문제' 경험과 그것을 해소할 '답'으로
재구성하는 이런 방식은, 이론적 지식을 전달해야 할 완결된 정보가
아니라 그 지식을 탄생시킨 원래의 경험적 문제 상황에 대해 묻고 답
을 찾는 사유의 과정으로 되돌리는, 실천적 맥락으로의 재의미화라
고 할 수 있다. 문제적 경험에 대해 물음을 던지는 '실천적 맥락으로
의 사유의 재의미화'는 사실 좁은 의미의 텍스트 해석뿐 아니라 젠더
화된 세계의 현실을 해석하는 데 필요한 '젠더 문해력(gender literacy)'
의 획득에 필수적이다. 사회문화적 젠더 상징기제들은 개인의 인식

과 시선, 정서와 욕망을 특정한 방식으로 주조하는, 보이지 않는 형틀과 같기 때문이다.[25]

중요한 것은 강의와 토론, 이론과 주제 탐구 모두에서 장춘익 교수는 문제적 경험을 일종의 물음의 형태로 되살려내고 이론과 텍스트를 그 물음에 대한 지적, 도덕적 답을 찾는 시도로 제시한다는 것이다. 무엇보다 이러한 교수 방법이 토론의 형식을 통해 실현될 때 여성주의 이론의 지식 내용은 학습자의 개인적이고 자율적인 통찰의 형태로 전환된다. 학습의 이러한 인식 과정은 성차별을 개인적 문제 상황으로 경험하고 있는 (여성)학습자들로 하여금 내적, 정서적 긴장이나 혼란에서 벗어나 자기효능감을 회복하고 도덕적으로 성장하게 만들 수 있다.[26]

사실 이러한 탐구적, 발견적 사유로서의 강의와 토론은 지혜와 도덕의 산파술로 불리는 소크라테스 문답법, 엘렝코스(elenchus)와 유사하다.[27] 소크라테스는 아테네 시민들에게 명예나 재물에만 관심을 갖지 말고 '영혼' 즉 도덕심을 돌볼 것을 요구한다. 엘렝코스는 "문답 상대의 신념체계의 일관성 유무를 시험하는 것"[28]으로 문답 상대자가 도덕과 규범에 대해 가지고 있는 기존의 잘못된 판단과 주장을 반박하고 무력화하는 것이다. 자신의 무지를 깨닫고 더 나은 진리를 찾고 갈구하라는 것이다. 엘렝코스의 목적은 기존 지식의 부정(disport of knowledge), 더 나은 도덕과 지혜를 찾으라는 권고(exhortation), 최종적·도덕적 진리를 알지 못하는 상황에서 끊임없이 진리해석(definition-testing)을 추구하는 것, 즉 지(知)를 사랑하고 지를 추구하기를 멈추지 않는 것이다.[29] 철학(philo-sophia)은 이런 의미에서 삶의 문제적 상황에 대한 비판적이고 자율적인 성찰을 통해 도덕적 사유를 향해 한 걸음 더 나아가는 인간의 이성 활동이자 인격의 함양이다.

사실과 경험에 대해 무엇이 문제인지 묻고 도덕적으로 보다 보편타당한 답을 구하는 자율적인 성찰로서의 교육이념은 근대 자연주의 교육론자인 루소의 『에밀』을 통해 다시 부상한다. 계몽주의 사상에 따라 루소는, 시민들이 자율적 합의로 계약을 통해 위임한 일반의지가 국가의 권력, 즉 공화국이라고 생각했다. 사회계약론으로 알려진 루소의 이 정치사상에서 시민들의 합의란 이해관계의 타협과 절충이 아니라, 일반의지 즉 공동체 전체에게 올바른 것에 대한 지향이다. 그런데 욕망과 습관에 지배되는 개인이 어떻게 자신의 개인적 이해관계나 관습을 넘어서 공공의 선을 사유하고 의지하는 이러한 정치적 시민이 될 수 있는가? 루소의 『에밀』은 바로 신체감각의 고양과 조절능력, 합리적·자율적 사고능력, 그리고 보편적 도덕의지를 지향하는 전인적 교육을 설파함으로써[30] 공화국의 '시민'이 만들어지는 과정을 제시하고 있다.[31] 흥미롭게도 루소는 시민적 자질의 핵심인 보편도덕적 의지의 육성이 이성에 대한 정념이 발현되는 청년기의 특성에서 출발하는 것으로 설정한다. 이성의 타인에 대한 관심이 강해지는 청년기야말로 타인에 대한 공감능력을 확대하고, 타인의 부당한 고통에 양심의 가책을 느끼며, 공동체에 대한 정의감을 내면화하는 도덕적 성장의 시기가 된다는 것이다. 그런데 이 시기의 교육에서 가장 중요한 것은 바로 평등한 관계의 경험으로, 에밀의 스승인 장 자크는 이 단계에서 스스로 자신을 제자와 같은 수평적 위치로 내려놓는다. 장 자크는 교사들을 향해서 학생이 "여러분과 동등한 사람이 되도록, 그들을 여러분과 동등하게 취급하라"고 주문하며, 만일 "그들이 아직 여러분의 수준에 오를 수가 없으면 부끄러워하지 말고 과감히 그들의 수준으로 내려가라"[32]고 요구한다. 교사가 "위엄을 꾸미고" "완벽한 인간으로 보이고 싶어 하는" 것은 오히려 교사의 권위를 무너뜨리는 일이라고 지적한다. 그는 "완벽한 사람들은 하나같이 사람들을 감동시키지도 설득시키지도 못한다"며, "학생의 약점을 고쳐주고 싶으면, 그에게 여러분의 약점을 보여"주고, "그가 겪고 있는 것과 똑같은 싸움이 여러분의 내면에서도 벌어지고 있음을 알게 하라"[33]고 충고한다.

공화국으로 구체화되는 루소의 시민적 일반의지는 합리적 판단력을 넘어서 정서적 감정이 동반된 어떤 전인격인 도덕심에 토대를 두고 있다. 공동체에 대한 애정과 연대의 감정을 토대로 해서만 시민은 평등에 대한 의지와 그것을 훼손하는 것에 대해 정의감을 발휘하며 사회공동체 전체에 이익이 되는 선을 지향하고 실천하고자 한다는 것이다. 일반의지의 전제로서 정의감, 정의감의 전제로서 공감과 연대감에는 청년기의 평등한 인간관계의 경험이 필수적이기에, 장 자크와 에밀의 의사소통은 이제 문답법을 넘어 '고백화행'으로 전환된다.[34] "이제부터 교사와 학생은 솔직하고 대화적인 우정의 관계가 된다. 여기서 주목할 것은 학생뿐 아니라 교사도 솔직해야 한다는 점이다."[35] "고백화행에서 나타나는 교사의 솔직성은 실존주의 교사의 모습과 닮아있다. 교사는 친밀성을 넘어 교사 자신을 학생들에게 개방해야 하는 존재이다."[36]

충동과 관습에 지배되는 인간을 공동체를 위한 진정한 도덕심을 갖춘 시민으로 성장시키는 루소의 '관계적 교육'은 사실 장기간의 일대일 교육이라는 특별한 상황에서 생각할 수 있는 것이긴 하다. 흥미롭게도 장춘익 교수의 경우 특히 초기 제자들을 중심으로 도덕적 자율성으로 나가게끔 만드는 평등한 실존적 상호존중의 관계 경험이 종종 보고되고 있다. 장춘익 교수가 한림대에 부임한 초기부터 그의 수업에 참여한 철학과 88학번 한승일의 이야기를 들어보자.[37]

> 그 학기 나는 내 인생 최고의 수업을 받았다. (…) 진리(인식)의 의사소통적(?) 면모를 이해하는 학기였는데, 나는 거의 나를 위한 강의라고 느끼며 학기를 보냈다. (…) 내가 궁금해하는 것들이 거의 다음 시간에 이야기가 되곤 하였다. 그러나 그런 느낌과는 상반되게도, 나의 학업에 있어 그가 개입된 흔적은 거의 없었다. 모든 것은 온전히 내 스스로, 나의 고민과 탐구를 통하여 이루어졌다(고 느꼈다. 당시엔!). 학기가 끝나갈 때, 나는 생각지도 못했던 곳으로 가 있었는데, 생각해보면, 그는 그곳을 내 스스로 찾아가게끔 했던 것이다. (…) 그러나, 사실 그로부터 받는 가장 큰 혜택은 그와 이야기하는 것이었다. 그와 이야기하면, 왠지 내가 높아지는 느낌이 든다. 존중과 배려에서 비롯된 아니 그 이상의 뭔가가 있다. 가끔 그의 말에 용기와 위로를 얻기도 했었는데, 의례적인 말로써가 아니라 언제나 사실과 진실에 의거해서, 그러했다.

나는 거기서 진심으로, 용기를 얻고 위로를 받았다. (…) 그와 이야기를 하고 나면, 멈추었던 머리가 마구 돌아가기 시작하고, 질문거리가 폭발하고, 찾아볼 것이 수십 가지 늘어나곤 했다.

그리고 강도와 방식은 조금 달라도 장춘익 교수가 교수법에 충분히 익숙해진 2010년 이후의 수강생들로부터도 방금 소개된 한승일의 경험과 유사한 실존적 상호존중의 관계와 자아효능감에 대한 증언은 자주 발견된다.[38] 나는 앞에서 장춘익 교수의 토론 중심 수업에서 학습자가 스스로 문제와 답을 찾아가는 지적 적극성과 열정을 자극하는 수업 구성의 방식을 자세히 설명했다. 이 지점에서 더 강조하고 싶은 것은, 그의 토론 중심 교수 방법에서 학생들을 감동시키고 자발적 지적 열정으로 나가게 하는 동력은 자세히 살펴보면 토론이라는 형식 자체보다, 토론이라는 형식 조건을 상호적 관계 맺기, 더 나아가 진정한 인간적 존중의 정서가 동반되는 상호적 관계 맺기로 전환하는 교수자의 특별한 태도에서 나온다는 점이다. 〈여성주의철학〉과 같이 개인별, 성별, 세대별 정체성 및 자기이해와 결부된 수업 내용에 대해 학습자들이 마음을 열고 상대와 토론하는 것은 결코 쉽지 않다. 장춘익 교수의 〈여성주의철학〉 강의실에서 이것이 가능했던 것은 바로 이곳에서만큼은 나의 의견과 정서, 판단과 자아가 의심이나 불신을 받지 않을 것이라는 믿음이, 즉 신뢰하는 권위자와 진정한 존중의 관계 맺기가 형성되었기 때문으로 보인다. 아마도 우리는 이것을 장춘익 교수 여성주의 페다고지의 실존 도덕적 특징이라고 규정할 수 있을 것이다. 3장에서 이러한 특별한 교육적 관계 맺기의 의미를 몇 가지 이론을 원용해서 보다 깊이 탐색할 것이다. 하지만 우선 다음 2장에서는 장춘익 교수의 〈여성주의철학〉을 만난 사람들, 그리고 그들이 기억하는 수업의 현장과 교육 경험의 의미를 보다 객관적으로 확인해보겠다.

2. 여성주의철학을
만난 102인의 기억

나영정 · 탁선미

이번 장에서는 20여 년간 이어진 〈여성주의철학〉의 전체 473명 수강생들, 수업에 대한 그들의 집단기억을 탐사한다. 수강생의 집단기억을 통해 우리는 1장에서 설명한 장춘익 교수의 특별한 교육실천을 학습자 경험과 내적 영향의 차원에서 진단해보고자 한다. 이를 위해 우리는 수강생 전체를 대상으로 설문조사를 실시하고, 응답한 총 102인 중 유효한 89명의 답변을 빅데이터 텍스트 마이닝 기법으로 처리했다. 그 결과 그 집단기억은 [수업에서 '여성' '남성' '페미니즘' '사회'를 '생각'하고 '문제'로 보며 '토론'했다]는 의미로 수렴되었다. 이것은 일반적으로 좋은 수업에 대한 주관식 평가문 빅데이터의 핵심 의미론, 즉 ['이해'하기 쉽고, '재미'있으며, '유익'했고, '열정'적이었다]는 교수자의 능력 및 지식 전달의 양태와 관련된 키워드와는 사뭇 구분되는 흥미로운 결과다. 1장에서 확인한, 존중의 관계 속에서 자율적 토론이라는 〈여성주의철학〉의 교수방법론이 수

업현장에서 학습자 내면의 영향과정으로 전환되었음을 객관적으로
확인하는 순간이었다.

  한림대 철학과에 〈여성주의철학〉이 처음 개설된 2000년부터 마지막으로 개설된 2020년 1학기까지 총 473명이 이 수업에 참가했다. 사실 이 수업은 한국 대학에서 특정 분과학문 학부 교육공동체를 배경으로 동일한 교수자가 여성(주의)철학을 20년 넘게 가르쳐온 유일한 사례이기도 하다. 2019~2020년 기준으로도 전국 46개 대학의 철학과들 중에서 '여성(주의)철학'을 학부 전공교과목으로 개설한 경우는 6개 학과에 불과하다. 1960년대 이후 전 세계적으로 새로운 페미니즘 이론과 담론의 발전에 (여성)철학자들의 기여가 매우 크다는 점을 생각하면, 사실 이것은 의아하다.[39] 결과적으로, 20년간 이어진 장춘익 교수의 〈여성주의철학〉 전공수업은 청년세대를 대상으로 하는 여성주의 페다고지의 장기적 효과를 가늠해볼 수 있는 매우 귀한 교육 사례임이 드러난다. 1장에서 자세히 살펴본 장춘익 교수의 페미니즘 교육은 과연 청년세대 집단의 도덕적 가치와 정서에 어떤 변화를 가져왔을까? 우리는 장춘익 교수의 페미니즘 교육의 실체를 교수자 관점을 넘어 학습자 입장에서 파악해보고 싶었고, 그래서 473명 수강생 전체에게 온라인 설문조사에 초대하는 e메일을 보냈다.
  메일에서 수강생들은 총 21개 문항으로 구성된 온라인 설문조사에 초대되었다(서베이몽키 서비스 이용). 21개 문항 중 인적사항 등을 묻는 초반 5개 문항 및 당시 추모행사 등을 알리는 마지막 2개 문항

을 제외하면, 14개 문항이 수업 및 그 영향과 관련된 문항이었다. 이 14개 문항은 다시 학습자의 사전 '기대 지평'을 가늠하게 해줄 수업 전 상황 관련 3개 문항, 수업의 '주관적 현상학적 재구성'을 요구하는 수업 중 인상과 기억을 묻는 4개 문항, 수업 후 자신의 의식과 삶에 미친 영향을 묻는 객관식 3개 문항 및 자유로운 '자기 내러티브적' 서술을 유도하는 4개 문항으로 구성되었다.[40] 우리는 전체 473명 수강생 중 연락처를 확보한 361명에게 메일을 보냈는데 이중 최종적으로 102명이 응답했다. 이들이 수업 관련 14개 문항에 대해 전해준 기억과 보고는 장춘익 교수의 '여성주의 페다고지'를 통해 대학 청년학습자 집단이 얼마나 여성주의 문제의식과 가치를 내면화하는지, 어떤 주관적 인식과 행위규범의 변화를 겪게 되는지, 또 그 결과 대학 재학 시기와 그 이후의 현실에서 개인으로서, 사회인으로서 어떻게 더여성주의적으로 행동하게 되는지를 설득력 있게 증언하는 매우 소중한 자료가 되었다.

102인의 응답자는 누구인가

수강생 102인이 설문조사에 응답하게 된 경로는 다양했다. 우선 20년 전체 수강생 중 출석부 학사기록에 남은 총 361명의 메일주소로 온라인 설문조사에 응해줄 것을 요청하는 협조문을 보냈는데, 여기에 64명이 부응했다. 메일 주소의 유효성이 담보되지 못한 채 발송한 이 초대의 응답률은 약 18%로, 일반적 여론 설문조사의 평균 응답률인 10%보다 두 배 가까이 높았다. 그다음에는 역대 조교나 학번

별 동문 대표 그리고 동창회 임원 개개인에게 문의해서 확보한 휴대폰 번호를 통해 수강생 30명을 웹링크로 다시 초대했는데, 이 중에서 14명이 회신해 47%라는 높은 응답률을 보였다. 조사의 객관성을 높이기 위해 전체 수강생의 최소 20% 정도를 응답자로 확보하고 싶었기 때문에, 우리는 이후에도 계속 인적 네트워크를 통해 수강생 개개인에게 직접 연락했다. 그 결과 최종 마감까지 102명이 설문조사에 참가하게 되었다. 결과적으로 응답한 수강생 대부분은 철학과 졸업생 및 재학생이었는데, 총 수강생 473명 중 335명이 철학전공이었음을 생각해보면, 이 102인의 응답자 집단은 어느 정도 실제 수강생 집단의 구성에 부합한다고 볼 수 있다.

102인 응답자 구성에서 더 주목할 점은 성별 비율 및 세대별 비율이었다. 〈여성주의철학〉 전체 수강생 473명 중 여학생은 230명이고 남학생은 243명이었다. 즉 실제 수업의 여남 비율은 48.63% 대 53.37%로 오히려 남성 수강생 비율이 약간 높다. 반면 설문조사 응답자 102명중 문항 전체를 응답한 유효 응답자 89명을 기준으로 하자면, 여성은 58명이며 남성은 31명이었다. 유효 응답자 집단의 여남 비율은 65.17% 대 34.83%로, 여성 수강생들이 남성 수강생들보다 약 2배가량 더 많이 기꺼이 자신의 수업 경험을 보고하고 싶어했다. 이것은 설문조사에 응했으나 중반 이전에 중단하여 분석에서 제외된, 유효하지 않은 소극적 응답자의 경우 남성이 여성보다 약 2배 높게 나타나는 것과도 부합한다. 즉, 여성 수강생들이 남성 수강생들보다 두 배 정도 많이 자신의 〈여성주의철학〉 수업 경험을 적극적으로 회상하고 말하고 싶어했다. 이것은 성차별과 여성 불평등을 주제화하는 여성주의 교육의 효과가 성별로 서로 다른 현실경험과 밀접하게 상호작용한다는 사실을 다시 한번 확인시켜준다.

응답자 102명의 여남 비율 못지않게 흥미로운 것은 세대별 차이다. 전체 수강생 집단을 수업이 개설된 연도를 고려해 통시적으로 총 3개의 세대 집단으로 나누면, 뚜렷한 패턴이 나타난다. 분석대상으로 분류된 89명의 유효응답자 중 2000년, 2001년, 2003년, 2004년 초기 4개 연도 수강생이 27명, 2005년, 2007년, 2009년, 2010년, 2011년, 2013년 중기 6개 연도의 수강생이 18명, 2015년, 2017년, 2018년, 2020년 후기 4개 연도의 수강생이 44명이다. 비율로 보면 초기 30.3%, 중기 20.2%, 후기 49.4%에 해당한다. 후기 4개 연도 수강생 응답자 비율이 압도적으로 높은 것은 물론 시기적 근접성으로 인해 수강생들의 연락처 확보가 쉬웠을 뿐 아니라 수업에 대한 기억이 상대적으로 생생하기 때문일 것이다. 하지만 이런 물리적 이유 외에도, 수강동기를 묻는 8번 문항에 대해 '페미니즘 수업에 대한 궁금증' 또는 '페미니즘에 대한 진지한 관심' '페미니즘이 시대적 흐름이라서'를 이유로 적시한 총 32명 응답자 중에 후기 수강생 응답자는 19명인 약 59.4%로, 전체 응답자 대비 후기 세대 응답자 비율 49%보다 10% 더 높게 나타난다. 즉 페미니즘 이슈에 대한 보다 높은 관심 때문에 후기 수강생들이 적극적으로 설문에 응답한 면도 있다고 추정할 수 있다.

〈여성주의철학〉이 개설된 14학기의 학기당 평균 수강생 규모는

33.8명으로, 초기 36.5명, 중기 33.5명, 후기 31.5명으로 가벼운 하강 곡선이 보이지만 세대 간 수적인 차이는 미미하다. 이에 반해 이 세대별 응답자 수가 크게 차이 나는 결과를 조금 더 설명해보기 위해, '페미니즘에 대한 관심'을 수강동기로 적시한 8번 문항 응답 결과를 다시 살펴보았다. 분석 결과, 초기 세대(2000~2004)는 총 응답자 27명 중 10명이, 중기 세대(2005~2013)는 총 응답자 18명 중 3명이, 후기 세대(2015~2020)는 총 응답자 44명 중 19명이 '페미니즘에 대한 관심'을 수강동기로 적시했다. 이것을 비율로 나타내면 각각 37%, 16.7%, 43.2%로 3개의 세대가 페미니즘 이슈에 대해 가진 주목도의 정도는 사뭇 달랐다. 유효 응답자를 통해 확인한 이 세대별 페미니즘 이슈 주목도의 차이는 한국 사회 여성운동과 페미니즘 운동의 부침에 대한 학자들의 일반적 설명과도 부합하는 흥미로운 결과다. 즉, 소위 1990년대 후반부터 시작해 2005년까지 이어졌던 영페미니스트 캠퍼스 페미니즘 시대, 신자유주의 정치경제 재편 및 대학교육 실용화가 관철되는 2005~2014년의 포스트페미니즘 시대, 그리고 2015년 이후 현재까지 이어지는 페미니즘 리부트 시대 구분과 부응하고 있다.

그런데 방금 서술한 페미니즘 이슈에 대한 세대별 주목도 차이에 성별 차이를 결합하면 더욱 흥미로운 사실이 나타난다. 8번 문항에 대해 '페미니즘 이슈에 대한 관심'을 수강동기로 적시한 수강생이 초기에는 여성 9명/남성 1명, 중기에는 여성 2명/남성 1명, 후기에는 여성 9명/남성 10명이었다. 이 수치는 매우 의미심장하다. 초기 수강생들의 경우, 설문조사에 응답한 27명 중 여성은 17명 남성은 10명인데, 여학생은 17명 중 9명이, 남학생은 10명 중 1명만이 페미니즘 이슈에 대한 관심을 수강동기로 꼽았다. 즉, 초기의 여성 수강생들은 과반수가 대학에서 여성주의적으로 '의식화된' 집단에 속한 반면, 남학생들은 상대적으로 '무심한' 상태에서 수강 결정을 했다고 추정해볼 수 있다. 결과적으로 장춘익 교수의 〈여성주의철학〉은 영페미니스트가 속한 초기 세대의 여학생들에게는 대체 불가한 교육적, 사회적 지원 효과를 냈을 것으로 짐작할 수 있다. 실제로 설문조사 11번 문항 '〈여성주의철학〉을 수강하는 기간 자신에게 또는 사회에 일어났던 여성주의적 사건을 기억해보라'는 요청에 대해, 초기 세대에 속한 여성 응답자 다수가 개인적인 또는 교육공동체 내의 성폭력 피해 사례를 꼽았다.[41] 한편 초기 남학생들은 좁은 의미의 수업 내용, 즉 성불평등 문제와 페미니즘 이론 자체에 대한 관심이 적었음에도 불구하고 장춘익 교수의 〈여성주의철학〉 수업에 참여했다는 것인데, 이 사실 역시 주목할 필요가 있다. 이것은 장춘익 교수가 '무심한' 남성 학습자들이 속한 교육공동체에서 신뢰자원을 쌓은 교수자였기 때문에 이들을 페미니즘 강의실로 불러들일 수 있었다는 것을 의미한다. 페미니즘 교육이 학부의 전공과정에서 신뢰자원을 가진 전임교수에 의해 시행되는 것이 매우 중요하다는 사실이 드러나는 대목이다. 실제로 전 시기를 걸쳐서 수강동기를 묻는 문항에 '장춘익 선생님의 수업이라서'라고 적시한 경우는 '페미니즘에 대한 관심' 때문이라고 답변한 응답자 다음으로 많았다.

소위 포스트페미니즘과 정체의 시대인 중기(2005~2014)는 교과목이 안정화되는 가운데 청년세대 남녀 간의 성별 정체성과 관련된 이슈와 갈등이 전면에 부각되지 않는 시기다. 수강 연도 즈음 사회적으로 이슈화된 성 갈등 사건에 대해 묻는 위 11번 문항에 대해 중기에 속한 수강생들은 단 2명만이 차별금지법 이슈와 메갈리아 탄생을 언급했다.[42] 반면 응답자 44명 중 43.2%인 19명이 '페미니즘에 대한 관심'을 수강동기로 적시한 후기(2015~2020)의 경우, 한국 사회 전체에서 성 갈등과 페미니즘이 다시 폭발적으로 이슈화되는 시기인 만큼 페미니즘에 대한 주목도가 오히려 남학생들에게서 조금 더 높게 나타났다.[43] 한편, 캠퍼스 외부에서 전개되던 새로운 래디컬 페미니스트들과 교차성 페미니즘을 지향하는 페미니스트들 사이의 갈등, 또 디지털 공간을 중심으로 점점 악화되는 성별 혐오와 공격은 장춘익 교수의 수업 현장에도 영향을 미쳤다. 사실 〈여성주의철학〉 수업에서 일부 남학생들의 공격과 조롱은 처음부터 늘 있어왔다. 다만 후기에 오면 대립이 격렬해질 뿐 아니라 여학생들 간의 차이도 긴장을 만들었다. 이런 의미에서 이 시기에 장춘익 교수의 여성주의 페다고지, 즉 존중에 바탕한 자유롭고 진지한 의사소통을 통해 보편적 도덕 가치에 합의하고 약자에 연대하는 실존적 인식 전환의 원칙이 새로운 시험에 처했다고 할 수 있다. 동시에 후기에도 여전히 매우 긍정적인 수업 경험이 다수 보고되는 것을 보면, 이 페다고지의 가치가 더욱 돋보이기도 한다.

장춘익 교수의 〈여성주의철학〉은 일견 한림대 철학과라는 비교적 균질한 청년 학습자 집단을 대상으로 시행된 것으로 보인다. 하지만 102인의 설문 응답자들의 보고와 증언을 꼼꼼히 살펴보면, 이 수업이 진행되어온 20년 동안 성별, 세대별로 적잖은 차이와 갈등이 수업 현장에 존재했음을 알 수 있다. 하지만 이 차이와 역동성에도 불구하고 장춘익 교수의 페미니즘 강의실이 갖는 의미를 전체 수강생 집단의 관점에서 보다 객관화시켜볼 수 있는데, 이를 위해 우리는 설문조사 결과를 빅데이터로 처리해 텍스트의 의미를 찾아내는 텍스트 마이닝 분석을 시도했다.

집단기억의 의미

텍스트 마이닝 기법은 빅데이터 의미 분석을 위한 연구 방법으로, 언어로 기술된 대량의 텍스트를 형태소 단위로 분석한 후 특정 어휘의 등장 빈도수 및 어휘 간 연결성을 확인해 대용량 텍스트의 주요 의미를 구성해내는 기법이다. 설문조사 응답지 결과 전체를 이 텍스트 마이닝 기법으로 분석한 결과 어떤 유의미한 의미가 드러난다면, 그것은 장춘익 교수의 〈여성주의철학〉이 수강생 개인별, 세대별, 성별 영향 방식의 차이에도 불구하고 수강생 전체 집단의 의식에 남긴 교육 영향의 수렴점이라고 할 수 있을 것이다. 이러한 생각에서 우리는 수업에 대한 주관적, 현상학적 재구성을 요구하는 설문 문항 9번(〈여성주의철학〉 수업을 들으면서 가장 인상적이었던 배움)에 대한 응답을 수업에 대한 학습자들의 직관적 경험 내용을 확인할 수 있는 대표 문항으로 설정하고 분석했다.[44]

빅데이터 분석 과정

우선 9번 문항 설문조사 결과를 빅데이터 분석 도구인 TEXTOM을 활용해 자료를 추출한 후, 명사를 중심으로 형태소 분석을 실시하고 자료를 정제했다. 그 후 전처리 과정을 거친 자료를 분석해 등장 빈도가 가장 높은 30개의 어휘를 도출하고 그것을 바탕으로 워드클라우드를 작성했다. 그런 다음 빈도수와 함께, 텍스트 내 특정 어휘의 중요도를 파악할 수 있는 TF—IDF 지수(Term Frequency—Inverse Document Frequency)와 중심성 지수를 확인하였다. 그런 다음 도출된 키워드 매트릭스를 네트워크 분석 도구인 UCINET을 이용해 연결시켜서 상호 네트워크 구조를 분석했고, NetDraw 기능을 이용해 네트워크 분석 결과를 시각화했다. 추가적으로 16번 문항, '수업이 졸업한 이후, 혹은 장기적으로 본인의 일상적 삶이나 관계 등에 미친 영향'을 묻는 질문에 대한 응답들에서 자주 등장하는 명사 어휘들을 추출해서 워드클라우드를 작성했다.

순위	단어	빈도	순위	단어	빈도	순위	단어	빈도
1	수업	39	11	문제	14	21	차별	9
2	여성	28	12	토론	13	22	다양	9
3	생각	25	13	사실	11	23	설명	9
4	남성	21	14	교수님	10	24	자신	8
5	내용	21	15	여성주의 철학	10	25	이해	7
6	페미니즘	21	16	젠더	10	26	정의	7
7	기억	19	17	성	10	27	사람	7
8	인상	18	18	말씀	9	28	철학	7
9	사회	15	19	이야기	9	29	역사	6
10	선생님	14	20	교재	9	30	공부	6

9번 문항 응답 빈도 상위 30개 키워드

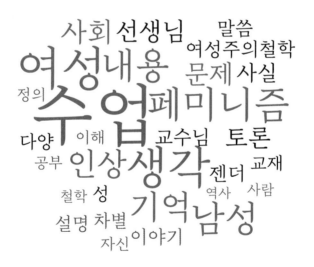

9번 문항 응답 빈도 상위 30개 키워드의 워드클라우드

우선 9번 문항 응답 빅데이터에서 추출된 상위 30개 키워드는 크게 세 가지 유형으로 구분해볼 수 있다.

첫째, 응답을 위해 환기된 기억의 인지과정에서 마치 지시대명사처럼 기억의 내용을 잡아주는 대상 관련 기표다. '수업' '내용' '선생님' '교수님' '여성주의철학' '교재'라는 6개 어휘가 그에 해당한다. '기억'이나 '인상'이라는 2개 어휘 역시 대상을 향한 기억 내용을 대상에 연결하는 어휘라고 할 수 있다.

둘째, 기억대상의 내용 또는 의미를 구성하는 어휘들이다. '여성' '남성' '페미니즘' '사회' '사실' '젠더' '성' '차별' '다양' '자신' '정의' '사람' '철학' '역사'와 같은 14개 어휘가 여기에 속한다.

셋째, 기억대상의 형식과 관련된다고 추정되는 8개 어휘들이다. 여기에는 '생각' '문제' '토론' '말씀' '이야기' '설명' '이해' '공부'가 속한다.

이제 이 분류를 토대로 앞의 워드클라우드를 살펴보자. 기억의 대상 및 대상에 관계하려는 어휘들을 제외한 후, 핵심적으로 부상하는 의미들을 연결한 응답자 집단의 기억은 바로 [수업에서 '여성' '남성' '페미니즘' '사회'를 '생각'하고 '문제'로 보았다] 는 명제로 수렴된다. 다음으로 이 30개 어휘의 TF-IDF와 연결중심성 지수를 살펴보고, 그것을 매트릭스로 해서 관계 연결성과 그 관계 연결에서 중요도를 반영하는 네트워크를 살펴보겠다.[45]

TF—IDF				연결중심성			
키워드	지수	키워드	지수	키워드	지수	키워드	지수
수업	50.86	이야기	22.11	수업	0.11	교수님	0.03
여성	45.06	차별	22.11	여성	0.08	여성주의 철학	0.03
생각	38.86	젠더	21.69	생각	0.07	이야기	0.03
남성	38.51	교수님	21.69	남성	0.06	자신	0.03
내용	37.04	여성주의 철학	21.69	내용	0.06	교재	0.03
페미니즘	33.80	말씀	20.72	페미니즘	0.06	차별	0.03
기억	30.58	설명	20.72	선생님	0.05	다양	0.03
문제	30.37	공부	18.90	기억	0.05	젠더	0.02
교재	28.35	정의	18.47	사회	0.04	정의	0.02
인상	26.57	다양	18.46	인상	0.04	설명	0.02
사실	25.33	자신	18.42	토론	0.04	사람	0.02
토론	25.30	이해	16.12	문제	0.04	철학	0.02
선생님	24.69	사람	16.12	사실	0.04	이해	0.02
사회	24.14	철학	16.12	말씀	0.03	역사	0.02
성	23.03	역사	15.83	성	0.03	공부	0.02

9번 문항 30개 키워드 TF—IDF와 연결중심성

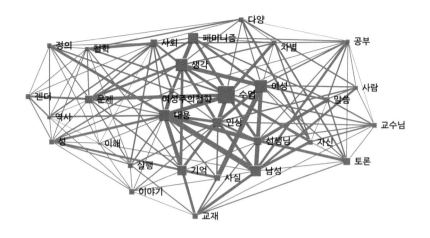

9번 문항 빈도 상위 30개 키워드 네트워크 분석 결과[46]

 30개 키워드 TF−IDF와 연결중심성 역시 앞에서 확인한 집단기억이 수렴하는 의미망에 부합한다. 기억의 대상 또는 대상에 관계하는 동작 어휘를 제외하고 난 후, TF−IDF 지수 상위 10위 어휘는 '여성' '남성' '생각' '페미니즘' '문제' '사실' '토론' '사회' '성' '이야기'('차별')이며 어휘들의 문서 내 중요도는 45.06에서 22.11까지로 나타난다. 연결중심성 지수 상위 10개 어휘는 '여성' '생각' '남성' '페미니즘' '사회' '토론' '문제' '사실' '말씀' '성'이며 문서 내 어휘들 간의 연결중심성은 0.08에서 0.03으로 나타난다. 빈도수 순위와 중요도 순위를 비교하면 TF−IDF 지수 상위 7위에 '사실'과 '토론'이 위치하며 이것은 빈도수 4위였던 '사회'보다 높은 위치라는 것이 눈에 띈다. 연결중심성 지수에서도 '토론'은 '문제'보다 상위에 위치한다. 그렇다면 앞의

9번 문항 빈도수 상위 30개 키워드를 바탕으로 워드클라우드에서 읽어낸 집단기억의 핵심 의미는 [수업에서 '여성' '남성' '페미니즘' '사회'를 '생각'하고 '문제'로 보며 '토론'하였다]로 수정할 수 있을 것이다.

반면 빈도 상위 30개 키워드 간의 네트워크 분석은 '여성' '남성' '페미니즘' '사회'에 대해 '생각'하고 '문제'로 보며 '토론'한 결과 이 4개 이슈에 대해 해석해낸 내용들을 시사해준다. '생각'은 '페미니즘' '사회' '차별' '다양'에, '문제'는 '젠더' '성' '정의' '사회'에, '토론'은 '남성' '여성' '자신' '차별'이라는 의미소와 부가적으로 연결되어 있음이 드러난다. 정리하면 위의 집단기억의 핵심 의미론에 '젠더' '성' '자신' '정의' '차별' '다양'을 부가적 의미로 추가할 수 있다.

설문조사 16번 문항은 수업 경험을 '수업 후의 자신'과 연결시킴으로써 수업의 영향을 자기 내러티브의 지평에서 해석하도록 유도하는 문항이다. 이 16번 문항의 응답 결과에 대해서 명사 형태소 빈도수 분석을 시행해 역시 상위 30개 어휘를 추출하고 정리했다. 그런 다음 그것을 다시 워드클라우드로 가시화했다.

순위	단어	빈도	순위	단어	빈도	순위	단어	빈도
1	생각	20	11	사용	14	21	페미니스트	4
2	수업	15	12	젠더	13	22	중요	4
3	페미니즘	14	13	여자	11	23	스스로	4
4	여성	12	14	졸업	10	24	활동	4
5	주장	9	15	문제	10	25	일	4
6	철학	9	16	이해	10	26	고민	4

7	사회	9	17	남성	10	27	현재	4
8	사람	9	18	비판	9	28	관점	4
9	여성주의	9	19	인식	9	29	마음	3
10	말	8	20	남자	9	30	성차별	3

16번 문항 응답 결과 상위 30개 키워드 빈도

수업의 사후(事後)적 영향에 대한 집단기억은 앞서 9번 문항에 대한 응답에서 추출한 일차적 현상학적 집단기억과 어떻게 연계되면서 변화하는지를 파악할 필요가 있다. 기억으로 소환된 수업 경험의 일차적 집단의식의 핵심 내용은 [수업에서 '여성' '남성' '페미니즘' '사회'를 '생각'하고 '문제'로 보며 '토론'하였다] 는 것이었다. 그렇다면 이 7개 핵심 의미소가 16번 문항에서는 어떻게 나타나는지 살펴보겠다. 우선 9번 문항과 16번 문항의 앞 7개 어휘의 빈도수 순위를 비교해보자. '여성'은 2위에서 4위로, '생각'은 3위에서 1위로, '남성'은 4위에서 17위로(다만, 남성과 남자를 합치면 약 5위권으로 도약한다), '페미니즘'은 6위에서 3위로, '사회'는 9위에서 5~9위권(빈도수 동률)으로, '문제'는 11위에서 15위로 변화했다. 이러한 빈도수 순위 변화에서 가장 주목할 점은 16번 문항 응답에서 '생각'이 압도적 1위로 등장한다는 점이다. 16번 문항에 대한 응답에서 '생각'은, 9번 문항에 대한 응답에서 압도적 1순위 어휘인 일종의 기억 지시대명사 '수업'보다 다섯 번 더 자주 등장했다.

우리는 앞서 9번 문항의 응답을 통해서 '생각' '문제' '토론'을 서로 연계된 의미소들로 보고 그것을 학습자의 자발적 인식 행위로 해석했다. 사후적 수업 영향을 묻는 16번 문항에서 이 행위 의미론은

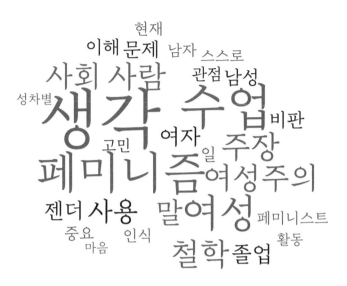

현재
이해 문제 남자 스스로
사회 사람 관점 남성
성차별 생각 수업 비판
고민 여자 주장
일
페미니즘 여성주의
젠더 사용 말여성 페미니스트
중요 인식 활동
마음 철학 졸업

16번 문항 응답 결과 상위 30개 키워드 워드클라우드

더욱 강화되고 세분화된다. 16번 문항에 대한 응답의 상위 30개 어휘 중에 '생각'과 연계할 수 있는 자발적 인식 행위 의미소들로 '주장' '말' '문제' '이해' '비판' '인식' '스스로' '고민' '관점' 등이 등장한다. 이 중 '문제'와 '이해'를 제외한 8개 어휘는 9번 문항에 대한 응답 키워드 30위 안에 등장하지 않았던 어휘들이다. 또한 16번 문항의 키워드에는 9번 문항에서 등장하지 않았던, 현실의 삶과 연계되는 어휘 '활동' '일' 등이 30위 순위 이내에 등장한다.

16번 문항 응답 키워드에 대한 이러한 분석은 워드클라우드를 통해서도 확인된다. 최종적으로 16번 문항에 대한 응답들에서 확인된 바에 따르면, 장춘익 교수의 〈여성주의철학〉 수업 경험은 수강생 집단에 [나는 페미니즘, 여성, 여성주의, 젠더, 사회, 사람에 대해 생각한다] 라는 의식으로 남겨졌다. 여기서 '생각' 의미소는 수업 당시보다 수업 이후 현재의 삶에서 훨씬 더 중요해졌을 뿐 아니라, '고민'하고 '비판'하며, '말'과 '주장'에서 '관점'을 보는 식으로 다양해지고 복합화되었다. 결론적으로 앞의 9번 문항에 대한 응답의 키워드 분석 결과에 16번 문항에 대한 응답 키워드 분석 결과를 더하면, 장춘익 교수의 수강생 집단의식은 수업에 참여한 결과 [나는 페미니즘과 여성에 대해 깊이 생각하게 되었다] 고 스스로 증언하고 있다.

목원대 대학교육개발원의 이해듬과 남민우는 좋은 수업의 특징을 찾아내기 위해서 자신이 근무한 대학에서 10년 동안 축적된 주관식 강의평가 응답들을 빅데이터로 처리, 분석했다. 이들의 연구 결과에 따르면, 인문사회계열 수업의 경우 상위 30%의 좋은 평가를 받은 수업에 대한 학생들의 주관식 서술에서 최다 빈도로 추출된 중요 키워드들은 '좋은' '재미' '유익' '도움' '쉬운' '이해' '설명' '열정' 등이었다.[47] 교양계열 강의 평가의 경우, 텍스트 마이닝 결과 추출된 빈도수 상위 15개 키워드는 위와 유사하지만, '여성' '영어' '사회'와 같은 수업 콘텐츠를 기억하는 의미소들이 추가되었다. 이 연구 결과에서 제시된 좋은 수업의 키워드를 교육관계로 대입해보면, '교수자가 중심이 되어 열정적으로 유익한 지식을 학습자들에게 이해되기 쉽게 설명'하는 것이 '좋은' 수업이다. 수업 영향 관점에서 보면, '학습자들은 수업 과정이 재미있고, 설명을 쉽게 이해할 수 있으며, 습득한 지식은 도움이 된다'고 느끼는 것이 좋은 수업이다. 이러한 교육관계와 수업방식은 사실 도구적 지식을 습득해야 하는 강의식 교육에서 전형적이다. 실제로 외국어 수업처럼 도구적 능력의 습득을 목적으로 하는 교과목들의 경우에는 효율적인 지식 습득이 중요하고 방금 소개한 수업 유형이 좋은 수업일 수 있다.

반면 빅데이터 분석으로 드러난 장춘익 교수의 〈여성주의철학〉 수업 경험의 핵심 의미론은 수업의 콘텐츠, 수강생의 인지적 과정, 또는 수업관계를 가리키는 어휘들로 구성되어 있었다. '이해'하기 쉽고, '재미'있으며, '유익'했고, '열정'적이었다는 교수자의 능력 및 지식전달의 양태에 관련된 키워드는 주요 의미론에서 비켜나 있다. 오히려 장춘익 교수의 〈여성주의철학〉은 학습자들로 하여금 수업 콘텐츠인 성차별과 젠더불평등, 그리고 그에 대한 비판적 여성주의적 문제의식과 이론들에 집중하게 만들었으며, 무엇보다 이러한 지식과 문제의식을 외부에서 주어지는 방식이 아니라 학습자들 스스로 생각하고 토론하는 상호적이고 자율적인 방식으로 획득하도록 만들었다. 즉, 장춘익 교수의 〈여성주의철학〉은 앞서 1장에서 한승일이 증언한 대로 학습자의 인지적 자율성과 실존적 사유 전환이 동반되는 수업이었다. 소크라테스의 엘렝코스와 루소의 고백화행에 비교할 수 있는 장춘익 교수 특유의 여성주의 교육실천은 최종적으로 학습자들로 하여금 졸업 후 그들의 사회적 성인의 삶에서 자발적으로 보편적인 여성주의적 도덕 가치에 따라 사유하고 고민하도록 만들었음이 보다 객관적으로 확인된 셈이다.

이제 나는 여성주의적으로 생각한다

설문조사 12번, 13번, 19번 문항은 참여자들에게 각각 '수업에 대한 종합적 만족도' '수업이 이후 성차별, 성평등 문제 인식 전환에 미친 영향' '수업이 삶 전반에 미친 영향'에 대해 5점 만점으로 점수를 부여하도록 요구했다. 또한 14번 문항에서는 수업의 경험과 의미에 대한 평가를 세부적으로 규정하는 문장 4개를 제시하고 동의하는 경우 복수로 긍정 응답하도록 요청했다.[48] 이 설문조사 객관식 문항들에 대한 긍정적 응답률은 약 50% 정도로 나타났다. 즉 객관식 문항에 대한 응답 역시 앞서 워드클라우드와 키워드 네트워크 분석으로 밝혀낸 학습자들의 수업 경험의 내용 및 '여성주의적 인식 전환'이라는 실천적 효과를 뒷받침해준다.

사실 도구적 지식은 합리적인 인지과정을 통해 그 원리와 내용을 이해함으로써 자기 지식으로 수용된다. 하지만 성차별과 젠더불평등을 생산하는 가부장제 남성중심주의는 섹슈얼리티와 신체 감각에서 비롯되는 은밀한 개인의 욕망에서부터, 미시적인 일상의 관습, 사회문화적 가치와 상징질서, 거시적인 정치·경제 질서에 이르기까지 체계적이고 다층적으로 조직된 메타 규범이기에, 여성주의적 비판은 개인의 깊은 자아 감정과 문화적 정체성, 또한 사회적 이해관계를 건드린다. 따라서 〈여성주의철학〉과 같은 수업의 학습자는 종종 심리적 불쾌감을 방어하기 위해, 적극적이든 수동적이든 수업의 내용적 흐름을 거부하거나 도구적 지식처럼 자신과 분리해서 대상화한다. 하지만 장춘익 교수의 수업에 대해서는 많은 설문 응답자들이, 여학생이든 남학생이든, '성차별이나 젠더이분법 같은 문제에 대해 이성의 집단과 이렇게 많이 그리고 솔직하게 이야기해본 적이 없다'거나, '수업이 너무 재미있어서 학과방 등에서 같이 수강하는 친구들을 만나면 수업 내용을 다시 열띠게 이야기하곤 했다'는 경험을 증언했다. 장춘익 교수는 〈여성주의철학〉 수업에서 주제가 되는 사안에 대해 미리 여성주의적 해석을 제시하지 않았고, 학생들 스스로 다각도의 의견을 제시하고 경합하도록 유도했다. 어떤 경우는 이 자유로운 토론과 논박 과정 자체를 학생들이 스스로 조직하도록 요구하기도 했다. 이 과정에서 여남 학습자 집단은 대립하고 반박하는 팽팽한 긴장과 동시에 반박과 재반박의 논증을 거치며, 낯선 상대와 어떤 소통을 이루었다는 예기치 못한 해방감과 즐거움을 느꼈음을 설문조사 응답들을 통해서 확인할 수 있었다. 이처럼 적지 않은 학생들이 '비판적이고 해방적인 자기변화'를 경험했음을 보고하는 장춘익 교수의 〈여성주의철학〉은 블랙페미니즘의 창시자이자 영문학자이며, 대안가치 교육이론가인 벨 훅스가 말하는 차이를 극복하는 교육, 비판과 재미가 공존하는 '참여교육'과 유사한 면이 있다.

벨 훅스가 말하는 '참여교육'은 일차적으로 수업 과정에 학습자들이 스스로 그리고 적극적으로 함께 사유하려는 내적 동기를 유발하는 교육이다. 여기서 토론은 매우 중요한 과정인데, 목표가 되는 인식 또는 지식 내용을 교사가 지시사항처럼 전달하는 것이 아니라 학습자 집단이 권위에 의한 억압 없이 자유롭게, 그리고 함께 토론하고 사유하면서 도달하는 것이 중요하다. 벨 훅스는 "참여교육이야말로 교실에서 흥을 진정으로 만들어낼 수 있는 유일한 가르침의 유형이며 학생과 교수 모두가 학습의 즐거움을 느낄 수 있다"[49]고 말한다. 이처럼 자유롭고 열정적으로 토론하고 사유하는 가운데 학습자들은 관습적으로 수용하던 사회문화적 관념과 규범에서 벗어나 스스로 창의적이고 '비판적인 사고'를 하게 될 뿐만 아니라, 다양한 사회적, 문화적 배경을 가진 학습자들이 상호 존중심을 가지게 되면서 결과적으로 사회적 연대에 이르게 된다는 것이다. 벨 훅스는 학습자들이 개방된 태도를 가지고, 생각하는 일에 열정을 가질 수 있는 환경을 만드는 것이 교사의 책임이라고 말하며,[50] 이런 교육 경험을 통해 학습자들은 비판적 사고를 내면화하고 '정치적 행동 참여'로 나갈 수 있다고 주장한다. 그러면서 "내가 참여교육을 실천하는 것은 정치적 행동주의를 표현하는 것"[51]이며 "참여교육을 실천하는 일은, 교수가 학생들의 삶의 방향을 바꾸는 힘을 가지고 있지 않은 척하는 것이 아니라 기꺼이 책임을 지겠다는 의지"[52]를 갖는 일이라고 말한다.

2장에서 지금까지 밝혀낸 〈여성주의철학〉 수강생 집단의 여성주의적 자기 변화를 이제 구체적으로 그들의 목소리를 통해 다시 확인해보겠다. 벨 훅스 참여교육 이론의 3가지 구성요소를 원용해서 첫째, 학습자들이 어떻게 〈여성주의철학〉 '교육에 참여'하는지, 둘째, 그들이 이런 자발적 지적 참여를 통해 얼마나 가부장제 남성중심주의에 대한 '비판적 사고'에 도달하는지, 셋째, 비판적 사고를 통해 그들이 어떻게 자신의 실제 현실에서 여성주의적 '정치적 행동 참여'를 시도하는지 검토하겠다.

우선 수업 자체에 대한 주관적 현상학적 기억을 요구하는 9번~12번 문항의 응답들을 중심으로, 가부장제 남성중심주의와 성불평등에 대한 토론과 성찰을 지향하는 〈여성주의철학〉의 '참여교육'과 자발적인 '비판적 사고'를 증언하는 목소리를 살펴보았다. 더불어 현재 삶의 관점에서 수업을 평가해주기를 요구하는 18번 문항, 즉 사후 관점의 수업 인상과 평가 문항에 대한 회상에서도 간접적이지만 수업 중 경험한 '참여교육' 및 '비판적 사고'에 대한 흥미로운 증언들이 발견되어 추가로 제시했다.

수업 인상(9~12번 문항) 관련 응답 중 '참여교육'

· 토론 위주로 진행되고 오픈 마인드로 학생들 의견 경청해주시는 게 신선했습니다.
(1979년생/2000년 수강, 여)

· 선생님은 뒤에서 중재해주시고 학생들끼리 열띤 토론을 나누었어요. 세세히 기억나진
않지만 가장 재밌고 신났던 토론으로 기억납니다. (1983년생/2004년 수강, 여)

· 엠티 형식으로 1박 2일 다른 곳에 가서 수업했던 게 기억난다. 저녁에 전 수강생이 돌
아가면서 자신의 성에 관한 다양한 생각과 경험들을 자유롭게 얘기했던 기억이 있다.
교실에서 발표 형식으로 했으면 굉장히 딱딱하고 정형적이었을 텐데, 편안하고 자유로
운 분위기가 서로의 발언을 더 잘 경청하게 해주고 더 생각하게 하고, 더 솔직하고 자유
롭게 발언할 수 있게 했던 것 같다. (1983년생/2004년 수강, 여)

· 구체적인 학술적 내용을 바탕으로 한 배움도 당연히 많았지만, 선생님 수업에서 일관
적인 특성 한 가지와 그 효과를 말하고 싶다. 선생님은 〈역사철학〉 수업을 제외하면 거
의 전부 발표 및 토론, 그리고 자발적 참여로 수업을 이끌어가셨다. 적대를 포함하는 주
제의 모든 철학이 그렇듯, 이 수업도 단순히 내용 전달과 교류의 건조함을 항상 넘어서
는 긴장과 자기 경험의 토로가 뒤따랐는데, 나한테는 이 수업과 방식의 상관이 많은 질
문과 배움을 '느끼게' 해줬다. (1993년생/2017년 수강, 남)

· 여학우들의 의견들을 들을 수 있는 기회가 저에게는 상대적으로 적었던 것 같습니다.
하지만 수업을 통해 여학우들의 의견을 듣고, 제가 가지고 있는 행동이나 신념을 다시
한번 돌아보게 되어 좋았습니다. (1995년생/2017년 수강, 게이)

· 페미니즘과 관련된 주제면 언제나 갈등으로만 이어지고 온전한 토론이 이루어지기
쉽지 않은데 장춘익 선생님은 그 선을 정말 잘 지키고 모두가 마음을 다치지 않게 잘 조
율하여 이론과 실사례를 잘 적용하고 접목하여 수업을 진행하셨다. 앞으로도 어디든 이
러한 주제로 신나게 토론할 수 있는 모습을 볼 수 있는 광경은 많지 않다고 생각했다.
(1992년생/2017년 수강, 여)

사후 수업 인상(18번 문항) 관련 응답 중 '참여교육'

• 페미니스트로서의 삶을 가로짓는, 운명 같은 수업이라고 생각한다. 특히 20년이 훌쩍 지난 현재에도 만나기 힘든 남성 페미니스트를 스승으로 만난 것은 너무도 큰 행운이었다. (1980년생/2000년 수강, 여)

• 시간이 지날수록, 생각이 자랄수록 다시 한번 이 수업을 들으며 여러 학우들과 그리고 장춘익 교수님과 이야기해보고 싶다는 생각을 했습니다. 사회에서 지속적으로 발생하고 점점 다양한 양상으로 발전되어가는 성별 간 혐오 문제와 이념들을 수업의 활성화로 조금은 융화시킬 수 있지 않을까 생각합니다. (1997년생/2015년 수강, 여)

• 선생님의 수업을 들으면서 젠더 갈등이라고 명명되는 이슈들을 서로 대놓고 이야기할 수 있는 장이 구성되는 시간과 물리적인 공간이 생각보다 없구나라는 것을 많이 느낍니다. 교수자로서 그러한 공간을 만드는 것에 대한 부담이 분명 있으셨을 텐데, 그런 공간을 만들고 서로 이야기를 나눌 수 있는 시작점을 열어주었다는 것에 대해서 지금 와서 생각해보면 교수님의 용기? 혹은 교수자로서의 믿음?(그런 대화가 가능해야 한다는)에 대해서 생각을 해보게 되고요. 답을 정해놓고 토론 자리를 만드는 것이 아니라 본인도 어떠한 논리와 생각들을 들어보고, 다시 고민하고 배워가는 과정으로써 자리에 함께해주셨다고 생각합니다. 많은 인원이었고 대학 수업이었기에 가져갈 수밖에 없는 분명한 한계가 있었으나 그럼에도 불구하고 다양한 학생들이 편하게 자신의 생각과 입장을 꺼내놓을 수 있는 수업이었습니다. (1993년생/2015년 수강, 여, 성평등교육 활동가)

• 성에 관련한 다양한 의견을 서로 공유할 수 있다는 것이 저의 관점을 크게 넓힐 수 있었던 것 같습니다. 개인적인 관계에서는 나눌 수 없는 이야기를 수업을 통해 서로의 의견을 공유할 수 있어 좋았습니다. 성과 관련한 다양한 문제에 대해 배울 수 있게 된 것도 저에게는 큰 의미가 있었습니다. (1995년생/2017년 수강, 게이)

• 나에게 적대감을 갖고 있는 토론자를 대하는 방법을 논리학 수업과 연계하여 시험할 수 있는 장이 되어, 사회에서 비슷한 일이 있었을 때, 보다 잘 대처할 수 있던 점이 실용적 측면에서 좋았다. (1993년생/2018년 수강, 젠더, 섹스 남 지향성 이성애, 벗 오픈마인드)

수업 인상(9~12번 문항) 관련 응답 중 '비판적 사고'

· 여성의 눈과 경험으로 세상을 완전히 다르게 보고 해석할 수 있다는 사실 자체가 놀라웠고, 수업에서 얻은 통찰이 강한 인상으로 남았다. 페미니즘 철학 사조에 역사가 있고 다양한 갈래로 존재함을 처음 배우며 학문 자체에 매력을 느꼈다. (1980년생/2000년 수강, 여)

· 성정체성도 선택할 수 있고 자신의 삶은 능동적으로 선택하며 산다는 것. (1975년생/2001년 수강, 여)

· 스스로 차별이라 인식하지 못했던 부분에서도 차별을 인식하게 되었다. 여성의 입장에서 당연하게 생각했던 것인데 수업을 통해 그것이 차별적인 것이었음을 깨달을 수 있었다. (1983년생/2004년 수강, 여)

· 『사랑은 지독한, 그러나 너무나 정상적인 혼란』이라는 책이 주교재였는데, 〈여성주의철학〉의 교재가 왜 '사랑'에 관한 책인지 처음엔 의아했었다. 하지만 수업을 들으면서 젠더 문제는 가정에서부터 시작되기에 정말 적절한 교재라는 걸 알았다. '사랑의 결실이 결혼'이 된 것은 인류의 긴 역사 속에서 얼마 되지 않은 이야기라는 통찰은 뒤통수를 맞은 듯 놀라웠다. 이 통찰 없이 지금의 젠더 문제를 이해하기란 쉽지 않을 것이다. (1988년생/2010년 수강, 여)

· 군대라는 곳은, 남성이 1등 시민이기 때문에 갈 수 있는 곳이고, 남성으로서 누릴 수 있는 가장 공고한 사회단체라는 것을 말씀해주셨을 때입니다. 당시엔 암기식으로 이해만 했었지만 수강을 완료한 후에 1등 시민이란 무엇인지, 군대라는 남성주의적 집합체가 어떻게 남성들을 똘똘 뭉치게 하는지 깨닫게 되었습니다. (1991년생/2011년 수강, 여)

· 성뿐만 아니라 이분법으로 대하는 많은 이슈에 대해 의문을 던지고 혹시 우리가 본질은 보지 않고 있는 것은 아닌지 생각하게 되었습니다. (1992년생/2013년 수강, 남)

• 수업 전에는 양성평등을 지향하고 태도도 공평하다고 생각했다. 그러나 진도가 나가면서 내가 무의식적으로 남성, 여성의 이분법적 기준으로 사람을 본다는 사실을 깨달았다. 그리고 아직도 대한민국 사회가 남성에게 유리한 체제를 유지하고 성평등 의식이 성장할수록 반대급부로 세력을 결집하고 기존 틀을 더 공고하게 한다는 생각이 들었다. (1987년생/2015년 수강, 남)

• 어떠한 현상이나 문제에 대해 인식하게 되면 신경 써야 할 것들이 많아져 내가 하는 선택이나 바라보는 관점에 피로가 쌓이게 됩니다. 페미니즘이나 사회적 약자들에 대해 알게 되며 이를 알게 된 나와 이전의 내가 너무나도 달라 피로함과 좌절감 등을 느끼고 있었습니다. 그때 선생님께서 무지의 욕구를 말해주셨는데, 너무나도 공감이 돼서 기억에 남습니다. 이 욕구를 느끼더라도 이전의 나로 돌아가서는 안 된다는 말씀을 같이 해주셨는데 그때 이후로 피로를 느낄 때마다 달라진 내 자신이 무엇을 더 할 수 있을까, 하는 생각을 하게 됐습니다. (1997년생/2017년 수강, 여)

• 교차성 문제까지 고려하는 제3의 물결의 페미니즘이 현재 이슈화되는 제2물결의 페미니즘과 어떻게 다른지를 알게 됐고, 그 한계와 앞으로 나아가야 할 방향성을 생각하는 계기가 됐다. (1993년생/2018년 수강, 젠더, 섹스 남 지향성 이성애, 벗 오픈마인드)

• 깁슨-그레이엄의 페미니즘과 차이의 정치경제학. 어렴풋이 알고 있던 자본주의와 그로 인한 차별에 대해 명확히 알게 되고, 자본주의 외의 경제가 있을 수 있음을 인지하게 됨. (1998년생/2020년 수강, 시스젠더 여성)

사후 수업 인상(18번 문항) 관련 응답 중 '비판적 사고'

· 여성의 억압이나 사회 불평등에 대해서 모르고 있는 것을 알게 해준 수업이며 철학의 어려움을 몸소 느끼게 해준 수업입니다. (1981년생/2000년 수강, 남)

· 사회적 약자에 대한 시스테미컬한 차별이 항상 존재함을 인지하고 살아갈 수 있는 계기를 제공하였음. (1975년생/2000년 수강, 남)

· 10대 때부터 막연히 품어온 성차별적인 세상(사회, 집, 학교…)에 대한 질문(과 답)을 체계적으로 들여다볼 수 있는 계기를 마련해주었다고 봅니다. (1971년생/2000년 수강, 여)

· 선생님 수업과 그 텍스트들이 모여 여성주의자인 저를 만들어준 것 같습니다. 지금까지도 젠더와 관련한 글을 쓰거나, 일을 할 수 있는 동력이 되었어요. (1981년생/2003년 수강, 여)

· 가치관의 기본이 되고 있어요. (1984년생/2004년 수강, 여)

· 그때 여성주의 수업을 들었기 때문에 지금 페미니즘에 대한 분명하고 확실한 본인의 입장을 정리하는 데에 부담이 없었습니다. 한 학기 수업이었고 낯선 개념이었지만 잔잔한 수업으로 큰 충격 없이 여성주의를 받아들일 수 있었고, 사회 전반적인 여성혐오에 대한 고찰이 가능했습니다. 졸업논문으로 여성주의를 다룬 것도 저에게 그만큼 큰 영향을 끼쳤기 때문입니다. 졸업 후 사회를 대하는 태도의 기반을 여성주의로 다지게 된 것 같아 해당 수업을 들은 것이 정말 잘한 선택이었다고 생각합니다. (1991년생/2011년생 수강, 여)

· 여성주의철학은 기존 지식의 인식을 바꿔준 학문이라고 할 수 있습니다. 접할 수 없는 여성에 대한 인식을 제대로 상기시킬 수 있는 학문이었습니다. (1997년생/2020년 수강, 남)

· 좁아진 시야를 넓혀주었다. 단지 눈에 보이는 것뿐만 아니라 우리가 평소 익숙했던 모든 것에 대해 의심할 수 있는 능력을 길러주었다. (1998년생/2020년 수강, 여)

· 남녀 갈등이 극에 달해있는데 사회에서 사회문제를 보는 관점을 다양하게 볼 수 있어서 흥미로웠던 수업이다. (1999년생/2020년 수강, 여)

비판적 사고의 또 다른 흥미로운 사례는 설문 응답자들이 자신의 성별을 규정하는 방식에서도 드러났다. '성별정체성에 대해 자유롭게 적어달라'는 요구에 대해 대부분은 여성 혹은 남성으로 응답했으나, 시스젠더 여성(2명), 게이(1명), 시스젠더/남성/이성애자(1명), 젠더, 섹스 남 지향성 이성애, 벗 오픈마인드(1명) 등 섬세한 문제의식으로 자신의 성정체성을 표현하기도 했다.

'수업 후의 영향과 의미를 자신의 삶과 연관해서 서술'해달라는 15번~18번 문항은 수업 경험을 자기 내러티브적인 관점에서 회상하도록 유도하는 문항이다. 따라서 이 문항들에 대한 응답은 주로 벨 훅스의 참여교육 이론에서 학습자들의 '정치적 행동의 참여' 효과를 확인하는 데 주효했다. 다음에서는 이 정치적 행동 참여의 증언들을 보다 개인적이고 일상적인 참여와 보다 사회적이고 정치적인 참여 두 부류로 나누어 제시했다.

• 수업을 통해 여성주의를 접하면서 주체적으로 살려고 노력하게 됨. (1979년생/2000년 수강, 여)

• 결혼생활에 있어서 아내와 딸에 대해서 아내라면 이래야 한다, 딸이라면 이래야 한다는 것에 대해서 경계를 하게 되며 가사는 아내가 하는 것이 아닌 함께 하는 것이라는 생각으로 지내고 있습니다. (1981년생/2000년 수강, 남)

• 사회현상을 단편적으로 생각하지 않고, 사건의 원인을 생각하게 되었음. (1975년생/2001년 수강, 여)

• 여성주의 활동에 대해 편견 없이 바라보려고 하게 되었습니다. (1977년생/2003년 수강, 남)

• 자연스레 여기던 남자와 여자의 불평등을 염두에 두고 주의하고 있어요. 남자아이를 키우는데 남자라서 당연한 것들, 당연하지 않은 것들에 대해 주의하고 있습니다. (1983년생/2004년 수강, 여)

• 수업에서 익혔던 여성주의적 사고 경험은 내적 자유를 갖게 해주었고 수업을 들은 전후로 나의 패션이 바뀌지는 않았지만, 내적으로 좀 더 당당해졌고 사회적 시선으로부터 좀 더 편안해질 수 있었다. 그때는 몰랐지만 그 한 학기의 여성주의적 사고 경험은 평생의 자산이 되었다. 수업을 수강했다고 바로 드라마틱한 인식 변화가 생기는 것은 아닐 것이다. 하지만 심어진 씨앗은 점점 자라 11년이 지난 지금 가족, 연인, 친구와의 관계를 바라보는 눈을 변화시켰고 그 변화는 내 삶에 진정으로 소중한 관계를 발견하고 잃지 않게 해주었다. (1988년생/2010년 수강, 여)

• 일베가 더욱 싫어졌다. 여성들의 주장에 대해서 일단 겸허히 듣게 되었다. (1988년생/2013년 수강, 남)

• 서울이 아니면 남성은 여성주의 스터디나 모임을 할 자리가 없습니다. 창피하지만 직장인이라 사회참여 활동도 어려운 부분이 있어서 혼자서 여성주의 관련된 책을 가끔 읽으면서 스스로를 가끔 돌아보는 게 전부입니다. (1992년생/2013년 수강, 남)

· 나의 발언에 있어 성차별에 기반을 두는 부분이 있는지 한 번 더 생각하고 행동하게 되었다는 점. 그리고 내 삶에 있어서도 '성 고정관념에 사로잡혀 못한다, 할 수 없다'가 아닌 '한번 해보지 뭐'라는 식으로 성 고정관념에서 자유로운 자기중심적 사고를 할 수 있게 되었습니다. (1993년생/2013년 수강, 여)

· 내가 가진 남성관에 대해서도 생각해볼 수 있는 기회였다. 여성이든 남성이든 성별에 대한 고정관념이나 선입견을 가지지 않으려고 항상 노력한다. / 두 발목에 채워진 여성 이라는 족쇄를 풀고 날아갈 수 있게 해주었던 고마운 수업이라고 생각합니다. 성 고정관 념에서 벗어남으로써 더욱 자유로운 미래를 꿈꾸게 되었고, 콘텐츠 기획하는 업에 있어 서도 성차별이라는 장애물을 피하는 법을 배웠다고 생각합니다. (1993년생/2013년 수강, 여)

· 여학우들이 대학에서 경험할 불평등과 성폭력에 관심을 가지며 행동을 주의하였고 학 업 외에도 여성이기에 겪어야 하는 무게가 있음을 알게 되었다. (1987년생/2015년 수강, 남)

· 저는 페미니스트였으나, 정작 학과 수업에는 남학생들과 어떠한 이슈를 가지고 대립 하거나 이야기를 나눠본 적이 별로 없었습니다. 자연스럽게 대립이 될 만한 주제들을 피하거나, 다루지 않았던 것 같아요. 그런데 〈여성주의철학〉 수업을 들으면서 이론적 관점을 넘어서 현실에 존재하고 있는 다양한 젠더 관련 이슈에 대한 남학생들의 입장 과 생각들을 잘 알게 되었습니다. 당시에는 현재만큼의 백래시나 남학생들의 억울함이 그렇게까지 (…) 크지 않았었고, 성매매나 성폭력, 노동 이슈와 관련해서 남학생들의 이 야기를 그렇게 들어볼 수 있었던 시간이 없었던 것 같아요. 그들이 갖고 있는 생각과 그 생각을 채우는 논리에 대해서 알 수 있었던 시간이었고 차후 남학생들과 대화하거나 마 주하는 상황에서 어떤 식으로 이야기를 다룰 수 있을지 조금이나마 알 수 있었던 시간 이었습니다. 또한 같은 이슈를 다루는 상황에서도 이것을 이야기하는 주체, 권력을 지 닌 자의 성별에 따라서도 특히 남학생들의 태도가 굉장히 많이 달라진다는 것을 알게 되었습니다. (1993년생/2015년 수강, 여)

· 여성주의에 대해 배웠다기보다 여성주의를 배우기 위한 길 위에 놓이게 해준 수업이 다. (1992년생/2017년 수강, 남)

· 첫 번째 시민교육. (1992년생/2017년 수강, 남)

· 대인 관계에 영향을 많이 미쳤다. 어울렸던 사람들 중에서 일부와의 마찰. 또 이 수업으로 변화된 그 이유로 새롭게 만나게 된 사람들. / 계속 공부하는 삶으로의 연결. (1993년생/2017년 수강, 시스젠더/남성/이성애자)

· 군대 전역 후 복학하고서도 이어진 학내 남성 문화에 대해서, 군대를 다녀온 것이 아닌데도 그 문화의 태도를 몸소 보이는 신입생, 비남성 학우를 보며 이질감을 느꼈습니다. 동기들과 얘기하면서, 특히 남성인 또래와 얘기하면서 이질감이나 분노, 짜증, 설명하고 싶지 않은 무기력함을 겪었습니다. (1992년생/2017년 수강, 남)

· 주변에 잘못된 사고를 하는 남성들의 주장을 부드럽게 논파하고 훈련시킬 수 있게 되었고 가스라이팅과 스토킹에 시달리는 아이들을 체계적인 주장을 통해 살릴 수 있었습니다. (1997년생/2017년 수강, 여)

· 새로운 한 걸음을 내딛었다. (1992년생/2018년 수강, 남)

· 성 갈등, 차별, 페미니즘 등을 주제로 다룰 때, 이 주제가 얼마나 복잡하고 엄밀한 '학문적인' 영역인지를 깨닫고, 보다 조심스럽게 접근하게 되었음. (1996년생/2018년 수강, 남)

· 인터넷으로 배우는 페미니즘은 나에게 분노를 주었다. 분노는 이 운동의 원동력이 된다고 하지만, 밑도 끝도 없는 분노만으로는 무력감이 느껴지고 그 감정을 지니고 있는 것 자체만으로 힘이 들 때가 많았다. 하지만 여성주의철학을 통해 고민하고 있던 부분들에 대해 나도 더 납득되었고, 그 역사가 자랑스러웠고, 즐거웠다. 내가 가져야 할 페미니즘이 더 이상 상징적이지 않고 입체적으로 다가왔다. 이 수업이 이후 더 많은 여성학 수업을 듣게 했고, 배움의 즐거움을 알게 해주었다. (1999년생/2018년 수강, 여)

· 요즘과 같이 남녀 혐오 및 제3의 성에 대한 혐오를 좀 더 비판적으로 바라볼 수 있게 되었습니다. 기득권이 가지고 있는 우월감이 생물학의 차원에서 나올 때 얼마나 위험한가에 대하여 알았기 때문입니다. (1999년생/2018년 수강, 여)

· 조금 더 믿음을 갖고 내가 페미니즘에 갖는 관점을 말할 수 있게 되었다. (1997년생/2020년 수강, 여)

· 내 언행에 성차별적인 게 있는지 자기검열을 하게 된다. (1998년생/2020년 수강, 여)

수업 후 평가(15~18번 문항) 관련 응답 중 '사회 정치적 참여'

• 여성주의 운동을 다양한 사회 속의 불평등 중 하나로 인식하고 개선하기 위해 노력함. (1975년생/2000년 수강, 남)

• 이미 학내에서 여성주의 활동을 하고 있었으나, 수업을 통해 여성주의 이론에 대한 습득과 확장된 사고를 할 수 있었고, 페미니즘에 대한 학생들의 다양한 사고를 관찰해볼 수 있었음. / 여성운동에 연대하고 있음. (1977년생/2000년 수강, 여)

• 이 수업이 여성주의 동아리 활동을 좀 더 활발히 하게 하는 실천적 도구가 되어주었던 듯. (1971년생/2000년 수강, 여)

• 졸업 이후 여성운동을 해나가는 데도 도움이 되었다. (1977년생/2000년 수강, 여)

• 학교를 졸업하고 지금까지도 꾸준히 페미니즘을 다룬 책과 매체에 접속하고, 비연속적이긴 하나 개인적으로 혹은 소규모 그룹을 이루어 관련한 공부를 여태껏 해오게 한 계기가 되었다고 여겨요. / 페미니즘 책 읽기(+토론, 쓰기 등) 소규모 그룹 활동을 한다. (1971년생/2000년 수강, 여)

• 대학생 때 여성주의 동아리 활동을 했습니다. (1979년생/2000년 수강, 여)

• 수업을 통해 여성주의에 관심을 갖게 되면서 같이 수업을 듣던 선배들이 활동하던 여성주의 동아리에 가입했다. 이후 학과와 학교 내의 성폭력 사건에 적극적으로 대응하고 목소리를 내게 되었다. / 학부 시절에는 여성주의 동아리에 참여했고 졸업 후에는 성매매피해자 지원단체, 지역 여성주의 문화단체에서 꾸준히 활동했다. (1980년생/2000년 수강, 여)

• 신입생 때 〈여성주의철학〉 수업을 들은 덕분에 삶이 완전히 바뀌었다고 느낀다. 지금 젠더와 페미니즘 관련 교육 활동을 하고 있는 것도 이 수업에 뿌리가 있다고 생각한다. (1980년생/2000년 수강, 여)

- 여성주의공동체 '날' 분들이 진행하는 세미나에 참여하게 되었습니다. / 지금은 아니지만 졸업 후 여성문화이론연구소나 또문 등에서 하는 여성주의 세미나, 특강 등을 들으러 다녔었어요. (1981년생/2003년 수강, 여)

- 한 여성단체에서 주관한 안심택배함 모니터링을 한 적이 있습니다. (1981년생/2000년 수강, 여)

- 춘천여성OOO 창립멤버로 주요 활동들을 해왔고, 이후의 다른 사회적 활동에서 성인지적 관점을 주변에 알리려 의식적 노력들을 함. (1967년생/2007년 수강, 여)

- 성평등, 젠더 이슈의 핵심은 개인의 몫보다 사회구조의 불평등이며 거시적인 변화가 필요하다. 나는 구조 변화와 약자의 편에서 기꺼이 서기로 결심하며 살고 있다. 이 세상을 직시하며 살도록 무지의 껍질을 깨뜨려주었다. (1987년생/2015년 수강, 남)

- 학사 졸업 후 여성학 석사과정을 수료하고 현재는 성평등 교육 활동가로 근무하고 있습니다. OOO라는 페미니스트 연구 웹진에 필진으로 참여하고 있으며, OOO에서 주최하는 페미니스트 페다고지 세미나에 참여하고 있습니다. (1993년생/2015년 수강, 여)

- 대학 성폭력 관련 센터에서 진행하는 여성학 강의를 들은 적이 있습니다. 또한 녹색당에 비례대표 표를 던지고, SNS를 팔로우하며 당의 활동을 지켜보고 있습니다. (1995년생/2017년 수강, 게이)

- 녹색당에 입당했었고 잠시 이런저런 논의에 기웃거렸습니다. 지금은 후원회원으로 남아 있습니다. '이룸' '새벽이 생추어리' 등 단체에 후원을 지속하는 것도 같은 맥락 위에 놓인 듯합니다. (1992년생/2017년 수강, 남)

장춘익 교수의 〈여성주의철학〉 설문조사에 응한 102인의 기억은 질문과 성찰, 논박과 비판, 대결과 소통을 통해서 '여성주의적 사유'로의 전환을 경험한, 자유롭고 행복한 학습자 집단의 모습을 전해준다. 그렇다. 그들은 이제 '여성주의적'으로 사유하게 되었고, 그 시선과 마음의 힘을 담아 삶의 현실 곳곳에서 직업인으로 또는 노동자로서, 시민으로서 또는 시민활동가로서, 또는 누군가의 동료나 누군가의 친구로서, 딸로서, 아들로서, 형제나 자매로서, 그리고 동반자로서, 또는 어느덧 아빠나 엄마로서, 그리고 양육자나 돌봄자로서 살아간다.

설문조사 문항(축약본)

〈설문조사에 대한 안내〉

○ 안녕하세요. 본 설문은 한림대학교에서 지난 20여 년간 철학과 전공수업으로 개설된 〈여성주의철학〉 수강생을 대상으로, 수업에 대한 의견을 묻기 위해서 진행됩니다.

○ 〈여성주의철학〉 수업은 장춘익 선생님의 교육철학 실천에 입각해 철학과 전공수업으로 2000년에 개설되어 2020년까지 진행되었습니다. 수업이 개설된 조건, 지속성 등 여러 가지 면에서 전국의 대학에서 처음이자, 유일한 사례인 것으로 확인됩니다.

○ 지난 2021년 2월 5일 장춘익 선생님이 향년 62세의 나이로 세상을 떠나셨습니다. 이 설문을 기획, 진행하고 정리하는 조사팀은 故장춘익 선생님의 교육철학과 〈여성주의철학〉 수업을 통해 꾀하신 성평등에 대한 지향을 기리고, 의미를 남기기 위해서 모였습니다. 〈여성주의철학〉 수업을 중심으로 장춘익 선생님의 교육실천을 담은 연구를 진행하고 내년 1주기에 즈음하여 출판할 계획입니다. 이 사업을 담당하는 연구회는 탁선미, 조한진희, 노성숙, 나영정, 권율수로 구성되어 있습니다.

○ 이 설문조사는 연구작업의 일환으로 수강생을 통해서 수업의 의미와 가치를 발견하고 분석하기 위해 진행됩니다. 본 설문을 통해서 비통한 소식을 접하셨을 분들께 위로의 말씀을 전합니다. 여러분들이 귀한 시간을 내서서 본 설문에 참여해주신다면 고인의 뜻을 기리고 세상에 알리는 데 큰 도움이 되리라 생각합니다.(…)

[인구학적 정보] 1~5번 문항 (출생 연도, 입학 연도, 수강 연도, 성별, 현재 직업 질문)

[수업을 듣기 전]

6. 〈여성주의철학〉 수업을 듣기 전에 이 수업에 대해서 알고 있었던 정보가 있습니까?
   (복수응답 가능)

① 수업의 목적 ② 수업의 내용 ③ 수업의 방식 ④ 전혀 없다 ⑤ 기타

7. 이러한 정보를 알게 된 경로는 무엇입니까? (복수응답 가능)

① 이미 수업을 들었던 학우들로부터 ② 수업계획서 ③ 전혀 없다 ④ 기타

8. 〈여성주의철학〉 수업을 수강하게 된 동기는 무엇입니까?

(수강을 신청하는 과정에서 가졌던 기대나 우려에 대해서도 자유롭게 적어주세요)

① 수강동기 ② 기대 ③ 우려

[수업을 들으면서]

9. 〈여성주의철학〉 수업을 들으면서 가장 인상적이었던 배움에 대해서 알려주세요.
   (자유롭게, 가능하면 자세하게 적어주시면 감사하겠습니다.)

10. 〈여성주의철학〉 수업 과정에서 가장 기억나는 발표, 조별 토론, 과제 등에 대해서 알려주세요. (자유롭게, 가능하면 자세하게 적어주시면 감사하겠습니다.)

11. 〈여성주의철학〉 수업을 들었던 즈음, 본인에게 혹은 사회적으로 일어났던 중요한 여성주의적 사건이 있다면 알려주세요. (개인적인 상황이나 사회적인 상황 모두 좋습니다.)

12. 수업에 대한 종합적인 만족도를 표시해주세요. (만족도가 높으면 5개를 표시해주시면 됩니다.)

[수업을 듣고 난 후]

13. 〈여성주의철학〉 수업을 듣고 난 뒤 성차별, 성평등 문제 등을 인식하는 데 끼친 영향을 표시해주세요. (영향이 많으면 5개를 표시해주시면 됩니다.)

14. 〈여성주의철학〉 수업의 경험과 그 의미를 어떻게 평가하십니까? (복수응답 가능)

① 수업을 통해 다양한 여성주의 사상에 대해 이론적으로 접근할 수 있었음.

② 일방적 수업을 넘어 성차와 성평등에 대한 솔직하고 자유로운 소통과 토론을 경험하였음.

③ 나의 젠더 인식과 경험을 되돌아보고, 기존에 당연시 여겼던 생각이나 성차별에 대해 개선이 필요하다는 자극을 받았음.

④ 수업을 통해서 형성한 여성주의철학 관점은 재학 중 또는 졸업 이후에 사회를 관찰하고 인간 관계를 분석하는 힘을 기르는 데 도움이 되었음.

⑤ 기타

15. 〈여성주의철학〉 수업을 듣고 난 뒤 학교생활에서 변화된 부분이 있다면 알려주세요. (자유롭게, 가능하면 자세하게 적어주시면 감사하겠습니다. 없으면 없다고 적어주세요.)

16. 〈여성주의철학〉 수업이 졸업한 이후, 혹은 장기적으로 본인의 일상적 삶이나 관계 등에 미친 영향이 있다면 알려주세요. (자유롭게, 가능하면 자세하게 적어주시면 감사하겠습니다. 없으면 없다고 적어주세요.)

17. 과거 또는 현재, 본인이 참여하고 있는 여성주의 세미나, 여성주의 관련 사회참여 활동 등이 있다면 알려주세요. (자유롭게, 가능하면 자세하게 적어주시면 감사하겠습니다. 없으면 없다고 적어주세요.)

18. 귀하의 현재 삶의 관점에서 〈여성주의철학〉 수업과 그 의미를 간략히 평가한다면 어떻게 말하실 수 있나요? (자유롭게, 가능하면 자세하게 적어주시면 감사하겠습니다.)

19. 〈여성주의철학〉 수업이 삶 전반에 미친 영향을 표시해주세요.

 (영향이 많으면 5개를 표시해주시면 됩니다.)

[마무리] 2개 문항 (인터뷰 참가 의사여부 등 문의)

3. 실천이 된 교육

탁선미

장춘익 교수는 〈여성주의철학〉 수업에서 질문을 조정해가며 학생들의 사유와 토론의 진척을 돕고, 그 내용을 집중해서 경청하지만 결론은 독점하지 않고 열어두었다. 교수자의 이런 태도는 종종 답답하다고 느껴질 수도 있으나, 어떤 의견도 비난받지 않는다는 메시지, 각자의 의견이 흥미로운 것으로 존중을 받을 것이라는 암묵적 메시지를 던지는 것이기도 했다. 교수자의 학생에 대한 신뢰와 존중을 통해 고무되는 이러한 자율적 토론은 결과적으로 강의실 내에서 공존의 윤리, 관계의 도덕을 관철시키는 효과를 낳는다. 2장에서 살펴본 집단 설문조사에서 자주 확인되었던 여남 학생 간의 특별한 개방성, 긴장감 속에서도 이뤄진 활발한 소통, 열정적 토론, 서로를 발견하는 재미 등은 이런 관계윤리를 바탕으로 해서 가능했다고 말할 수 있다. 토론이 연대하는 관계의 경험이 되고, 연대의 관계 경험이 개방과 소통을 촉진하는 이러한 선순환 과정은 장춘익 교수의 페미니즘 강의실의 중요한 특징이었다. 3장에서는 그의 페미니즘 강의실을 관통했던 이러한 특별한 의사소통과 관계 경험이 어떻게 시민적 보편도덕과 여성주의적 행동윤리 형성이라는 결과로 이어질 수 있는지 설명해본다.

시민공론장으로서의 교실

1장에서 나는 장춘익 교수의 〈여성주의철학〉 수업이 당시 정점에 이른 1990년대 후반 한국 대중 페미니즘 운동의 실천적 동력을 대학의 주변부에서 대학교육의 중심으로 끌어들이는 시도라고 평가했다. 그는 여성주의 페다고지가 사회정의라는 시민사회의 도덕적 실천적 요구와 연결되어 있다는 것을 분명히 자각하고 있었다. 이런 의미에서 그의 수업에서 상호존중의 토론 윤리는 필연적이었다. 왜냐하면 상호구속성을 갖는 공동체의 일원으로서 보편도덕적 가치를 향해 설득하고 합의해나가는 언어적 의사소통의 과정은 바로 보편적 인권에 근거하는 근대 민주주의 시민적 공론장의 원리이기 때문이다.

프랑크푸르트 비판철학의 2세대 사상가인 위르겐 하버마스는 다른 권위 없이 토론 참여자들 간의 언어적 논증에만 구속되는 의사소통의 보편도덕적 힘을 강조했다. 하버마스는 '언어적 논증을 통한 상호적이고 수평적이며 개방적이며 진지한 의사소통'이 지배하는 '생활세계(Lebenswelt)'를 경제와 국가행정의 논리가 지배하는 '체계(System)'와 구분하고, 후자의 월권에 맞서기 위해 의사소통으로 형성되는 정치적 시민사회의 역할을 강조했다. 이러한 의사소통으로 형성되는 정치적 시민사회가 바로 공론장(Öffentlichkeit)인데, 그는 이 개념을 독일 사회에 대한 청년세대의 비판이 고조되던 1960년대에 처음 부각시켰다. 그는 2차 세계대전 이후 경제 중심적 사회발전에 자족하던 당시 서구 대중 민주주의를 바라보면서, 한편에서 시민들이 복지국가의 소비자로 위축되고, 다른 한편에서는 대중매체가 권력과 자본에 의해 조정당하고 있다고 진단한다. 그러면서 복지국가 대중 민주주의 조건에서 어떻게 초기 부르주아들의 적극적인 시민적 공론장이 재구성될 수 있을지를 묻는다.[53]

하버마스에 따르면 18세기에 소유권을 획득한 부르주아는 정치적 권리에서 배제된 채 그 사회적 권리에 부합하는 사적 공간의 자유를 키워나가는데, 이 고유한 사적 자유를 바탕으로 심리적 주체성을 갖춘 부르주아 개인들이 나타난다. 그리고 이들은 독서회나 문예협회 등의 사적 결사체 안에서 심미적 가치와 인간적 이념에 대해 오로지 언어적 의사소통과 논증을 통해 토의하며 보편적, 도덕적 가치를 바탕으로 연대하는 공중(公衆)으로 변화한다. 궁정의 과시적 공론장이나 민중의 반문화적 공론장과 달리, 논증과 비평을 통해 성장한 부르주아 문예공론장은 19세기 중반까지 시민사회(Zivilgesellschaft)의 개방적이고 역동적인 보편주의 정치적 공론장으로 발전한다. "부르주아 공론장은 논의(토의, Diskurs)에서 표현되었는데, 부르주아 공론장과 공론장 자체의 구조를 내부로부터 변형시키기 위해 노동운동뿐만 아니라 페미니즘 운동도 이 논의에 참여할 수 있었다. 부르주아 공론장의 보편주의적 논의들은 처음부터 자기준거적 전제들 하에 있었다."[54]

　이 보편적 시민적 공론장을 통해 인본주의 이상들이 태동했고, 그 이상들은 의회주의에 매개되어 근대 민주주의와 법치국가를 형성하는 원천이자, 동시에 그 한계를 비추는 거울이 된다. "사생활영역과 공론장의 자기이해를 각인하면서 주체성, 자기실현, 합리적 여론형성과 의사결정, 인격적 자결 및 정치적 자결과 같은 중심 개념들로 표현되는 부르주아 인본주의의 이상이 법치국가의 제도들에 깊숙이 침투하였다. 그 결과 유토피아적 잠재력으로서의 이 이상은 그것을 동시에 부인하는 헌법적 현실도 넘어서게 된다."[55] 초기 부르주아 정치적 공론장에 내재한 상호성, 개방성, 보편성, 실천적 연대성에 주목한 하버마스는 결국 사회주의 체제를 토대로 삼는 민주주의라는 초기의 구상을 포기하고 언어적 의사소통에 잠재된 포괄적 합리성을 도덕적 실천성의 근원으로 하는 의사소통행위이론을 자신의 '비판적 사회이론'의 핵심 이론으로 정립한다.[56]

　앞서 언급했듯이 하버마스는 포괄적 합리성으로서의 의사소통 행위가 작동하는 영역을 '생활세계'라고 명명한다. 소위 '체계'와 '생활세계'로 구분되는 그의 2단계 사회이론은 막스 베버의 사회합리화과정 이론을 발전시킨 것인데, 화폐가 매개하는 경제와 권력이 매개하는 국가 관료기구를 '체계'로, 언어적 의사소통이 지배하는 문화영역을 '생활세계'로 양분한다. 경제와 국가는 "체계적으로 통합된 행위영역으로", "내부로부터 민주적으로 변형되는 것이 아니다. 다시 말해 그것의 체계적 완고함이 손상되어 그것의 효력이 장애를 받지 않고는, 그것이 어떤 정치적 통합양식에로 전환되는 일이 일어날 수 없다." 이제 "자본주의적으로 자립화된 경제체계와 관료적으로 자립화된 지배체계의 '지양'이 더 이상 목표가 아니다. 목표는 체계명령이 생활세계 영역으로 식민적으로 침범하는 것을 민주적으로 저지하는 것이다. (…) 사회통합의 연대력(의사소통의 생산력)이 다른 두 개 조정 자원의 '권력'들, 즉 화폐와 행정 권력에 대항해 자신을 관철시켜 사용가치를 지향하는 생활세계의 요구를 관철시킬 수 있도록, 정당화 과정의 급진 민주주의적 변화는 사회통합의 권력들 간의 새로운 균형을 목표로 한다."[57]

헤겔과 마르크스에서 시작해 하버마스에 이르는 '자율적 주체'와 '이성적 사회' 이념을 철학적으로 탐구하는 논문으로 독일 프라이부르크대학에서 박사학위를 취득한 장춘익 교수는 1992년 여름 귀국 후 동구권 몰락의 충격을 설명하기 위해 소환된 하버마스의 비판적 사회이론에 대한 국내 학계의 수요에 부응하기 위해 여러 논문들을 발표했다.[58] 이처럼 1990년대 하버마스의 비판적 사회이론에 더욱 천착하면서 그는 2006년 하버마스의 『의사소통행위이론』을 완역하게 된다. 비판적 사회철학자로서 장춘익 교수가 보기에 하버마스의 의사소통행위이론은 더 이상 체제 혁명을 생각하지 않으면서 보편도덕에 토대를 둔 사회정의를 실천하려는 입장에서는 매우 중요한 이론적 자원이었다. 그는 하버마스 이론에서 좁은 의미의 정치적 공론장뿐 아니라 생활세계의 다양한 영역들에서 끊임없이 진행되는 합리적 의사소통과정 전체가 사회적 실천에 매우 중요하다는 점에 주목한다. 대중 민주주의 사회에서 정당과 정치집단이 주도하는 공식적 정치적 공론장이 계급에 따른 이해관계를 조절하는 경향을 나타내는 데 비해, 오히려 문화, 사회규범, 인격적 사회화가 이루어지는 생활세계의 의사소통이야말로 초기 부르주아의 급진적 민주주의를 태동시킨 상호적이고 평등하며 보편적인 의사소통이 가능한 영역이 되기 때문이다.

하버마스는 '생활세계'를 의사소통행위의 상보 개념으로 도입한다. 생활세계는 의사소통행위의 지평과 배경이면서 동시에 의사소통행위를 통해 재생산된다. 의사소통행위의 상호이해라는 기능의 측면에서 보자면, 생활세계는 상호작용 참여자들이 상황에 대한 이해를 도모할 때 그들이 사용하는 문화적 지식들의 저장고이면서, 동시에 그런 문화적 지식들은 의사소통행위를 통해 갱신된다. 의사소통행위의 행위 조정 기능 측면에서 보면, 비판 가능한 타당성 주장에 대한 상호인정을 추구할 때 생활세계는 집단에 대한 소속감으로 작용하며, 동시에 의사소통행위를 통해 사회적 통합과 연대성이 산출된다. 의사소통행위의 사회화 기능의 측면에서 보자면, 생활세계는 자라나는 어린이가 가치관을 내면화하고 일반화된 행위능력을 획득하게 하는데, 동시에 주체는 바로 사회화과정을 통해 자신의 고유한 정체성을 형성한다. 이렇게 의사소통행위에 내재하는 문화적 재생산, 사회적 통합, 그리고 사회화의 기능에 맞추어 하버마스는 생활세계가 문화, 사회, 인격이라는 구조적 요소를 갖는 것으로 규정한다.[59]

고유한 수평적 의사소통이 재생산되는 생활세계의 다양한 영역에서 우리는 우리에게 문제로 다가온 구체적 상황들을 여론화한다. 이 무수한 작은 여론화 과정은 응축되어 정치적 공론장에 자극과 압력을 가한다.[60] 그리고 이런 여론화 과정이 총체적으로 작용하면서, 우리는 어떤 상징자원을 우리 자신을 이해하고 표현하는 데 타당한 문화로 받아들일 것인지, 어떤 사회적 관계를 기꺼이 따르며 자부심을 느끼는 정당한 사회적 질서로 받아들일 것인지, 또 어떤 정체성과 인격능력을 가진 인간을 원하는 것인지 끊임없이 성찰하고 의미화하며 삶의 규범과 가치를 새롭게 만들어간다. 특히 대학은 청년들이 현실의 이해관계와 사회적 역할에 들어서기 직전에 자유롭게 학습하고 생활하는 사회화의 마지막 단계이자 개방적인 문화적 공간으로, 바로 이러한 보편 도덕에 근거한 실천적 의사소통 능력을 키우는 최적의 무대가 될 수 있다고 장춘익 교수는 생각했다. 그래서 그는 철학 교수로서 발을 내딛는 1990년대 초반부터 마지막 강의를 진행했던 2020년까지 생활세계 영역으로서의 대학의 역할 및 평등한 의사소통적 교육에 내재된 도덕적 실천적 의미를 일관되게 강조했다.

> (…) 사회철학이 오늘날 할 수 있는 일은 경제의 효율성의 논리의 월권을 막는 문화적 저항에 기여하는 일이다. 사회철학의 이러한 역할 규정은 물론 사회운동이 문화운동으로 축소, 환원되어야 한다는 것은 아니다. 이 역할 규정은 노동계를 비롯한 각 사회영역이 자체적 조직 능력을 확장해가고 있고, 다른 한편 사회철학적 문제에 대한 논의가

실질적으로 대학을 비롯한 문화공간에서 이루어지는 현실에 바탕을 둔 것이다. 만일 비판적 사회철학의 주장들이 이해관계의 대립에서 비교적 자유롭고 토론을 위한 심적, 시간적 여유가 있는 공간에서 설득력을 확보해 내지 못한다면 그 외의 공간에서는 현실성 없는 주장으로 앞서 가거나 이미 있는 사회운동에 대한 별 필요 없는 응원에 불과할 것이다.[61]

나는 비이기적이고 수평적인 관계의 경험이 보편주의적 도덕의식의 형성을 위한 가장 중요한 기반이라고 생각한다. 비이기적 관계가 규범적 의식을, 수평적 관계가 보편주의적 의식을 가질 수 있게 하는 것이다. 이런 관점에서 볼 때 한국의 경우 보편주의적 도덕의식을 형성하는 데에는 지난 세기 중후반부터 인구의 상당수가 어린이부터 청년기까지 사회화 과정의 대부분 시간 동안 공교육체계 속에서 또래 집단과 수평적 교류를 경험한 것이 하나의 중요한 실질적 지반이 되었을 것이라고 추측할 수 있다. 그런 수평적 교류의 경험 속에서 하버마스가 말하는 이성적 자유, 즉 "모두와 각자를 상호주관적으로 공유되고 완전히 탈중심화된 상호적 관계들의 연관성 속에 강제 없이 의사소통적으로 포함시키고자 하는 자유"[62]에 대한 지향성이 형성되고 강화되었을 것이다. 이런 추측이 맞는 것이라면, 경쟁논리와 사회적 차별이 교육체계 깊숙이 파고들어 사회화 과정이 동시에 수평적 교류를 체득하는 과정이 되지 못하게 하는 것이야말로 우리가 도덕의식의 발전과 관련하여 가장 염려해야 하는 부분이 될 것이다. (…) E. M.

우리는 앞의 두 개의 장에서 장춘익 교수의 〈여성주의철학〉 수업을 통해 캠퍼스 운동권 여학생들에 국한된 주변부 담론이었던 캠퍼스 페미니즘이 어떻게 여남 학생 모두가 참여하는 전공 교육의 중심 무대에서 생생한 실천적 의사소통의 과정으로 새롭게 의미화되었는지 확인했다. 그의 수업에서 학습자들은 교수자에 대한 신뢰를 바탕으로 자기정당화의 압박에서 벗어나, 보다 쉽게 상호적 의사소통에 들어설 수 있었고, 그 정서적 편안함 속에서 긴장감 가득한 성차별과 성정체성 문제를 평등하게 논의하는 내적 경험으로 재의미화했다. 그리고 그 평등한 의사소통의 관계 속에서 참여자들은 상대의 거울에 나를 비추어 보는 자기성찰에 들어설 수 있었다. 그 결과 나의 기존 도덕 감정의 한계를 인식하거나 또는 나와 다른 상대를 마주보고 연결되는 행복감을 경험할 수 있었다.[64]

그의 강의실에서 경험하는 평등한 토론과 상호적 성찰, 그리고 발견의 행복한 감정은 많은 학생들로 하여금 여성주의 페다고지가 지향하는 연대의 가치를 내면화하게 만들었다. 그리고 보편주의 도덕에 근거한 이러한 연대의 가치를 내면화한 학생들은 강의실 밖에서 만나는 젠더 억압에 새롭게 주목해 저항하거나, 스스로 연대의 요구를 이어가는 파생 공론장을 만드는 행위로 나아갔다. 이 수업의 적극적 학습자들은 교내외에서 이차적인 공론장, 즉 각종 동아리, 독서회, 토론회, 문화행사 등의 활동을 자발적으로 기획했음이 구체적으로 확인된다. 학습효과의 관점에서 볼 때, 말하자면 이들은 학습의 곱셈효과를 내는 오피니언리더 역할로 성장해나간 것이다.[65] 학습전이 효과를 발휘하는 적극적 학습자들의 이런 파생적 의사소통을 통해 강의실의 의사소통은 자율적인 캠퍼스 페미니즘 공론장과 연계되고 그것을 새롭게 확장해낸다. 종합하자면 장춘익 교수의 〈여성주의철학〉은 다양한 수업 외 교육지도와 상호작용을 하면서, 철학과와 인문대와 한림대 전체에 작은 단위의 여성주의 공론장들을 지지하고, 파생시키고, 연결시키는 핵심 미시 공론장이었다고 할 수 있다. 장춘익 교수는 수업 외에도 성 갈등 사안이 학과 내에 여론화되었을 때, 개인적으로 상담하고 갈등 해결을 위해 개입했을 뿐 아니라, 개인 홈페이지 토론방에 자신의 의견을 공개하고 학생들의 논의를 촉구했다. 또한 1998년부터 2005년까지 활동한 한림대 여성주의 중앙동아리 '날'의 지도교수로 활동하면서 학생들의 다양한 활동을 지지하고 함께 참여했다.

장춘익 교수의 지도 아래 이유진이 2005년 6월 제출한 학사학위 논문 「성매매와 언론」은 수업에서 시작한 여성주의 공론장이 어떻게 공동체 내에서 실제로 발생한 심각한 성차별 사건에 대한 공론화 과정으로 확장되고, 대학의 경계를 넘어 사회현실의 공론장에 대한 문제의식으로 확장될 수 있는지 보여주는 흥미로운 사례다. 이유진의 논문은 2004년 11월 한림대 내에서 이슈화된 '학생회 간부 룸살롱 출입 사건'(「한림학보」 341호)에서 출발했다. 이유진은 당시 '한림대 성매매 근절 대책위원회'에서 활동하면서 "언론이 정치적으로 올바른 시각을 갖는 것이 얼마나 중요한지 새삼 깨달았다"고 말한다. 그는 "여론은 곧 정치"며, "정치는 우리의 일상과 삶 곳곳에 침투하여 사회의 체제를 구성"한다고 주장한다. 이유진은 학내의 여성혐오적 행위와 그에 대한 공식적 학생공론장인 「한림학보」의 여론화 방식에 문제를 제기하며, "성매매는 범죄를 넘어 여성을 비롯한 약자를 대상으로 한 폭력이며 인권유린"임을 "입증하는 데에 (…) 기여하는 것"[66]이 논문의 의의라고 밝힌다. 학내 성매매 사건에 여성주의 입장에서 개입하면서 저널리즘의 보편적 인권가치에 주목하고 성매매 언론보도에 대한 졸업논문을 쓰게 된 이유진의 사례는 〈여성주의철학〉이 강의실의 경계를 넘어 대학 공론장 전체로, 또 더 나아가 시민사회의 정치적 공론장의 비전과 연결되는 과정을 잘 보여준다고 생각한다. 이 책의 6장에서 보게 되듯이, 이유진은 '반성매매인권행동 이룸'을 비롯해 다양한 반성폭력 시민활동에 참여하며 지금까지 여성주의 문화활동가로 살아가고 있다.

지극한 공감과 지지

하지만 장춘익 교수의 여성주의 페다고지의 특별한 효과는 합리적, 언어적 의사소통이 야기하는 연대와 성찰, 도덕적 각성의 결과로만 다 설명되기 어려운 면이 있다. 제자들이 장춘익 교수에 대해 갖는 신뢰, 존경, 애정은 일반적으로 교육적 책임의식이 높은 대학 교수자 그룹의 학생관계에 비해서도 특별한 면이 있다. 평소 제자들과의 교류방식, 졸업생들과의 대화, 추모문집[67] 속 학생들의 고백과 기록들을 자세히 검토해보면, 이 정서적 관계 경험은 근대사회에서 개인의 자아 성찰의 고유한 공간인 '순수한 관계'의 어떤 특성을 보인다. 〈여성주의철학〉 수업의 초기 수강생들, 특히 여성주의 운동권 여학생들은 강의실의 안과 밖에서 장춘익 교수로부터 평등한 교육관계, 자신의 문제의식에 대한 정확한 이해와 공감, 고통스러운 실존적 상황에 대한 지지를 경험한다.

'순수한 관계'는 친밀성의 사회학(sociology of intimacy) 연구자들(앤서니 기든스, 울리히 벡, 니클라스 루만 등)이 구사하는 개념이다. 이 개념은 현대사회가 고도생산 사회로 발달하는 과정에서 사회적 관계가 기능에 따른 효율화와 합리화 과정을 거치며 자기목적적 체계로 분화해가는 상황에서 출발한다. 근대사회의 체제분화의 결과가 바로 생활세계와 체계로의 분리라고 할 수 있는데, 생활세계는 다시 도덕적·정치적 공간, 문화적·예술적 공간, 사적·개인적 공간으로 분화한다. '순수한 관계'는 정의하자면 순수하게 인간적, 정서적 만족이라는 목표 아래 결성되고 유지되는 관계다. 기든스는 이런 순수한 관계의 대표적 예로 우정, 동호회, 수평적 가족, 낭만적 사랑을 꼽는다.

한 개인이 상대를 마주하며 자아 성찰과 자아 내러티브를 전개할 수 있는 순수한 친밀성 관계는 성장기에는 주로 헌신적 돌봄이 지배하는 수평적 가족관계를 통해서 형성된다. 그리고 성장 후에는 정서적, 인간적 만족과 소통을 위해 자유의지로 결성한 인간관계에서 나타난다. 우정과 사랑이 대표적이다. 순수한 친밀성 관계가 현대인에게 꼭 필요한 이유는 그것이 현대인의 자기이해에 불가결한 자아감수성, 자아 성찰의 욕구를 실현하는 인간적 관계이기 때문이다. 안정적 개인화에 반드시 필요한 이러한 친밀 관계는 역기능적인 가족관계에 의해 위협받기도 하고, 직업의 세계에 가까이 갈수록 더욱 실현하기가 어려워진다. 직업인으로서의 개인은 주로 기능적 체계의 영역, 즉 경제와 공공행정의 영역에서 움직이며 다른 인간들과 기능적으로만 관계한다. 곤경에 처한 개인은 구청의 사회복지과 담당 직원과 복지 혜택의 구체적 방법에 대해 문의하고 의논할 수 있지만, 상대로부터 자기 자아를 이해받으며 자신의 전반적 자아 감정에 대해 대화하거나, 특히 어떤 사적 인간적 행위를 공유할 수는 없다. 그래서 현대사회에서 '상담'은 중요한 기능체계로 분화한다.

우리는 앞의 두 개의 장에서 〈여성주의철학〉 수업의 특별한 효과가 토론의 형식 자체를 넘어서 토론이라는 형식 조건을 상호적 관계 맺기, 더 나아가 진정한 인간적 존중의 정서가 동반되는 상호적 관계 맺기로 전환하는 장춘익 교수의 특별한 태도와 상관이 있다는 것을 확인했다. 장춘익 교수의 강의실에서 개방적 토론과 존중의 관계 경험이 선순환할 수 있었던 것은, 그가 전임교원으로서 수업을 넘어서 철학과라는 공동체의 틀 내에서 학생들과 다양한 방식으로 지속적으로 소통의 관계를 유지했기 때문이었다. 그는 교육 공동체의 지속적인 연대 속에서 좁은 의미의 교수자와 학습자 관계를 훨씬 넘어서 학생들의 자아를 지지해주고 그들이 이상적인 자아 내러티브를 전개하도록 도와주는 신뢰할 수 있는 협력자가 되곤 했다.

예를 들면 수업의 연장이자 학생들과 준공공적 소통의 장으로,

2000년대 초반 운영했던 개인 홈페이지 '날개통신'에서 그는 일반적 사유를 서술하기도 했지만, 동시에 한 인간으로서 자신의 개인적 감정을, 경우에 따라서는 약점조차도 드러내기를 마다하지 않았다. 1장에서 언급한 루소의 의미에서 '고백적 화행'이다. 사실 '날개통신'의 많은 글들은 당시 특정한 맥락에서 특정한 학생들을 염두에 두고 작성된 일종의 구체적인 대화이기도 했다.[68] 사회적 관계인 교육관계의 틀 내에서 장춘익 교수는 상대에 대한 인간적 관심을 유지하며 평등하게 마주 서는 순수한 관계를 구성해내곤 한 것이다. 앞서 1장 후반에서 예로 든 한승일이나 윤유미의 고백이 보여주듯이, 〈여성주의 철학〉 수강생이나 여성주의 운동권 학생들뿐 아니라 많은 철학과 학생들이 4~5년이라는 재학 기간 동안 장춘익 교수와 다양한 방식으로 인간적 관계를 맺었다. 그러면서 그들은 그 인간적 관계에서 자기를 확인하고, 자아 가치를 탐색하고, 성찰하고, 추구하는 것을 가능하게 만드는 근대적 자율적 개인의 '순수한 관계'를 제한적 시기이지만 경험한 것으로 보인다. 그래서 종종 그는 학생들의 개인적 삶과 자아에서 애정과 존경이 집약되는 정서적 지표로 자리 잡을 수 있었고, 학생들이 자기신뢰를 잃지 않고 자율적 삶을 향해 나가도록 안내하는 내면의 정신적 길잡이가 될 수 있었다.[69]

특히 한림대 여성주의 동아리 '날'의 주요 구성원들은 위에서 서술한 순수한 수평적 교육관계 속에서 자아효능감을 극대화하며 페미니스트로서 정체성을 키워나갈 수 있었다. 당시 여성주의 운동권 여학생들은 일반 남학우들의 관습적인 남성우월주의뿐 아니라 신뢰관계여야 할 운동권의 남학우들에 의해서도 비일비재하게 소외와 차별을 받는 경험을 했다. 조한진희는 "캠퍼스에서 담배를 피우고 있으면 지나가던 체대생들이 위협적인 눈빛을 보내"거나 "이렇게 대놓고 담배를 피우는 여학생은 처음 봤다며 혀를 내두르는 이들도 자주 만났다"고 말한다. 그녀에게 캠퍼스 내 익명의 위협보다 더 큰 문제는 "일상적으로 마주하는 철학과 남학생으로부터 여자가 왜 담배를 피우냐, 무책임한 모성이 아니냐 등 갖가지 이유로"[70] 추궁을 받는 일이었다. 이유진은 "철학과에서 벌어진 성희롱 사건을 공론화하고 문제제기했을 때 대부분의 학생들이 (그녀를) 비난하거나 고립시키거나 방관"[71]하는 고통스러운 경험을 한다. 운동권 여학생들의 저항적, 도덕적 자존감을 염두에 두면, 이런 위협과 배척은 일반적인 불안 외에 깊은 분노와 긴장을 야기했을 것으로 충분히 짐작할 수 있다.

일반적으로 저항적, 도덕적 자존감은 사회화 과정에서 소수자나 주변부화의 경험에 노출되었을 때, 자아의 자기중심적, 도덕적 힘이 강한 개인에게서 많이 나타난다. 계급, 인종, 젠더의 차별적 배제 기제가 이런 도덕적이고 혁명적 개인들을 만들어낸다는 것은 잘 알려진 사실이다. 하지만 이 소외와 차별, 억압이 초기 사회화 과정에서부터 각인되면, 즉 가정과 부모가 개인의 세계를 지배하는 유년기와 아동기부터 직접적인 소외와 억압에 노출될 경우, 자아는 충분한 자아 효능감 및 대상에 대한 신뢰를 획득하지 못한 채 근본적인 불안을 떠안을 수 있다. 이것은 이후 성인기에 다양한 계기로 전면적인 내적 위기로 소환되는데, 상담학은 바로 이런 자아의 위기에서 어떻게 자아가 자기효능감과 대상에 대한 신뢰를 되찾도록 도울 수 있는지 탐구한다. 한국 사회에서 여전히 남성중심주의적 권위적 핵가족 모델이 지배하던 1980년대에 아동기를 거쳤을 영페미니스트 세대 여성들은 다소간 이런 문제적 사회화 과정을 거쳤을 것이다. 조남주 작가의 『82년생 김지영』신드롬은 2000년대 초반에 대학을 다닌 여성들의 생애사적 우울과 좌절에 대한 우리 사회의 뒤늦은 고발이자 위로인 셈이다. 앞서 보고한 여성주의 운동권 학생으로서 조한진희나 이유진이 캠퍼스 내에서 겪었던 위협과 배척은 그들의 자아에 진지한 위기일 수 있었고, 자아의 도덕적 통합성을 충분히 와해시킬 수 있는 경험이었다. 이 위기의 상황에서 〈여성주의철학〉이라는 작지만 확실하게 중심에 위치한 교육 공론장, 그리고 문제적 상황마다 적극적인 공감에 바탕한 장춘익 교수의 개입과 지지는 이들의 내면에 힘을 북돋우고 자아의 심리적 자원을 회복해주었을 것이다.

조한진희는 학과 술자리에서 다시 '담배 피우는 여자'로 공격을 받을 때, 장춘익 교수가 "그러니까 '겨우' 여성의 담배 문제로" 인해 보여준 반응을 잊지 못한다고 전한다. 성인의 기호식품에 대해 제삼자가 비난하는 것의 부당함을 그는 "타인의 자유, 책임, 평등의 개념을 가지고 설명과 질문을 이어갔"는데, 더 놀란 것은 장춘익 교수가 "당사자나 느낄 법한 분노로 고양"되어 있었고, "그 두터운 분노를 숨길 의지가 없는 듯했고, 동시에 적절한 방식(수업시간의 연장 같은 토론의 태도)으로 표출"했다는 사실이었다. 장춘익 교수는 "페미니즘 문제에 있어서 부당한 현실에 대해, 안전한 곳에서 거리를 둔 채 우아하게 올바름을" 이야기한다든가 "거리를 둔 당위적 논리나 시혜적 태도로 접근"하지 않았고, "불평등하고 부정의한 현실에 깊이 분노하거나 마음 아파"했고, "동시에 그에 대해 일관적으로 교육자적 태도로 그 분노를 풀어"갔다. 조한진희는 그 행위의 동력은 결코 분노 자체가 아니라 "따뜻함과 사랑", "차별당하는 현실에 대한" "마음 아픔", 즉 진정한 공감이었다고 회고한다.[72]

동맹으로서의 안내자

발달심리학의 관점에서 볼 때 사회화 초기 과정에서 신뢰하는 권위자로부터 받는 일관된 내적 지지의 경험은 개인이 자아에 대한 신뢰와 효능감, 세계에 대한 안정적이고 상호적인 관계 능력을 획득하는 데 반드시 필요한 심리적 자원이다. 유년기의 일관된 공감과 지지는 개인의 깊은 내면에 근본적인 자기신뢰의 힘을 부여하는데, 유년기에 애착관계가 일관되고 안정적이지 못하면 이 근본적 자기 효능감과 세계 신뢰는 불안정한 상태로 머문다.

초기 제자들, 특히 대학 내 긴장이 가득했던 1990년대에서 2000년대 초반의 여성주의 운동권 학생들에게 학내 생활은 그 자체가 실존적 위기이자 도전인 상황이었다고 말할 수 있다. 이런 상황에서 개인의 발달심리학적 위기의 흔적이 남아있는 경우, 그 자아는 총체적 불안에 빠질 수 있다. 이 위기에서 신뢰하는 교수와의 소통과 상호이해, 그로부터 받는 공감과 지지는 자아 효능감과 세계 신뢰를 되찾는 결정적인 '회복적 관계 경험'이 된다. '회복적 관계 경험'이란 유아기 이후의 성장 과정에서 새로운 결정적인 공감과 지지의 관계를 겪으면서 무의식의 자기효능감 불안을 떨치고 근본적 긍정 표상을 회복해내는 것을 의미한다. 그리고 유년기 애착관계, 또는 회복적 관계 경험을 통해 복구해낸 자기효능감과 세계에 대한 긍정 표상은 그 관계를 떠난 이후에도 한 개인이 내적 위기의 순간에 돌아와 의지할 수 있는 '안전기지(safety base)'가 된다.

추모문집에 나타난 2000년대 초반 영페미니스트 운동권 제자들의 고백을 보면서, 나는 이들이 장춘익 교수와의 관계에서 이런 '회복적 관계 경험'을 누린 것이라고 조심스럽게 추측해본다. 그들은 졸업 후 대부분 당당한 사회활동가로 주체적인 삶을 향해 나아갔는데, '오랫동안 연락을 하지 않았던' 스승의 죽음을 마주한 그들은 '스스로도 잘 이해할 수 없는' 큰 상실과 애도의 감정에 휩싸인다.[73] 장춘익 교수와 이들 여성주의 운동권 제자들이 교육관계에서 형성한 이러한 '의식하지 못한' 깊은 결속의 관계 감정은 바로 상담학에서 말하는 상담사와 내담자, 또 슈퍼바이저와 예비 상담사 사이에 반드시 필요한 깊은 공감과 연대라는 '작업동맹' 관계와 유사하다.

심리치료와 상담에서 '대인과정접근(interpersonal process)' 이론은 상담자와 내담자가 맺는 관계에 대한 이론이다. 상담자와 내담자는 보통 3개의 관계에 들어선다. 첫째는 실제의 관계, 둘째로 내담자의 무의식을 지배하는 관계 표상이 투영된 전이(transference)와 그에 조건화된 반응으로서 상담자의 역전이(countertransference) 관계다. 셋째는 상담 초기에 상담의 목표와 방식이 합의하면서 양자 간에 형성되는, 믿음·동의·전문성에 기반하는 '협력적 관계'가 그것이다.[74] "심리치료의 목적은 내담자로 하여금 어떤 특정한 상황적인 문제를 해결할 뿐만 아니라 미래에 문제를 일으킬 수 있는 스트레스 요인과 상황을 다룰 수 있는 자신의 능력에 대한 믿음을 갖도록 하는 것이다."[75] 대인과정접근 이론은 내담자의 이러한 자기효능감 회복이 바로 상담자와 내담자 간에 형성되는 협력적 관계 경험에 달려있다고 본다. 그렇기 때문에 상담관계는 반드시 수평적이어야 하며, 내담자의 주도성을 바탕으로 하는 '협력적'인 것이어야 한다고 말한다. 대인과정접근 이론에 따르면 상담과 심리치료의 성공 여부는 결국 상담자와 내담자 간의 이러한 협력관계, 즉 상담목표를 합의하고 소통하는 '작업동맹(working alliance)'이 초기에 얼마나 잘 형성되었느냐에 달렸다. "작업동맹은 내담자가 상담관계가 안전하고 상담자가 자신을 이해한다고 느껴야만 형성"되는데, 이것은 정서적 "진솔성, 긍정적 존중과 수용, 특히 정확한 공감적 이해"[76]가 핵심 조건이다. 그런데 정확한 공감적 이해란 "착하게, 친절하게, 혹은 지지적으로 대하는 것으로 오해되기도" 하지만, 그 본질은 내담자의 핵심 메시지를 정확히 이해하고 그 "감정과 지각을 타당화"[77]해주는 것이다. 특히 이 '타당화'는 사회적 주변부화로 인해 고통 받는 경험을 가진 집단의 심리치료와 상담에서 매우 중요하다.

> 유색인종이나 동성애자들, 경제적으로 어려운 계층 출신의 내담자들,
> 그리고 다른 사람과 '다르다'고 느끼는 사람들과 작업할 때는 타당화

가 특히 더 중요하다. 이런 내담자들은 억압, 편견, 불의 등과 같은 주제를 상담 과정에 갖고 올 것이다. 아마도 이들은 지배문화 속에서 타당화받지 못해 왔을 것이며, 상담자에게 이해받기를 기대하지도 않을 것이다. 따라서 모든 사람들과 작업할 때 첫 번째 할 일은 그들에게 중요한 모든 것들에 대해 공감적으로 듣는 것이다.[78]

앞서 몇몇 사례에서 보았던 것처럼, 장춘익 교수가 1990년대 후반부터 2000년대 초반 캠퍼스 여성주의 운동권 학생들의 위기 상황에 개입하는 방식은 대인과정접근 이론이 말하는 협력적 관계, '작업동맹' 형성하기의 핵심 요건인 '타당화'와 거의 유사하다. 이 타당화는 그들의 저항적, 도덕적 자존감을 지켜주었을 뿐 아니라, 그것을 넘어서 대상과의 긍정적 관계 맺기의 능력을 키우도록 자아신뢰감을 북돋워주었다. 그가 아니었다면 학교에서 "상처만을 기억하고 살아갔을" 이유진은 장춘익 교수를 "유일하게 내 편에서 2차 가해를 막아주셨고 나를 진심으로 걱정해"준 사람으로 기억한다. 그는 "20대 초반이었던" 이유진에게 "가장 정의롭고도 따뜻한 어른의 모습"이었는데, 그로 인해 이유진은 "학교를 떠나지 않았"을 뿐 아니라, 그가 있는 "학교에 다니는 게 자랑스러웠다"[79]고 고백한다. "대학생활 대부분의 시간을 학생운동과 학생회 활동을 하면서" 보낸 나영정은 장춘익 교수의 〈사회정치철학〉과 〈여성주의철학〉을 성소수자와 장애여성의 권리를 위해 활동하는 페미니스트로서 자신이 "지향하는 삶의 등불이 되는 수업"으로, 자신이 "원하는 방식으로 살게 해준 큰 원동력"으로 생각한다. 나영정에게 장춘익 교수는 "인생에 그런 스승이 존재한다는 사실만으로도 버틸 수 있는 힘"[80]이 되는 존재로 내면에 자리 잡는다.

2000년 초반 〈여성주의철학〉을 수강했던 적지 않은 영페미니스트 제자들은 대학 졸업 후 대안적, 진보적 문화운동을 자신의 삶으로 선택했다. 그리고 지금까지 우리 사회의 다양한 현장에서 소수자들과 주변부 집단을 지원하고 새로운 가치와 사회 변화를 위해 노력하고 있다. 이들 영페미니스트 출신 활동가들은 지금도 페미니스트로서, 진보적 문화활동가로서 어떤 한계를 느낄 때 수평적 신뢰 속에서 타당화로 공감하던 과거의 저 내면적 관계로 되돌아가 스스로 물음을 던지며 답을 찾는 자기모색을 시도하는 것처럼 보인다. 이것은 위기를 마주한 성인의 자아가 내면에서 스스로 '회복적 관계'를 구성해내는 과정으로 해석할 수 있다. 이 위기가 페미니스트로서 그들이 추구하는 사회적 책임감에 의해 유발되었다는 점에서 현재 관점에서 무의식의 내면에서 재구성되는 스승과 제자의 관계는 슈퍼바이저와 초보상담사 사이의 관계와 유사하다. 직업의 세계에 진출하기 직전 페미니스트로서 도덕적으로 성장하는 청년 시기에 이들이 장춘익 교수와 수평적, 공감적 교육관계에 들어서면서 내면화한 '회복적' 대상 경험은 '잡아주고 받아주는 안전기지'로 이들의 자아 구조의 일부가 되었고, 이것은 그들이 사회적 과제 앞에서 흔들리는 순간마다 동원되는 심리적 자원으로 기능할 것으로 보인다.

'남성성'을 묻다

〈여성주의철학〉 수업의 중요한 특징 중 하나는 여성과 남성 학습자가 거의 동등한 비율로 참여했다는 사실이다. 강의 평균 수강생 규모는 약 33.8명인데, 그중 여남 비율은 16.4명 대 17.4명으로 남학생이 오히려 절반을 조금 상회하는 수준이다. 이 황금 비율은 〈여성주의철학〉이 운영된 전 기간에 걸쳐 유사하게 나타나는데, 철학과의 일반적인 여남 학생 비율에 부합하는 모습이다. 흔히 예측하는 여학생 집중 효과, 또는 남학생 기피 효과는 성별 수강생 숫자로는 확인되지 않는다. 그럼에도 불구하고 남성 교수자와 함께 여성주의 문제의식과 사유를 논하는 〈여성주의철학〉 수업 현장은 여남 학습자가 각각 다른 방식으로 동일시와 긴장이 공존하는 양가적 내적 관계에 들어서게 한다. 수강생 집단 설문조사에서 수업 이전에 가졌던 우려사항을 묻는 8번 문항의 응답을 살펴보면, 여학생과 남학생은 서로 다른 이유로 각각 긴장과 갈등을 우려하고 있었다. 여학생들은 "남자인 교수님의 의식에 대한 의심"(79/01 여), "남성 교수였기에 수업 내용과 상반된 주장이나 제스처를 취할지도 모른다는 의심"(97/17 여)에서부터 "학우들의 무의식적 여혐 발언"(97/17 여), "페미니즘에 적대적인 학우들이랑 같은 수업을 듣는 것"(97/17 여), 또는 혹시 "하나의 성의 의견만 대변하지 않을까"(93/13 여) 하는 점을 우려 사항으로 꼽았다. 여학생들의 이러한 기대 지평에는 '적대자로서의 남성' 또는 '적대적 관계로서의 여남'의 표상이 뚜렷하다. 그에 반해 남학생들은 "낯선 것에 대한 두려움"(80/00 남), "여성 편향성"(80/07 남), "남성학우들의 발언에 대한 여러 가지 제약들"(93/15 남), "일방적인 여학우들의 성토장과 남학우들이 죄의식을 받는 공간으로 일방향될 가능성"(97/17 남) 등 낯선 것에 대한 긴장에서부터 피해의식과 강요된 죄의식에 대한 불편함을 언급한다.

장춘익 교수의 페미니즘 강의실이 운영된 20여 년의 기간을 통시적으로 보면, 남학생들의 경우 기존의 안정적인 남성적 자기이해가 의문시되는 것에 대한 불안에서부터 '가해자 남성'으로 규정될 수 있다는 두려움과 반발심까지, 내적 불편과 긴장의 정도가 점점 높아지는 양상이 드러난다. 이 상황에서 남성 페미니스트라는 교수자의 정체성은 남학생들에게는 긴장도를 완화시키는 순기능으로, 여학생들에게는 같은 성별이라면 기대할 법한 포괄적이고 선제적인 동일시 기대를 낮추며 지적 긴장을 유지하는 효과를 낳을 수 있다. 동시에 수업의 주제를 무의식적으로 거부하면서 방어적인 입장을 견지하는 경우도, 남성 교수자라는 정체성은 여남 학습자 모두에게 자아방어를 어렵게 만든다. 페미니즘 이슈를 공감하지 않는 여학생이라면 자신의 전통적인 젠더관계 의식을 확인해주어야 할 남성 권위자가 오히려 전통적 젠더관계에 비판적인 것이 매우 혼란스러울 수 있다. 또한 페미니즘을 여성들의 '한풀이'로 사소하게 치부하려는 방어적 남성 학습자의 경우 여성이 아닌 남성 교수가 페미니즘 교육의 주체로 나서는 것은 매우 당황스러운 상황이다. 이러한 복합적인 긴장관계 속에서 학습자들은 자기 감정의 정당성에 대해 보다 진지하게 성찰하지 않을 수 없게 된다. 바로 그렇기 때문에 긴장감에도 불구하고,

성, 정체성, 성역할의 문제들을 둘러싸고 서로 다른 성별 집단 사이에 개방적으로 대화하는 새로운 경험이 시작되는 순간, 본질적인 변화가 일어날 가능성이 높아진다. 집단 설문조사에서 실제로 수강생들은 "선생님은 뒤에서 중재해주시고 학생들끼리 열띤 토론을 나누"는 "가장 재밌고 신났던 토론"(83/04 여)이었다고, "수업시간 내내 즐거운 마음으로 (…) 발표하고 토론"(88/07 여)했다고, "긴장과 자기 경험의 토로"(93/17 남)가 있었다고 답변했다. 특히 남학생들의 참여를 강조하는 답변들이 있었다.

> (…) 교수님의 성별에 대한 이야기를 하고 싶지는 않습니다만, 여자 교수님이, 여성학 전공자가 수업을 한다는 부분에서 이를 듣는 남학생들이 적극적으로 토론에 참여하지 않았습니다. 다만 레포트를 통해서, 수업이 끝나고 자기들끼리 하는 대화 속에서 페미니즘에 대한 비판이나 비난하는 입장을 나누는 것을 보았어요. 그런데 철학과는 수업 분위기가 무척 달랐습니다. 남학생들의 발언이 굉장히 활발했어요. 기억에 남는 것은 성매매 관련된 수업이었습니다. 성매매와 관련된 내용에서 합법화와 비법화에 대한 자유로운 생각들을 털어놓게 하셨고, 정말 '자유로운' 남학생들의 의견들이 나왔던 것으로 기억합니다. 선생님은 어떤 답을 두고 학생들의 의견을 종합하지는 않으셨어요. 그래서 더 학생들이 자유롭게 이야기를 나누었던 것 같고요. 또 (…) 어떠한 주제를 골라서 책상을 붙이고 학생들을 토론하게 했던 것이 기억에 남아요. (…) 나머지 학생들이 토론하는 학생들의 내용을 관전할 수

있도록 하는 세팅이 흥미로웠습니다. 그 사이 선생님은 사회를 보시면서 양쪽의 입장이 자유롭게 나올 수 있도록 이끌어주셨고요. (93/15 여)

동시에 여성들 간의 입장 차이를 확인하는 당혹스러운 순간에 대한 증언도 있다. "의대 및 간호학과" 학생들은 "여성주의 자체에 대한 관심과 동의가" 있어 보였지만, "내가 버틀러 파트 과학, 퀴어절을 발표했을 때", "토론이라 하기는 조금 (…) 냉담한 반응"을 보이는데, 여성주의를 지지하는 집단 내에서 확인되는 "그 차이가 당시 나에게는 큰 물음"(93/17 남)이었다고 한 수강생은 회상한다. 또 여성주의를 통해 차별에 대해 "알게 된 나와 이전의 내가 너무나도 달라 피로감이나 좌절감 등을 느끼"기도 하는데, '무지의 욕구'라는 선생님의 말을 듣는 순간 가벼운 수치심을 느끼며 다시 각성하기도 한다(97/17 여). 〈여성주의철학〉이 성별 학습자 집단 모두에게 서로 다른 방식으로 지적 긴장과 자기개방, 자기방어와 소통 사이의 변증법적 동력을 경험하게 만들었다는 것을 짐작하게 만드는 대목이다. 그리고 이 모습은 특히 남성들에 대한 여성주의 교육이 어떤 모습이어야 하는가 하는 물음에 흥미로운 대답의 단초를 준다.

페미니즘의 초기 남성성 연구는 남성역할을 억압적 사회화의 결과로, 남성성을 잠재적 폭력성과 등치하는 방식으로 흘러갔다. 이 단순한 남성성 비판은 현재 연구에서는 제한적으로만 인정되지만 큰 흔적을 남겼다.[81] 비록 로버트 코넬이 '지배적 남성성(hegemonic masculinity)' 개념으로 남성 내부의 서로 다른 남성성을 밝혀냈지만,[82] 소위 '유해한 남성성(toxic masculinity)' 명제는 여전히 유효하다. 이 명제에 내포된 본질주의적인 부정적 남성성 이해는 무엇보다 교육 현실에서 큰 장애물로 작용하는 것이 사실이다. 따라서 대학에서 여성주의 교육을 담당하는 페미니스트들이라면 이 문제에 대해 철저하고도 현실적인 성찰과 판단을 할 필요가 있다.

이 문제에 대해서 나는 앤서니 기든스의 '위기의 남성성' 명제에서 착안해 '이중 남성성' 도식을 제안하고자 한다. 사회화 과정은 유아가 외부로부터의 규범적 요구와 강요에 마주 서면서 시작된다. 프로이트의 오이디푸스 콤플렉스 이론에 따르면, 남자 아동은 3~5세에 이르러 성별 성기의 차이를 발견하면서 어머니와의 정서적 합일로부터 분리하고 아버지를 지향하라는 내적 요구 앞에 서게 된다. 프로이트는 이 계기를 성기 차이에 대한 충격적 인식, 거세공포에서 찾는데 이 공포로 인해 남아는 유아기의 여성성 지향을 극복하고 강력하고 독립적인 제삼자인 아버지를 향한 심리적 지향성을 발전시킨다는 것이다. 프로이트 이후 대상관계 이론과 라캉의 거울단계 이론은 인간의 자기 이미지가 타자와의 관계를 통해서 비로소 형성되는 것임을 더욱 강조한다. 즉, 남아가 성인 남성세계의 규범과 요구에 부합하려는 내적 노력은 그가 유아기 어머니와의 의존적 합일관계를 벗어나 자립성을 획득하는 과정에서 필수적으로 동반되는 현상인 것이다. 성차 인식과 함께 시작되는 이 심리적 주체성의 발달은 성장과 더불어 더욱더 많은 문화적 성별 규범과 사회적 역할을 습득하면서 한 개인의 인격으로 불가분하게 구조화된다. 나는 이성애와 젠더이분법 질서가 지배하는 사회 조건에서 남아가 심리적 주체성을 획득하는 과정에서 불가피하게 내면화하는 남성정체성을 '문화적 남성성'이라고 규정하고자 한다.

청소년기를 거쳐 성인기에 이르러 성적 친밀성이 문제가 되면서, 이 '문화적 남성성'은 보다 적극적으로 남성 개인의 '자기의식'으로 재구성된다. 헤르만 헤세의 성장소설 속 섬세한 남성 주인공들은 19세기의 권위적 남성성 규범 및 당시 요구되는 사회적 역할에 적응하지 못하는 인물들이다. 그들은 자신의 남성적 정체성의 위기를 여성과의 사랑, 여성을 통한 인정을 통해 보완하려고 시도한다. 능동성을 회복시키는 친밀 관계에 성공한 주인공은 대안적인 남성성을 탐색해가지만, 그에 실패한 주인공은 『수레바퀴 아래서』의 주인공 한스 기벤라트처럼 삶을 포기하게 된다. 성적 친밀성의 관계에서 주체성을 되찾으려는 남성으로서의 이 자각, 이 구체적인 남성 개인의 남성성 의식은 '정치적 남성성'으로 규정할 수 있다. 이것은 남성 주체의 권력적 위치에 대한 의식이기 때문이다. 이 '정치적 남성성'은 '문화적 남성성'에 내재된 위계적 구도와 권력의 잠재력을 어떻게 구체적으로 구현하느냐에 따라 수동적이며 잠재적으로 우월적 남성성, 또는 좋은 보호자의 권위로 의미화된 남성성, 또는 지배적이고 권력적인 남성성 의식으로 발현될 수 있을 것이다. 남성 주체성 구현의 이러한 차이는 그 개인의 통합적 도덕적 능력에 따라 결정될 것이다. 하지만 이 모든 세부 유형의 차이에도 불구하고, 이성애와 젠더이분법의 위계적 체계가 진지하게 의문시되기 이전의 이러한 남성성을 나는 '즉 자적 정치적 남성성'이라고 지칭하고자 한다.

1970년대에서 2000년대에 전면적으로 확산된 여성해방운동과 페미니즘의 문명사적 도전은 남성들로 하여금 위계적 이성애 및 젠더 이분법의 사회에서 성장하며 획득한 자신의 문화적 남성성을 스스로 비판적으로 성찰하도록 강요했다. 이것은 자유주의 개인주의 세계관에서 마르크스주의 계급적 세계관으로의 전환, 또는 인간중심주의 세계관으로부터 생태학적 세계관으로의 전환과 같은 전면적 시각의 전환이다. 나와 대상, 집단과 집단의 관계질서 전체를 기존과는 전혀 다른 방식으로 볼 것을 요구하기 때문이다. 그런 의미에서 환경문해력(environmental literacy)과 유사하게 젠더문해력(gender literacy)을 말할 수 있다. 이처럼 비판적 성찰을 요구받은 문화적 남성성은 이제 '자기성찰적'이거나 '방어적 공격적' 방식으로 남성 개인의 구체적 자기의식으로 재구성된다. 1970년대 여성해방운동과 페미니즘 등장 이후의 '정치적 남성성'은 더 이상 즉자적일 수 없으며, 그것은 의식적이든 무의식적이든 자신의 남성성에 대한 제삼자적 관찰을 포함하는 '분열적 남성성'이 된다. 이 분열성은 언급했듯이 자기성찰과 내적 도덕적 갈등으로, 또는 남성적 자기의식의 내적 분열을 외면하는 방어적 폭력성으로 나타날 수 있다.

기든스는 그의 책 『현대 사회의 성·사랑·에로티시즘-친밀성의 구조변동』에서 여성해방 이후 남성의 성폭력이 전혀 줄어들지 않는 현상, 오히려 성중독과 폭력적 포르노그래피가 증가하는 것을 전통적 가부장적 권위에 바탕한 친밀성 관계를 더 이상 쉽게 기대할 수 없는, 그래서 자아가 불확실해진 '남성성의 위기'로 설명했다. 이 남성성의 위기에서 남성은 방어적인 폭력적 퇴행으로도 아니면 도덕적, 실존적 자기성찰로도 나아갈 수 있다. 성적 친밀성을 추구하는 시기부터 나타나는 적극적 남성의식과 욕망을 우리는 '정치적 남성성'으로 불렀는데, 대학의 페미니즘 교육은 바로 남성적 자기의식, 정치적 남성성이 자리 잡는 생애주기에 들어온 청년들을 대상으로 이루어진다. 그렇기 때문에 이 정치적 남성성 의식이 더 이상 즉자적으로 머물 수 없도록 도발하며 자기관찰과 성찰을 요구하는 여성주의 대학 교육은 매우 중요하다.

벨 훅스의 '참여교육' 이론은 '참여교육'이 '비판'을 넘어 '자율성'에 이르게 한다고 주장한다.[83] 수강생 집단 설문조사 응답 결과를 살펴보면, 장춘익 교수의 〈여성주의철학〉 강의실에서 남성 학습자들이 어떻게 자신이 사회화 과정에서 습득한 '자연스러운 남성성'을 비판적으로 보기 시작하는지 잘 드러난다. 그들은 "여학우들이 대학에서 경험할 불평등과 성폭력에 관심을 가지며 행동을 주의하였고, 학업 외에도 여성이기에 겪어야 하는 무게가 있음을 알게 되었다"(87/15 남). 또 "남성으로 살아온 사람들이면 생각조차 해보기 어려운 지점들이 있는데, 이 수업을 들은 후 살면서 가본 적 없는 길로도 생각의 물꼬가 트였다"(91/18 남). 그들에게 그 수업은 "일상을 여성주의 관점으로 생각하게 되는 첫 경험"(92/17 남)이었다. 또 그들은 "페미니즘 및 성과 관련된 이슈에서 비판적인 사고가 가능해진 것" 같다고 느낀다. 이처럼 차별적이고 이분법적인 젠더질서에 대한 비판적 문해력을 획득하기 시작한 남성에게 즉자적인 권력적 남성성은 더 이상 몸에 잘 맞는 옷이 아니다. 그것은 불편한 갑옷이다. 분열적이고 정치적인 남성의식을 거친 그들은 자율적 참여로 나아기도 한다. 성차별적 젠더이분법 질서의 재생산을 거부하거나(아내나 딸이 이래야 한다는 것에 대해 경계를 하고 가사를 함께 한다(81/00 남)), 여성혐오를 혐오하거나(일베가 더욱 싫어졌다(88/13 남)), "구조 변화와 약자의 편에 서기로 결심하고"(87/15 남) 있거나, "대학 여성주의 동아리에서 활동"(80/03 남)하거나, "녹색당에 입당"했었고 이런 저런 "여성주의 단체를 후원"(92/17 남)한다.

  페미니즘에 노출되는 것을 통해서 성인 남성 단계에 진입하는 학습자들의 문화적 남성성은 분열적 자기성찰과 실존적 비판을 동반하는 분열적, 정치적 남성성으로 전환되고, 적어도 일부는 다시 '참여적 정치적 남성성'으로까지 나아갈 수 있다는 것을 위에서 인용된 설문조사 응답은 시사하고 있다. 이러한 결과 분석은 남성을 향한 여성주의 페다고지에 무엇을 의미하는가? 남성에 대한 여성주의 페다고지는 남성 학습자들이 지닌 '문화적 남성성'을 그들의 개인적 실존적 조건으로 인정하는 데서 시작한다는 점을 나는 강조하고 싶다. 우리는 사회 집단의 일원으로서 개인이 내면화한 문화적 정체성에 대해 직접적인 도덕적 가치판단을 내리는 것의 위험성을 식민주의 문화정치의 경험을 통해 잘 알고 있다. 여성주의 정치학을 일부 이해하기 시작하는 남성이 겪는 자기비판과 성찰이 실존적, 분열적 상황과 유사한 심리적 과제일 수 있음을 여성주의 페다고지는 진지하게 인정할 필요가 있지 않을까? 이러한 인정을 바탕으로, 이들이 일상에서 여성이 겪는 차별적 경험에 공감하고 젠더이분법을 여성의 관점에서 추체험하도록 돕고, 그들이 젠더문해력을 더욱 키우도록 지지하면서, 이들이 일상의 차별적 젠더질서를 비틀고 역류하는 참여적, 정치적 남성의식으로 나갈 수 있다는 신뢰에서 출발할 필요가 있다. 분열적 남성의식에 들어서는 것은 방어에 고착되거나 여성주의적인 참여적 남성의식으로 전환되는 갈림길에 서는 것이다. 근본적으로 가부장 사회와 문화질서가 존속하는 한 도덕적으로 성찰하는 남성성은 그 분열성을 완전히 떨구어내기 어렵다. 하지만 바로 분열에 대한 성찰의 긴장을 유지하는 것을 통해서, 남성은 자신의 '성차별적 문화적 남성성'을 만들어내었던 젠더이분법과 남성중심주의적 사회질서를 다양한 방식으로 변화시키는 데 동참하려는 보편적 도덕 의식을 발휘할 수 있다. 이런 의미에서 장춘익 교수의 페미니즘 강의실은 바로 남성들을 대상으로 하는 페미니즘 교육의 비전이 움트는 장소이기도 했다.

4. 여성주의 페다고지:
비평과 전망

'장춘익교육실천연구회'는 이 책을 준비하며, 2021년 8월 20일 (금) 오후 약 3시간 반에 걸쳐 온라인 학술행사 〈대학의 안과 밖— 어떤 '여성주의 페다고지(Feminist Pedagogy)'인가?〉를 개최했다. 이 학술행사의 목표는 장춘익 교수의 〈여성주의철학〉 교육 내용과 그 영향 방식에 대한 중간 연구 결과를 공유하고 이 수업이 오늘날 한국대학 안팎에서 절실하게 요구되고 있는 새로운 여성주의 페다 고지에 어떤 시사점을 주는지 전문가들과의 자유로운 의견 교환을 통해 드러내려는 것이었다. 이 행사에는 연구팀과 패널토론자 6인 을 포함해 총 30여 명의 다양한 학문분과의 여성주의 연구자, 인문 사회학자, 후학이 참여했다. 행사는 탁선미의 주제발표 이후 6인의 패널 토론과 전체 토론으로 진행되었다. 다양한 학문 분과와 활동 경력의 6인 패널 토론자들은 각자 자신의 입장에서 오늘날 한국 사 회와 대학에서 페미니즘 교육이 가진 문제점과 이슈, 그리고 장춘익 교수의 여성주의 교육실천이 남긴 의미를 가늠해보았다. 이들의 비평을 정리해서 담은 4장은 오늘날 한국의 대학과 시민사회, 학문과 교육 현장에 공존하는 '여성주의 페다고지'에 대한 다양한 시선을 보여준다. 학술 현장의 분위기를 재현하기 위해서 6인 전문가들의 비평과 의견은 구어체 그대로 유지했다.

★

여성주의 페다고지의 새로운 레퍼런스

정희진, 여성학 박사, 『페미니즘의 도전』 저자

저는 대학 졸업 후 5년간 여성운동 단체에서 일하다가 이후 이화여대 여성학과 대학원에서 석사와 박사학위를 취득했습니다. 지난 30여 년 동안 여성주의 주변에서 생활했던 셈이지요. 그간의 시간이 스스로 여성주의적 삶이 되지는 못했습니다. 다만, '생계' 차원에서 대학, 노조, 시민사회, 군경, 공무원, 도서관, 여성공동체, 여성 폭력 지원 상담원 등을 대상으로 여성주의, 인문학, 글쓰기 강의를 해왔습니다. 그 과정에서 각양각색의 집단에 여성주의 교육 커리큘럼을 만드는 데 조력했습니다.

그러나 장춘익 선생님의 교육을 분석한 연구 결과를 보면서 매우 놀라웠고, 무엇보다 부끄러웠습니다. 주지하다시피, 페다고지는 브라질의 교육학자 파울로 프레이리가 제창한 이론이죠. 브라질의 국민국가 형성 과정과 빈부 격차 등으로 인한 공교육 체제가 부재한 현실이 그 배경이었습니다. 때문에 브라질은 야학이나 대안교육, 평생교육 등이 발달할 수밖에 없었습니다. 그런 의미에서 장춘익 선생님의 교수법은, '브라질과 비슷한 한국 대학의 척박한 여성주의 교육 현실'에서 나온 새로운 이론이 아닐까 생각합니다.

여성주의는 마르크스주의처럼 일종의 세계관이지, 하나의 학제(department)가 아닙니다. 장춘익 선생님은 이를 정확히 인식하신 여성주의자였습니다. 정체성의 정치로서 여성주의, 사회정의로서 여성주의, 다학제 연구(융합, 通攝, "jumping together")의 핵심적 가치관, 연구 방법론으로서 여성주의, 정치학으로서 여성주의의 부분성과 당파성, 메타 젠더… 사실, 남녀를 통틀어 한국 사회에서 여성주의를 이렇게 정의하고 실천하는 학자는 많지 않습니다. 선생님의 '정확한' 여성주의 인식은, 그가 자신의 성별과 학제를 초월한 훌륭한 지식인이었기 때문에 가능했다고 생각합니다.

장 선생님의 강의 내용(실라버스), 교육 방식의 수월성(秀越性)에 대해 언급하지 않을 수 없습니다. 학부 수업의 기말고사 문제를 보고, 저를 포함해 제 주변의 여성학 교원, 박사들도 '제대로 답할 수 있을까'라는 생각이 들었습니다. 장 선생님의 교수 방법은 지식 전달이나 설득이 아니라 상호존중을 기반으로 한, "모두가 잠시 멈추는(epoch)" 방식의 평화 교실이었다고 생각합니다. 그 '평화'는 수업 내용보다는 교원의 인격에 의해 좌우됩니다. 그래서 졸업 이후에도 수용자가 자기 인식을 지속할 수 있는 교육, 대학 시절의 배움이 자양분이 되어 평생의 좌표가 된 드문 사례라고 생각합니다. 장춘익 선생님의 제자들은 각계에서 훌륭한 연구자, 사회운동가, 다양한 분야의 전문가로 활동하고 있습니다.

예전과 달리 당대 신자유주의 시기, 대학에서 여성학 강의가 더 어려워졌다는 생각입니다. 남녀공학에서는 남학생의 편견과 피해의식, 여학생의 '다 안다'는 태도, 퀴어 정체성을 가진 학생들이 대거 수강하면서 교원의 의식을 체크하고 기존 여성학을 비판하는 상황…. 하지만 학생들 모두 학점이라는 현실 앞에서 '정답'을 제출하며 경쟁해야만 하는 고통스런 현실…. 장춘익 선생님은 이를 개인의 역량으로 극복한 사례라고 생각합니다.

'페미니즘의 대중화'는 확실한 현상인 듯합니다. 저변이 확대되었고 특히 젊은 여성들에게 페미니즘은 '기본값'이 되었습니다. 그러나 여성학 연구자, 후학 양성, 여성주의 언어는 오히려 '후퇴'하지 않았나 생각합니다. 현재 학부에 여성학과가 있는 대학은 전혀 없고, 대학원 과정의 전임교원도 한두 명 정도입니다. 이러한 상황을 새삼 한국 대학의 남성중심주의라고 말할 수는 없을 것 같습니다. 페미니스트 교수 임용에도 소위 학내 정치가 개입되어 있고, 여성학이 '교양'이라는 생각은 변함이 없습니다.

어쨌든 여성학 대학원 과정이 따로 있다기보다는(그조차 매우 열악하지만), 학부 전공에서부터 여성주의 시각의 전임교원의 존재가 가장 중요하다고 생각합니다. 즉 정규직 교원이라고 해도 교양학부 소속이거나 프로젝트 프로그램 안에서의 교육은 소속감, 지속성을 보장하기 어렵습니다. 이 부분은 제가 알기로 미국 대학이 가장 좋은 사례가 될 것입니다. 그런 면에서 한림대 철학과 장춘익 선생님의 〈여성주의철학〉 강좌는 모범적인 사례가 아닐 수 없습니다. 여성주의 교육은 분과 학문에서 전임교수가 전공으로 개설해야 가장 효과적입니다.

그러려면 대학이나 연구기관, 정부 등에서 젠더 관련 인력을 임용할 때 '여성주의자'를 뽑아야 하는데, 대개는 '성별이 여성인 사람(female scholar)'을 뽑습니다. 이것이 한국 사회의 현실입니다. 이로 인해 여성의 진로가 기존 남성 문화의 시각과 취향(?)에 의해 정해지고, 여성들끼리 갈등할 수밖에 없습니다. 결국, 여성의 존재와 여성주의 학문의 발전은 별개의 문제가 됩니다. 이러한 상황을 남성 사회는 "여성의 비율이 높아졌다"고 말하지요.

여성주의 지식이 진전되지 못하는 문제와 더불어, 난개발(?)도 우려할 만한 사항입니다. 지난 30년 동안 여성운동의 역사가 제대로 전수, 학습되지 못하고 똑같은 오류를 반복하는 반지성주의, '피해자 절대주의' 같은 용어, 성소수자—탈북민, 빈민 등 사회적 약자—난민을 혐오하는 여성학자(?)가 국립대 교원으로 임용되고, 이런 여성의 글이 단지 '학계'에 있다는 이유로 "학문의 자유"로 옹호받는 현실, 그리고 온라인을 중심으로 많은 여성들의 지지를 받는 현상을 볼 때 절망감을 느낍니다.

여성학과, 여성가족부(이하 여가부), 대학 내 성평등센터 등 제도권에서 약자를 대상으로 하거나 약자를 위한 조직은 매우 소규모입니다. 예를 들어 정치권의 여가부 존폐 논쟁과는 별개로, 현실적인 문제는 (여가부 같은 조직은) 리더의 역할에 의해, 그 존재의 의미가 좌우된다는 사실입니다. 이를테면, 저는 기본적으로 여가부 '개편'이 바람직하다고 생각하지만, 리더(장관)가 누구인가에 따라서 여가부는 필요하기도 하고 그렇지 않기도 합니다. 이런 상황에서 사회 전반의 젠더 인식이나 여성주의 지식이 향상될 수 없습니다. 구조적인 뒷받침 없이 한 사람의 역량으로 성과가 결정되는 것입니다. 즉 여전히 한국 사회에서 여성학은 교수자의 역량이 절대적일 수밖에 없습니다. 그런 의미에서 장춘익 교수의 사례와 실천은 연구 대상이 아닐 수 없습니다.

지난 30년, 대학의 안과 밖에서 여성학자나 인문학자는 영원히 필요한 영역이지만 양성되지 못했고, 앞으로도 그럴 것 같습니다. 사회를 젠더 시각에서 맥락적으로 분석하는 이들이 극소수이다 보니, '여혐' '남혐' 같은 엉뚱하고 소모적인 논쟁이 빈발합니다. 이는 사회적 문해력으로 연결됩니다. 그러나 대학이 여성학을 비롯, 인문학자를 배출하리라는 기대는 없습니다. 지금 그 자리를 소위 '작가'들이 메우고 있지요.

1990년대 초반부터 여성학 공부와 여성운동을 했던 이들은 지금 대부분 정부, 지자체, 국회 등에 취업한 상황입니다. 토크니즘(tokenism)에 의해 구색 맞추기로 자리한 경우 공적 기관에 취업하면, 남성 사회와 '협상'이 불가피합니다. 협상이라고는 하지만 실제로는 종속되지요. 대학 교원으로 취업하거나 연구를 지속하는 경우는 드뭅니다.

독립연구자는 더더욱 드뭅니다. 게다가 현재 젊은 여성주의자들은 여성주의를 수용하지만 최소 '10년 이상 엉덩이를 의자에 묶어두어야 하는 공부'를 자신의 진로로 생각하고 있지는 않은 것 같습니다. 심지어 온라인을 중심으로 페미니즘의 대중화를 주도하는 여성들은, "생물학적 여성은 여성학 공부를 할 필요가 없다"고 주장합니다. 이러한 배경에서, 저는 현재 한국 사회의 여성주의에서 가장 중요하고 절실한 과제는 여성학자의 양성이라고 생각합니다. 여성주의는 다른 그 어느 학문보다, 언어의 경합이기 때문입니다. 장춘익 선생님의 발자취가 학자로서 모델이자, 그리운 이유입니다.

끝으로 장춘익 선생님께서 하신 말씀 중에 저도 주변 사람들에게 늘 하는 이야기가 있어서 반가운 마음에 인용을 하며 장 선생님의 학문적 업적에 대한 저의 '마음'을 대신하고자 합니다. 이는 여성주의자 뿐 아니라 모든 '~주의자'로 살아가는 이들에게 중요한 지침일 것입니다. 위치성 자체가 지식은 아닙니다. 드러나지 않은 세계를 알고자 하는 의지, 다른 이들과의 연대는 여성주의의 전제입니다. 약자는 언어를 가질 필요가 없고, 단지 소수자라는 정체성만 중요하다는 논리야말로 '약자 혐오'이자 여성학이 학문으로 간주되지 않는 가장 큰 이유입니다. 신자유주의 시대, 실제 많은 이들이 자신의 사회적 지위와 무관하게 피해자의식(victim—hood)을 내세웁니다. 공동체는 건강해질 수 없습니다. 이미 여성주의 심리학에서는 이를 '약자의 행패(tyranny of minorities)'라고 경계해왔지요.

장춘익 선생님은 이 모든 것을 알고 계셨습니다. 사회운동의 원리에 대해서도, 인간 본성에 대해서도 깊은 식견이 있으셨습니다. 장 선생님이 어느 학생에게 한 말씀입니다.

"오래가는 항의는 아무튼 짜증 나는 거야. 별로 동의해주고 싶지 않은 이야기 자꾸 하면 정말 짜증이 안 나겠어? (…) 항의는 내가, 우리가, 갖지 못한 것을 이야기하는 것이고, 같은 항의가 오래 반복된다는 것은 그렇게 오랫동안 결핍의 상태에 있다는 것이니까. 그러니까 항의 기간이 길어지면 저쪽은 짜증 나고 이쪽은 초라하고 비참한 거야. (…) 네가 세상에서 이미 알고 있는 것을 확인하는 것보다, 새로운 것을 흡수하는 것이 더 많아야 한단다. 페미니즘이 네 주장의 설득력을 보증해주는 것이 아니라 너의 지식이 너의 페미니즘에 설득력을 가져다주는 것이어야 해. 페미니즘 아닌 다른 영역에서도 지적으로 신뢰받을 수 있어야 사람들이 네 페미니즘도 신뢰한단다."(필자 강조)

저도 사람들에게 이렇게 말했는데—페미니스트가 지적으로 욕망의 대상이 되고 행복하고 건강하면, 그게 바로 여성운동이 아닐까요—이번 기회에 인용할 만한 좋은 텍스트가 생겨서 기쁩니다.

★

장춘익 교수 교육혁명의 세 가지 의미

신광영, 중앙대 사회학과 CAU 펠로우 교수, 사회 불평등 연구

여성주의는 세 가지 의미에서 논의될 수 있습니다. 첫 번째 의미는 여성해방이나 성평등 사상이나 이론입니다. 불평등한 여성 현실에 대한 사상적 논의나 사회이론적인 논의는 일반 대중들에게 수용되지는 않았지만, 남성 중심 사회체제에 대한 비판과 대안적인 논의를 담고 있습니다. 두 번째 의미는 사회운동으로서의 페미니즘입니다. 여성 억압적인 현실에 대한 비판과 저항이 조직화된 방식으로 이루어지는 경우가 많습니다. 정치운동의 형태나 사회운동의 형태로 나타났습니다. 과거 여성의 참정권 운동이나 오늘날 스웨덴 FI와 같은 여성주의 정당운동이 대표적인 예가 될 것입니다. 세 번째 의미는 일반 대중의 성평등 의식이나 가치관입니다. 사회생활이나 조직 속에서 드러나는 성평등 의식과 행동은 이론이나 운동과는 무관하게 생활세계에서 작동하는 여성주의입니다.

장춘익 선생님의 여성주의 페다고지는 세 가지 의미를 모두 지니고 있습니다만, 세 번째 의미가 가장 크다고 볼 수 있습니다. 대학이라는 조직 속에서 다루어지는 장 선생님의 여성주의 수업은 여성주의를 접해보지 않은 학생들을 대상으로 일상적인 삶 속에서 성불평등이 어떻게 유지되었고, 또 성평등은 어떻게 이루어낼 수 있는지에 대한 인식을 다루고 있습니다. 그리고 일방적인 지식 전달이 아니라

자기성찰적인 사고를 통해 현실에 대한 새로운 인식으로 나아가는 과정이 장춘익 선생님의 여성주의 페다고지였습니다.

저는 사회 불평등 연구자로서 또한 오랜 친구로서 장 선생님의 '여성주의 페다고지'에 대해서 논의를 하고자 합니다. 선생님의 여성주의 페다고지는 학술사적으로 크게 세 가지 차원에서 그 의의를 논의할 수 있습니다. 하나는 여성주의가 한국의 많은 대학에서 학문적으로 인정되기도 전인 2000년부터 학과의 정식 과목으로 여성주의를 강의했다는 점에서 선구적인 역할을 했다는 점을 높이 평가합니다. 둘째는 2000년대 들어서 여성학, 여성주의, 이후 젠더 등에 관한 강의는 주로 여성 학자들에 의해서 이루어졌었는데, 남성인 장춘익 선생님은 대학에서 여성주의를 강의하여 여성주의에 대한 고정관념을 무너뜨렸습니다. 셋째, 여성주의 교육 방식에서 비판철학자로서의 페다고지를 실천했다는 점에서 이론과 실천의 통합을 높이 평가합니다.

먼저, 장춘익 선생님은 여성주의를 2000년에 한림대 철학과의 정식 교과목으로 개설했습니다. 2000년 당시는 여성주의가 소수 연구자들에 의해서만 다루어졌던 시기였습니다. 여성주의 과목은 대학에서도 학생들에게도 생소한 과목이었습니다. 지금도 한국에서 '여성주의'는 대단히 낯선 용어입니다. 여성에 대한 남성의 폭력과 억압을 정당화하는 제도(결혼제도, 호주제, 가정폭력 등)에 대한 저항은 개별적인 차원에서 여러 가지 형태로 이루어졌지만, 제도적, 학술적인 차원에서는 1990년대 들어서 조금씩 가시화되었습니다. 그 당시 인문학과 사회과학의 여성 연구자들 가운데 일부가 여성주의를 적극적으로 수용했지만, 주로 학술적인 차원의 논의에 그쳤습니다. 대학의 소수 여성 학자들을 중심으로 하는 '강단 여성주의'였습니다.

이미 1970년대 여성 노동자들의 투쟁이 활발하게 전개되었지만, 여성주의적 관점에서 이해되지는 못했습니다. 여성 노동의 착취와 억압이 천민자본주의와 가부장제의 산물이었지만, 가부장제는 크게 부각되지 못했습니다. 1984년 여성운동연합과 1987년 여성민우회의 결성은 사회운동 차원에서 여성 이슈를 제기하는 새로운 흐름이었지만, 활동은 주로 범죄적인 현실에 대한 고발을 중심으로 이루어졌습니다. 여성해방이나 성평등보다는 가정폭력이나 성폭력에 대한 고발과 피해자 여성의 인권 보호가 주된 내용이었습니다.

학술적인 차원에서도 여성주의는 한국에서 뒤늦게 수용되었습니다. 1982년 이화여대 대학원에 여성학과가 설립되고, 석사과정이 개설되었습니다. 1991년 박사과정이 개설되면서 '여성학'이 대학원 과정에서 인정받는 학문 분야가 되었습니다. 그러나 여자대학교에서 여성학과가 만들어졌기 때문에, 1990년대 여성학은 주류 학문으로 인정되기보다는 여자대학교에 특화된 학문으로 인식되었습니다. 여성학과 교수진은 사회학이나 인류학 여성 전공자들로 채워졌습니다. 남녀공학인 서울대의 경우, 여성학이 독립적인 학과가 아니라 여성학 협동과정으로 여러 학과의 여성 교수들이 참여하는 형식으로 1999년에 개설되었습니다. 2001년 여성연구소가 사회과학대 산하(2017년 책임연구원 1명에 불과)에 설치되었습니다. 또 다른 예로, 연세대학교에서는 2007년 여학생들의 진로 개발을 목적으로 한 '여성인력개발연구원'을 '젠더연구소'로 개칭해 여성학 연구 진흥과 정책 개발을 도모하려 했지만, 여전히 주변적인 지위에서 벗어나지 못하고 있습니다. 여러 대학에서 아직도 여성 관련 학문은 인문학이나 사회과학에서 개설되는 강의 중 일부의 내용으로만 다루어지고 있습니다. 대학에서 인문학과 사회과학 분야의 여러 여성 연구자들이 여성주의적 관점에서 연구를 수행하고 있지만, 아직도 여성주의 교육은 제한적으로만 이루어지고 있습니다. 이런 점에서 여성학(women's studies)이 점차 여러 대학에서 확산되고 있기는 하지만, 아직까지 대항헤게모니로서의 여성주의(feminism)는 대단히 취약하다고 볼 수 있을 것입니다.

한국에서 여성 지위에 대한 대중적인 인식 변화는 주로 범죄 사건(강남역 살인사건, 서울대 신정휴 교수 성폭력 사건)에 의해서 촉발되는 것이 특징이었습니다. 범죄 사건은 남성과 여성의 평등과 사회구성원으로서 혹은 실존적 존재로서의 인간에 대한 존중이 아니라 가장 기본적인 생명과 존재를 부정하는 것이었다는 점에서 여성주의의 확산에 크게 기여하지는 못했다고 볼 수 있습니다. 여성의 기본적 인권에 대한 각성과 한국의 부정적인 현실에 대한 우려를 촉발시켰다는 점에서 여성을 대상으로 하는 범죄에 대한 경각심을 갖게 하는 효과는 있었습니다만, 보다 일상적인 삶 속에서 드러나지 않게 작동하고 있는 여성 억압적인 제도와 이데올로기에 대한 인식과 비판으로는 발전하지는 못했습니다.

두 번째로 남성 학자에 의해서 여성주의 강의가 이루어졌다는 점에서 장춘익 선생님의 여성주의 페다고지는 그 자체로 한국 대학에서 파격적인 일이었습니다. 지금도 그 사례를 찾아보기 힘든 일입니다. 현재 한국 대학에서 여성학, 여성주의, 젠더에 관한 교육과 연구는 주로 여성 학자들에 의해서 이루어지고 있습니다. 여성 관련 과목에 대한 학생들의 관심이 높아지면서, 여성 교수들이 여성 관련 과목 강의를 전담하는 것이 한국의 현실입니다. 더구나 한국 대학에서 여성주의는 여성이 강의하는 것을 당연한 것으로 받아들이고 있습니다. 이러한 편향도 또 다른 성차별이라는 인식이 거의 없습니다. 많은 대학에서 여성 교수들이 여성이기 때문에 전공을 불문하고 여성학, 여성주의, 젠더 등에 관한 강의를 반강제적으로(?) 담당하고 있습니다. 장 선생님이 여성주의를 2000년부터 강의한 것은 이러한 한국의 현실을 고려할 때, 획기적인 일이었다고 볼 수 있습니다. 여성주의는 여성학이나 젠더 연구와는 다른 내용을 지니고 있습니다. 기존의 주류 인문학과 사회과학은 남성 연구가 곧 사회 전체 연구라고 가정해 여성을 독립적인 연구 대상으로 고려하지 않았습니다. 이러한 현실에 대한 비판에서 여성학과 젠더 연구가 등장했습니다. 반면, 여성주의는 더 적극적으로 여성해방이라는 사회정치적 지향을 지니고 있고, 가부장제의 타파 혹은 변형을 내세우고 있습니다. 다양한 여성주의가 존재하지만, 억압받고 있는 여성의 현실에 대한 비판과 대안적인 가족과 젠더 관계에 대한 모색과 남성 중심 사회체제에 대한 저항은 공통점이라고 볼 수 있습니다. 남성 교수가 남성 기득권을 포기하는 것을 전제로 하는 여성주의를 강의한다는 것 자체가 실천적인 차원에서 대학에서 이루어진 교육혁명이라고 볼 수 있을 것입니다.

세 번째, 여성주의 페다고지와 관련해 장춘익 선생님이 여성주의 철학을 교육하는 방법에서 보여준 것은 이론과 실천의 통합입니다. 대학에서 철학이론이나 정치사상과 같은 이론적인 수업은 대체로 강의식으로 이루어지고 있습니다. 현실적으로 교수나 학생들이 모두 강의식 수업에 익숙하기 때문에, 대학에서 토론식 수업이 잘 이루어지지 못하고 있습니다. 토론식 수업이 이루어지기 위해서는 교수의 인내와 학생들의 적극적 참여가 필요할 뿐만 아니라, 교수와 수강생들 간의 상호작용과 교수의 적절한 개입을 통한 토론의 효율성도 확보되어야 합니다. 그러므로 가부장제 사회질서가 강하게 남아있는 한국의 대학과 강의실에서 대등한 상호작용을 바탕으로 하는 토론식 수업은 교수나 학생들이 별로 선호하지 않는 교육 방법입니다. 장 선생님은 2000년부터 2020년까지 여러 가지 실험을 통해서 최적의 여성주의 교육 방법을 모색해왔다고 볼 수 있습니다. 이는 여성주의 교육이 학점을 이수하는 과목이 아니라 삶의 태도와 강의에 대한 수강생들의 인식 전환의 계기가 될 수 있다는 선생님의 교육관을 반영하고 있습니다. 여성주의 페다고지를 통해서 선생님의 비판철학이 관념적인 지식에서 그치지 않고, 교육의 장에서 구체적으로 실천되었습니다. 장 선생님의 여성주의 페다고지 그 자체가 그의 비판적인 철학 이론과 현실적 실천의 통합을 잘 보여주었습니다.

대학에서의 강의가 과연 얼마나 개인의 삶에 영향을 미칠 수 있을까요? 졸업 요건을 충족시키기 위해 수업을 듣고 학점을 받는 현실에서 수업은 도구적 의미를 넘어서기 힘든 것이 현실입니다. 장춘익 선생님의 〈여성주의철학〉 수업은 도구적 의미를 넘어서 학생들의 삶을 바꾸는 인생 수업이었습니다. 지식을 넘어서 '울림을 줄 수 있는 수업'을 꿈꾸는 사람들에게 선생님의 여성주의 페다고지는 좋은 사례가 될 것입니다.

★

장춘익 교수의 〈여성주의철학〉 교육실천과 나

오정진, 부산대 법학전문대학원 및 여성학 협동과정 교수

장춘익 선생님이 타계하셨다는 것도, 한림대에서 선생님이 〈여성주의철학〉을 오래 강의하셨다는 것도 뒤늦게 알았습니다. 하버마스와 루만 독서를 선생님의 번역서에 많이 신세 졌는데, 이번 좌담회에 초대를 받고 『그리운 장춘익 선생님 추모문집』과 장춘익교육실천연구회의 중간연구 결과물 등을 보면서 누군가가 세상에 선물을 주고 많은 이들이 그 은혜를 입는다는 걸 다시금 생각하게 됩니다.

나아가, 선생님이나 저나 서울과 먼 곳에서 여성주의 교육을 해왔다는 점에서, 서로 모르는 사이였지만 친화력이 느껴지기도 합니다. 더욱이 추모문집에 실린 선생님의 날개통신 글 중 "조리 환경이 나빠서 요리를 못하는 경우는 드물다" "글로 쓰이지 않은 요리법이 많다" "제 요리 솜씨 알리는 데 너무 혈안이 되지 마라"[84]는 말씀들은 변방(?)에서의 저의 불평과 그 후의 깨달음 및 언젠가부터 연구 실적에 개의치 않고 멋대로 지내는 제 모습과 공명하면서 지지받는 느낌이라 혼자 머쓱 웃기도 했습니다.

저는 부산대 법학과에 임용된 2004년 1학기부터 여성학 협동과정 수업을 맡았습니다. 주로 〈젠더와 법〉을 개설해오다가 2007년 2학기부터 〈페미니즘이론〉 수업을 맡으면서 철학 관련 내용을 다루기 시작했고, 협동과정 참여교수 중 철학 수업은 제가 담당하고 있습니다.

철학 전공이 아니지만 법학과에서 법사회학, 법여성학, 법철학을 세부 전공으로 하다 보니 그리 된 것도 있고, 다른 참여교수들이 문학, 사회학, 사회복지학인지라 철학 과목을 맡을 다른 전임교원이 없기 때문이기도 했습니다.

〈여성주의철학〉이라는 이름의 수업을 전담하게 된 것은 여성학 협동과정에서 교과목 개편을 한 2013년부터이며, 당해 과목은 박사필수 3과목 중 하나로, 2년에 1회 정도는 개설하고 있습니다. 대학원이고 1년 정원이 석사, 박사 각 2명씩이라 수강생은 몇 명 정도지만 석사과정생, 수료생은 물론 타 전공생, 시민 등 누구나 와서 같이 공부하는 자리로 운영되고 있습니다.

제가 여성학 협동과정에서 개설하는 다른 수업도 대체로 철학적인 색채가 있는 편이며(예컨대 〈성문화연구〉), 실은 과목명에 구애되지 않고 사회적 현안을 살피는 데 도움이 되는 이론을 담은 텍스트를 자료로 삼아, 살아가는 얘기들을 기탄없이 나누고 있습니다. 탁선미 선생님이 "장 선생님은 '평등과 정의를 중심으로' 강의하셨으며 대학교육을 시민적 의사소통의 공론장이자 평등한 관계 경험의 장으로 재의미화하는 실천"을 하셨다고 전했는데, 그 정도는 아니겠지만 부산대에서 저희들은 '비판'을 통해 '자유'와 '욕망'을 말하며 함께 울고 웃고 많은 것을 나누면서 재미나게 지내는 친구로 삽니다.

연도-학기	과목명	교재
2007-2	페미니즘이론	J. Butler & J. Scott, *Feminists Theorize the Political*, 1992
2008-2	페미니즘이론	*The Judith Butler Reader*, 2004
2012-2	여성학의 이해	*The Metaphysics of Gender*, 2011; 낸시 홈스트롬, 『페미니즘, 왼쪽 날개를 펴다』, 2012
2013-1	성문화연구	*Anarchism & Sexuality*, 2011
2013-2	여성주의철학	B. Honig, *Feminist Interpretations of Hannah Arendt*, 1995
2015-1	여성주의철학	E. Grosz, *Space, Time, and Perversion*, 1995
2017-1	여성주의철학	J. Butler, *Senses of the Subject*, 2015
2017-2	성문화연구	E. Goldman, *Anarchy and the Sex Question*, 2016
2019-2	여성주의철학	E. Grosz, *The Incorporeal*, 2017
2020-1	성문화연구	E. Grosz, *Jacques Lacan*, 1990
2020-2	여성주의철학	W. Brown, *Feminist Theory and the Frankfurt School*, 2006

부산대 대학원 여성학 협동과정 〈여성주의철학〉 및 관련 과목 개설 연혁

삶의 방식으로서의 '여성주의 공부'

"놀람! 그것은 우리 안의 젊음과 열려 있음의 증거이며 철학적 재미의 시작"[85]이라는 장 선생님의 말씀이 『그리운 장춘익 선생님 추모문집』에 있었는데, 부산대 친구들은 서로 자주 감탄합니다. 깊은 아픔을 드러내는 이, 진부하지 않게 얘기를 듣는 자세, 보잘것없지만 무한히 돌보는 정성, 부딪혀도 '함께함'을 저버리지 못하는 순정 등이 그러면서도 무심히 군데군데서 굴러다닙니다.

여성주의도, 공부도 어떻게 될지 알 순 없을 겁니다. 여성주의자일 수밖에 없는 이들을 여전히 만나고 여성주의자가 아닌 이도 환대하며, 공부할 수 있을 때 공부하고 공부할 수 없을 때도 다른 세상

에의 꿈과 믿음으로 여전히 공부하며 지낼 뿐일 것입니다. "사랑이란 단어를 잘 사용할 줄 모르는 사랑이 좋다"[86]고 선생님이 그러셨던데, 서툴고 아름다운 우리 친구들은, '자신이 갖지 않은 것을 주신 사랑'[87]을 넘치도록 받아 늘 또 새롭게 살아갈 것입니다.

★

성 정의와 평등: 젠더 문제와 섹슈얼리티 문제

김은희, 경인교대 윤리교육과 교수, 성윤리학

장춘익 선생님이 철학자이자 교육자로서, 그리고 명쾌한 글의 저자로서 얼마나 존경받을 만하고 실제로도 받아오셨는지는 선생님 생전에도 이미 널리 알려져 있었고 저 또한 알고 존경해왔습니다. 하지만 돌아가신 이후 제자들의 문집을 통해, 그리고 이번 좌담회를 위해 탁선미 선생님께서 마련하신 자료집을 통해, 그분이 구체적으로 어떻게 철학과 교육을 치열하게 진지하게 실천해오셨는지를 하나하나 알게 되었습니다. 이후 존경을 넘어 나 자신에 대한 책망을 느끼는 정도에 이르게 되었습니다.

하지만 어떤 이의 훌륭한 삶이 다른 많은 이들을 주눅 들게 하려고 널리 회자되는 것은 결코 아닐 것입니다. 그것이 널리 그리고 오래 기려지고 그래야만 하는 이유는 세상에 남은 각자가 서 있는 곳에서 각자가 할 수 있는 과제들을 점검하고, 힘을 내 해도 좋다는 응원을 더하기 위해서일 것입니다. 그런 의미에서 용기 내어 저의 할 일을 점검해보고자 합니다. 이런 일들이 장춘익 선생님이 생전에 하신 것을 더 확장시키고 발전시키는 성격이 될 만한 것인지 함께 생각해주시면 좋겠습니다. 먼저 장춘익 선생님의 〈여성주의철학〉 강의 실천의 특징을 살펴보고, 제가 했던 〈성의 철학과 성윤리〉 강의 실천의 특징을 소개하면서 이것이 장 선생님께서 하고자 하셨던 강의실천의 다양한 변주 중 하나로서 가능하지 않을까 하는 생각을 해봅니다.

〈여성주의철학〉의 실천적 특징

장춘익 선생님의 〈여성주의철학〉 강의는 공산주의의 몰락 이후 세계의 지적 변화의 흐름에 대한 사회학자로서 선생님의 그간의 통찰에서 나온 것으로 보입니다. 즉, 이제 우리 사회가 노동, 경제 계급 중심의 사회정의, 평등 담론에서 시선을 돌려 여성, 환경 문제 등을 정의와 평등의 중심 문제로 다룰 때가 되었다는 통찰입니다. 그야말로 '이제는 성(gender) 문제다!'라고 사회정의 담론의 방향을 선회하신 것으로 보이며 이는 장 선생님께서 사회철학자로서 사회정의에 대한 문제의식 하에서 젠더 문제를 바라보고 계셨음을 의미합니다.

이러한 주제 의식을 가지셨기에 장 선생님의 강의는 그 자체가 하나의 사회적 공론장의 역할을 할 수 있도록 기획되었습니다. 즉 이론 강의에서 흔히 목도되는 교수자의 일방적인 지식 전달 혹은 메시지 전달의 강의가 아닌 학생들의 능동적인 참여를 중심으로 한, 토론이 중심이 된 수업 형태로 이뤄진 것입니다. 이때 교수자가 토론을 어떻게 이끌어나가는가도 매우 중요한데 대학 수업에서 이뤄지는 토론은 자칫하면 형식만 토론일 뿐 교수자가 원하는 방향으로 가거나 아니면 정반대로 교수자가 학생들에게 토론을 맡겨놓고 방관하는 방향으로 가기 쉽기 때문입니다. 하지만 장 선생님께서는 비판적인 조정자 역할로서 토론에 참여하셨고, 학생들은 스스로 의견을 형성할 의욕을 훼손당하지 않으면서도 자신들의 의견에 대해 (평등한 토론참여자로서의) 교수로부터 적절한 코멘트를 받을 수 있었던 것으로 보입니다. 학생들이 토론을 통해 비판적, 반성적 관점에 이를 수 있도록 말입니다.

이러한 토론 중심 수업방식은 장춘익 선생님께서 주 관심 분야로 연구해오신 하버마스의 철학, 즉 체계 논리의 무제약적 확장을 막기 위해 생활세계가 지켜내야 할 의사소통적 합리성을 확보하고자 했던 그의 철학을 이론적 기반으로 삼고 있다 할 수 있습니다.

그런 이론적 기반에 의해 구성된 강의이기에 그것은 대학 강의실 안에서만 그치는 것일 수 없었습니다. 장춘익 선생님의 〈여성주의철학〉 강의는 결국 교내 여성주의 동아리 결성과 활동지원, 그리고 졸업 후에도 사회적 실천으로 나아가는 학생들을 배출해냈습니다. 이러한 결과는 우연한 것이 아니라 선생님의 수업 자체가 시민 공론장 형성을 목표로 한 것이기 때문에 산출된 결과물로 보입니다. 이러한 결과를 위해 선생님은 대학 밖의 실천에까지 이렇게 효과가 이어지도록 학생들을 지원하고 격려해오셨던 것으로 보입니다. 이제 제가 했던 강의를 소개하면서 장춘익 선생님의 〈여성주의철학〉 강의와의 교차점과 시사점이 무엇인지, 그것의 발전 방향에 어떤 함축을 지니는지 짚어보겠습니다.

김은희의 〈성의 철학과 성윤리〉

서울대 철학과가 관장하는 이 교양과목은 제가 2005년부터 2019년 까지 담당했습니다. 이 수업에서 저는 다양한 분야의 젠더 문제(노동, 교육, 정치, 도덕, 문화 등 여러 분야에서의 성역할 문제 총체)보다는 섹슈얼리티 문제에 집중했습니다. 사회가 특정 섹슈얼리티에 대해 가해왔던 억압과 지배의 논리에 대해 비판적 분석을 가하여 다양한 섹슈얼리티에 대한 평등한 존중의 윤리를 현대의 성윤리 패러다임으로 생각해볼 수 있도록 하는 것이 이 수업의 주제였습니다.

이 수업은 장 선생님의 수업과 달리 80명 이상의 대형 교양교과목이었고 그로 인해 그 상황에 맞는 수업방식을 채택해야 했습니다. 그래서 강의가 수업 내용의 약 80%를 차지하고 나머지 20% 정도는 학생들의 발표와 토론으로 구성되었습니다. 강의방식으로 진행되는 경우에도 저의 질문에 대한 학생들의 대답들이 이어지는 즉석 토론의 순간들이 간혹 있었지만 아무래도 강의 부분이 더 많았습니다.

토론활동이 줄 수 있는 역동성을 포기할 수 없었기에 이 강의는 어떤 한 주제에 대해 논할 때 교수자 스스로가 다양한 입장들의 주장과 그에 대한 반론, 재반론을 구성해 사고의 역동적인 진행을 학생들에게 보여주는 방식을 채택했습니다. 이는 도덕철학자이자 정치철학자인 존 롤스(John Rawls)의 '반성적 평형(reflective equilibrium)'의 방법론을 이론적 토대로 삼고 있습니다. 반성적 평형 방법은 가장 그럴듯한 도덕이론을 만들기 위해, 이성적으로 정립한 도덕원칙과 우리가 삶속에서 얻게 되는 숙고된 판단(경험, 직관 등) 사이를 오고 가면서 나

선형으로 발전해나가 결론을 얻는 방식을 의미합니다. 저는 이런 반성적 평형 방법을 학생들에게 가르치고 저의 강의안이 그렇게 구성되어 있음을 알리며 나중에 학생들이 소논문 과제를 작성할 때도 이런 역동적인 방법을 쓰도록 요구했습니다. 이 방법을 쓰게 되면 여러 사람과 토론할 기회가 적은 상황에서도 내적으로 혼자서도 역동적인 사고를 하는 것을 훈련할 수 있기 때문에 토론 활동을 어느 정도 대체할 수 있습니다. 더 나아가 교수자인 제가 도출한 임시적 결론에 대한 반성(성찰, 비판)을 학생들이 수행할 수 있도록 격려해 제 강의 논조를 치밀하게 비판한 소논문에 대해 최고의 평가를 내리기도 했습니다.

이러한 수업의 결과, 학생들은 우리 사회의, 혹은 자신의 성도덕 패러다임에 대해 비판적 접근을 할 수 있게 되었고, 이는 편히 몸담았던 관점을 뒤흔드는 역할로서의 교양 교육의 취지를 어느 정도 실현해온 것으로 보입니다. 하지만 교양교과목의 학생들이 대학 밖의 사회적 실천에까지 이르도록 교수자가 도울 수 있는 기회는 거의 없었던 것이 장 선생님 강의에 비해 크게 아쉬운 대목입니다.

비교, 교차점, 그리고 나아갈 길

이렇게 두 수업을 비교, 대조해보았을 때 몇 가지 교차점이 보이며 이를 통해 '여성주의철학' 혹은 '성의 철학'과 같은 교과목이 어떤 방식으로 교육되어야 하는가에 대한 함축을 이끌어낼 수 있습니다. 첫째, 수업방식은 토론 형태이든 반성적 평형 방식이든 학생들에게 특정 관점에 매몰되지 않고 비판적, 성찰적 관점을 역동적으로 형성하는 체험을 하도록 하는 방식이어야 할 것으로 보입니다. 이는 특히 중고등학교에서의 진보적 성교육, 젠더교육이 또 다른 독단주의에 빠지며 실패하지 않기 위해 반드시 염두에 두어야 할 지점입니다. 교수자 스스로가 학생들을 지적으로 압도하기보다 자기 성찰적 태도를 선보이면 학생들 역시 자기 성찰적으로 이슈에 다가갈 수 있을 것입니다.

둘째, 성 문제를 사회적 정의 문제로서 다루는 일입니다. 장춘익 선생님은 젠더 문제를, 저는 섹슈얼리티 문제를 사회정의의 중심 문제로 부각시켜 사적인 도덕 문제를 넘어 사고할 수 있게 했고 이는 '여성주의철학' 혹은 '성의 철학' '성윤리' 교육이 반드시 염두에 두어야 할 특징이라고 봅니다.

이제 〈성의 철학과 성윤리〉를 교육해왔던 저 같은 사람은 장춘익 선생님의 〈여성주의철학〉의 정신을 어떻게 더 잘 확산할 수 있을지 생각해보겠습니다. 1990년대 이후 여성주의 흐름이 젠더 문제뿐 아니라 성적(sexuality) 다양성에 대한 지배와 억압의 문제를 끌어안는 방향으로 나아가고 있기에 장춘익 선생님의 〈여성주의철학〉은 여성노동 문제, 여성과 생태환경 문제 외에 섹슈얼리티 평등과 비지배 문제에까지 확장될 수 있으며 그것은 섹슈얼리티에 집중해온 제 강의와 연구가 일조할 수 있는 분야로 생각합니다.

저는 장춘익 선생님의 〈여성주의철학〉에서보다는 좀 더 많은 무게를 '섹슈얼리티'의 평등과 존중에 두고 있다는 점에서 차별화될 수 있고, 이는 젠더 평등 문제에 집중된 장 선생님 수업의 또 다른 발전 방향이라고 보입니다. 1980~1990년대 미국에는 다양한 섹슈얼리티 인정을 부정적으로 보는 페미니스트 진영과 다양한 섹슈얼리티의 해방을 정의로움으로 받아들이는 진영 간의 혈전("Sex War")에 가까운 논쟁의 역사가 있었고, 이는 1980~1990년대 미국의 페미니즘 논쟁 구도와 어딘가 닮은 것처럼 진행되는 우리나라 페미니즘 구도에서 재현될 수도 있어 더욱 관심이 필요합니다. 젠더 평등 교육이 자칫하면 바람직한 섹슈얼리티와 그렇지 못한 섹슈얼리티에 대한 새로운 위계를 만들 가능성이 있기에 이제 다양한 섹슈얼리티에 대한 동등한 존중의 한계와 성격에 대한 연구와 교육이 더욱 필요한 시점입니다.

페미니즘은 결국 또 다른 가치 위계질서를 만들어내기보다는 다양성의 평등한 존중을 끌어안는 방향으로 발전하고 있으며 이것은 장춘익 선생님의 〈여성주의철학〉 수업의 메시지와 부합할 것이라 봅니다. 그렇다면 지금 여기 남아있는 제가 할 일은 섹슈얼리티 다양성의 평등한 존중을 위한 아이디어를 만들어 세상에 던져보고 그 피드백을 경청해 다시 발전시켜 평형을 이뤄보는 일일 것입니다. 그리고 그 일을 학생들과 함께 체험해보는 일일 것입니다.

★

'올바른' 남성성 수행에 '실패한' 남성 철학자

이현재, 서울시립대 도시인문학연구소 교수, 전 여성문화이론연구소 대표

탁선미 선생님의 발표에 따르면 전국 46개 철학과 중 6개 학과만이 최근 4학기 동안 여성철학 관련 강의를 실질적으로 개설 및 운영(서울시립대, 서울대(미학), 이화여대, 제주대, 전북대, 한림대)하고 있습니다. 13%라는 매우 적은 비율도 놀랍지만 지역 국립대를 비롯해 소위 규모가 큰 수도권 대학이라고 하는 곳에서조차 철학과 전공교과목으로 여성철학을 개설하지 않고 있다는 것은 다소 충격적입니다. 여대만을 놓고 볼 때도 이화여대 이외에 여성철학을 철학과에서 개설한 학교는 없는 것으로 보입니다.

제가 작년에 여가부 용역으로 수행했던 대학 성평등교육 현황 조사에 따르면[88] 여성철학 관련 강의는 철학과 전공이 아니라 교양으로 개설된 경우가 더 많았습니다. 응답을 보내온 대학 중 충남대, 순천향대, 충북대, 건국대, 한국국제대, 창원대, 부산가톨릭대, 충남대, 서울대, 서원대, 청운대, 고려대, 충북대 등 13개 대학에서는 〈성과 사랑의 철학〉 〈페미니즘 철학의 이해〉 〈성과 사랑의 윤리학〉 등을 교양과목으로 개설해 운영하고 있었습니다.

저는 이러한 통계가 여성주의철학이 전문성을 필요로 하지 않는 부수적인 것으로 여겨지고 있음을 극명하게 보여준다고 생각합니다. 여성주의철학(이하 여성철학)이 전공과목으로 개설되는 경우가 적

을 뿐 아니라 전임교수에 의해 강의되지 않고 있는 이유는 무엇보다도 여성철학을 고대철학이나 인식론처럼 주요한 철학의 한 분야로 인정하지 않고 있음을 보여준다는 것입니다. 헤르타 나글-도체칼(H. Nagle-Docekal)과 같은 여성주의철학자에 따르면 여성주의철학은 여성만이 할 수 있는 것도, 여성만을 대상으로 하는 것도 아닌, '여성주의' 관점을 가지고 기존의 철학을 비판적으로 분석하고 나아가 새로운 철학을 재구성하는 작업입니다. 따라서 이는 철학뿐 아니라 여성주의의 역사를 함께 훈련한 사람이 담당해야 하겠지요.

하지만 여성주의철학은 여타의 소위 전통적 전공 분야(고대, 근대, 현대철학, 인식론, 존재론, 헤겔, 칸트, 사회철학 등)를 연구한 철학자라면 누구나 접근이 가능한 분야 정도로 간주됩니다. 여자인 철학자라면 누구나 할 수 있는 것이라는 인식도 팽배하죠. 그래서 학과에서는 여성주의철학을 전문적으로 하는 사람을 임용하지 않습니다. 혹자는 더 많은 사람들이 여성철학을 하면 더 좋은 것이 아니냐, 또는 인식론처럼 여성철학도 철학자라면 일반적으로 알아야 할 관점으로 간주되는 것이 더 좋지 않느냐고 합니다. 하지만 생각해보세요. 인식론, 존재론, 근대철학은 철학자라면 누구나 해야 하는 분야지만 그 분야를 가르칠 사람으로 아무나 뽑지는 않습니다. 특히 그 분야에서 훈련된 사람을 임용하죠. 그렇다면 여성철학 분야를 강의할 전임교수를 뽑는 것이 당연한 게 아닐까요?

여성철학이 부수적으로 취급되고 있다는 사실은 그나마 개설된 과목이 주로 다른 분야를 전공한 강사들에게 배정된다는 점에서도 나타납니다. 강사에 의한 교육을 폄하하자는 것이 아니라 이 과목에 배당되는 강사들이 뽑히는 방식이 여성철학 전공자에 의한 여성철학 강의 실현을 방해한다는 것을 말하려는 것입니다. 최근 대학에서 강사를 고용할 때 문화철학/여성철학, 근대철학/여성철학, 혹은 사회철학/여성철학 등 다른 분야를 메인으로 보면서 이와 함께 여성철학도 강의 가능한 자를 찾습니다. 여성주의철학을 전공한 사람이 매우 희박하기 때문에 다른 전공자가 여성철학까지 맡게 되는 현실이 작동하게 되는 것이죠. 여성철학을 전공한 사람이나 관련 분야로 논문을 3~4개 정도라도 쓴 사람을 찾기가 어려운 것도 사실입니다. 왜 그렇게 되었을까요? 여성주의철학을 전공으로 했을 때 먹고사니즘과 관련해 위험도가 높은 상황에서 철학도들은 이를 주제로 하는 논문을 쓰기 힘듭니다. 여성주의철학을 주제로 논문을 쓰면 임용되기 어렵거든요. 게다가 학과에서 여성철학을 전공한 교수가 거의 없기 때문에 여성주의철학을 전공하려고 해도 매우 힘든 상황이 맞물립니다. 이러한 조건으로 인해 여성주의철학은 학과에 전공과목으로 개설되기도, 전공자에 의해 강의가 제공되기도 힘든 과목이 됩니다.

남성 교수가 여성주의철학을 가르친다는 것은 어떤 의미인가?

지난해 제가 수행했던 조사에 따르면 강사 및 비전임교원 중 여성이 성평등 교과목을 담당하는 경우는 85.9%로 대다수를 차지하지만, 전임교원 중 여성이 성평등 교과목을 담당하는 경우는 69.6%로 상대적으로 적습니다. 이것이 의미하는 바는 무엇일까요?

무엇보다도 이것은 전임교원 중 남성이 절대 다수를 차지하고 있음을 의미합니다. 고위직이나 전문가 직종에서의 여성 비율이 형편없다는 사실은 OECD 국가 중 유리천장 지수 최하위라는 성적만으로도 분명하죠. 여성들은 주로 무기 계약직이나 강사진에 포진하고 있습니다. 여성 전임교수의 비율을 높이라는 정부의 요청에 국공립대는 적극적으로 호응하지 않고 있습니다. 이는 여성주의철학 역시 이러한 조건에서 자리를 잡은 (남)교수들에 의해 개설되어 운영될 수 있는 가능성이 크다는 아이러니를 보여줍니다. 최악의 경우 여성철학은 과목 개설 자체가 무산될 수 있기도 하고요.

한림대의 경우도 예외는 아닙니다. 우리는 가부장제의 특권과 혜택을 입는 남성 철학자 중 한 분이 페미니즘을 연구하고 배워가면서 과목을 개설하고 운영했다는 아이러니 앞에 서 있습니다. 그렇다면 그의 행적을 어떻게 볼 수 있을까요? 사회철학을 전공한 남성교수가 여성철학을 강의했기 때문에 총체적으로 비판해야 하는 것일까요?

물론 여성에 의해, 여성철학 전공자인 전임교수에 의해 강의가 제공되었다면 더 좋았을 것입니다. 하지만 저는 장춘익 선생님이 비판철학자였기에 가능했던 지점들이 있다고 생각합니다. 변화는 모든 것을 단번에 총체적으로 거부함으로써만 이루어지는 것이 아닙니다. 어쩌면 단번에 바뀔 것이라는 생각은 비현실적이기도 하겠죠. 푸코와 버틀러가 주지하듯 우리는 종속화되면서 주체화됩니다. 이 세계를 비판하는 자도 이 세계의 힘의 자장 안에 있다는 것입니다. 비판하는 자는 비판되는 사회만큼이나 더럽고 오염되어 있습니다. 버틀러는 이런 상황에서 비판의 행위자성이란 피안의 초월적 주체 되기를 통해 실현될 수 있는 것이 아니라 반복되는 수행성의 실패를 우연적으로 의식적으로 지속해나가는 가운데 실현될 수 있다고 보았습니다. 이에 따르면 우리가 해야 할 일은 완전히 바뀌지 않았다고 분노하는 것이 아니라 주어진 조건 안에서 어떻게 실뜨기를 달리하여 형국을 바꿀 수 있을까를 궁리하는 것입니다.

저는 장춘익 선생님께서 바로 이 부분을 고민하셨다고 생각합니다. 자신의 한계를 인정하면서도 그 한계를 넘어설 실뜨기를 어떻게 할 것인지를 고민하셨다는 것입니다. 그런 점에서 저는 선생님을 가부장 남성성의 '올바른' 수행에 실패하기를 모색한 철학자라고 생각하고 싶습니다. 장 선생님은 여성철학 과목 개설과 운영을 통해 남성성 수행의 소극적 또는 적극적 실패를 함으로써 비판이론의 정신을 잇고자 했던 것입니다. 그는 비판철학과 여성주의, 민주주의와 여성주의를 실뜨기함으로써 비판철학과 민주주의의가 전통적으로 수행해왔던 남성중심성을 '올바르게' 수행하기를 '실패'하려 했습니다. 저는 그가 실패했기에 비판은 살아났고 그 정신은 제자들의 실뜨기로 이어졌다고 생각합니다. 그의 제자들은 그와 마찬가지로 '실패한' 인생을 구현함으로써 비판정신을 잇고 있는 것이지요.

여성 '철학'의 부재, 어떻게 실뜨기를 할 것인가?

2010년도에 급격히 팽창되었던 디지털 문화와 더불어 우리는 사이버 공간에서 여성혐오가 일상화되는 광경을 목도했습니다. 이에 대응하는 과정에서 2015년경부터 "페미니즘 리부트"(손희정)가 시작되었으나 그 과정에서 여성주의는 생물학적 여성의 파이를 키우는 운동으로, 처벌에 집중하는 운동으로 협소화되기도 했지요. 최근 청년들에게 '페미니즘'은 낙인어가 되었고 몇몇 네티즌들은 각자의 '진정한' 페미니즘을 내세우면서 논쟁을 진행하고 있는 상황입니다. 그러나 저는 바로 여기에 부재한 것이 여성철학이라고 생각합니다. 버틀러, 프레이저, 영, 하딩 등 여성주의의 이념을 모색하는 많은 이론가들은 철학에서 시작하고 있는데 우리 사회는 여성철학의 진흥을 위해 얼마나 노력하고 있나요? 누구나 페미니즘을 이야기하지만 여기에 내용이자 형식인 철학은 부재합니다.

저는 장춘익 선생님의 여성학 학위과정 계획 자료를 보고[89] 철학을 여성주의 교육에 핵심적인 과정으로 생각하셨다는 것을 단박에 알 수 있었습니다. 여성주의의 메카라고 할 수 있을 여자대학교에서도 하지 못한 일을, 그것도 강원도라는 지역에서, 그것도 남자 교수가 도모하고 있었다는 사실을 마주한 순간, 여성주의는 생물학적 성별의 문제가 아니라 타자 배제를 극복하고자 하는 비판정신의 문제라는 것이 분명해지기도 했고요. 장춘익 선생님은 이런 점에서도 '실패한' 남자 비판철학자임에 틀림이 없습니다.

하지만 여성철학 교육은 교수 개인의 인품이나 지식 또는 진정성의 문제가 아니라 체계화의 문제입니다. 더 많은 사람들이 장 선생님처럼 제대로 실패하기 위해서는 그 체계적 루트가 모색되어야 한다는 것입니다. 선생님 역시 새로운 시대에 부응하는 체계적인 여성철학 교육이 필요하다는 것을 통감하셨기에 여성학 학위과정을 기획하셨던 것이 아닐까요?

그러나 선생님은 갑자기 가셨고 일은 중단되었습니다. 한림대의 여성철학 과목이 앞으로 어떻게 될지는 아무도 모릅니다. 이제 우리는 각자의 자리에서 어떻게 실뜨기를 할 수 있을까요? 저는 대학에 있으나 교과목이나 학위과정을 만들어 운영할 수 있는 지위를 갖지 못하고 있습니다. 대학이 하도 답답해서 아예 유튜브로 대학을 하나 만들자고 반은 농담 삼아 지인들과 이야기하곤 했었습니다. 하지만 급한 마음에 강의 수만 늘리는 것도 문제일 수 있습니다. 우리는 새로운 시대가 요청한 문제들에 아직 충분한 대답을 가지고 있지 못하기 때문입니다. 페미니즘 철학은 시대의 요청에 따라 살아 움직이는 이론을 제시할 필요가 있으며 이를 위해서는 여성주의철학 연구와 교육이 함께 될 수 있는 시스템이 만들어져야 할 필요가 있습니다. 이를 체계화함으로써 디지털 시대의 존재론과 인식론, 상호주관성을 넘어서는 강한 객관성의 인식론을 철학적으로 마련해내지 못한다면 젠더를 둘러싸고 각축을 벌이는 SNS에서의 논쟁은 헛된 공회전을 거듭하게 될 것입니다.

★

철학실천으로서의 여성주의 페다고지

노성숙, 한국상담대학원대학교 교수, 철학상담

추모물결에서 가시화된 장춘익 선생님의 〈여성주의철학〉 '교육실천'에 대한 깊은 반향은 단순히 안타까운 돌연사에 대한 일시적인 애도라기보다는 그분이 남긴 가르침의 공명이 진정한 '철학실천'이며 '삶을 바꾸는 만남과 대화'였기 때문이라고 여겨집니다. 장 선생님의 〈여성주의철학〉 교과목의 수용과정은 그분의 평소 문제의식에서 시작되었다고 할 수 있습니다. "자본과 권력의 지배적 논리에서 벗어나 있으면서 그들의 무제한적 확산을 견제할 수 있는 실천을 가능케 할 윤리적, 문화적 지반은 무엇이 될 수 있는가?" 장춘익 선생님의 이 질문은 하버마스의 문제의식에서 자본과 권력의 '체계'가 '생활세계'를 식민화하고 있는 데에 대항할 수 있는 실천적 토대를 철학적으로 모색하고 있음을 잘 보여줍니다.

이와 연관하여 대학교육의 구체적인 장에서 장춘익 선생님의 〈여성주의철학〉이 마련한 실천적 토대는 '수평적 의사소통 중심의 관계적 교수법'에 있다고 집약해서 말할 수 있습니다. 바로 이 지점을 저는 최근 들어 새롭게 전개되고 있는 '철학상담'의 정신을 선취하고 실천한 구체적인 실례라고 간주하고 싶습니다. '철학상담'은 '상담'이라는 용어가 주는 혼란으로 인해 늘 그 정체성이 문제되곤 합니다. 그런데 '철학상담'에서 중요한 것은 '철학상담이 무엇인지', '심리치료와 어떻게 다른지'를 개념적으로나 이론적으로 정립하는 것이라기보다는 오히려 철학상담이 실제 어떤 활동으로 실천되는지에 있습니다. 철학상담은 1981년 독일의 아헨바흐(Achenbach)로부터 '철학실천(philosophische Praxis)'이라는 이름으로 시작되어, 영미권에서 '철학상담(philosophical counseling)'으로 자리 잡았습니다. 이는 최근 한국에 유입되었는데, 고대 '소크라테스 대화'의 정신과 그 방식을 이어받고 있습니다.

비단 철학상담만이 아니라 최근 들어 인지치료, 로고테라피 등에서 '소크라테스 대화'는 치료기법으로 큰 관심을 끌고 있습니다. 그런데 기존의 심리치료에서는 하지 않는, 그리고 철학적으로만 가능한 것이 있는데, 그것은 바로 대화자들의 비판적 사유입니다. 물론 기존의 철학 학계에서도 '비판'은 중요한 의미를 갖습니다. 그러나 철학실천으로서의 철학상담은 단순히 이미 확정된 '이론'을 삶에 고스란히 '실천'으로 옮기는 데에 역점이 있지 않습니다. 오히려 구체적 삶의 갈등과 고통에서 시작된 경험을 언어의 경계에서 담아내고, 무엇보다 그 경험을 비판적으로 사유함으로써 다각도의 관점에서 바라보고 주체적으로 다룰 수 있게 하는 일련의 철학적 활동입니다.

나아가 철학상담은 '이성적인 자유로운 대화'라고도 규정되는데, 이는 "편협되지 않고, 고착화되지 않은 정신, 깨어있고 열린 문제의식, 모순이나 갈등을 제거하지 않고 오히려 본질적으로 그것들에 의해서 움직이는, 즉 다른 말로 하면 생기 있고, 구체적인 사고"[90]에 의해 전개되기 때문입니다. 아헨바흐는 "철학실천의 유토피아는 이성적인 영혼(vernünftige Seele) 혹은 민감하게 느끼는 이성(empfindende Vernunft)"[91]을 통해서 실현된다고 말합니다. 이처럼 이성과 감성을 아우르는 철학적 의사소통을 바로 장춘익 선생님의 수업에서 장 선생님과 학생들이 경험한 것이라고 저는 생각합니다. 때로는 권위를 내려놓고 평등한 위치에서 토론과 논의를 정리해주셨던 장 선생님, 그리고 또래 집단과 이성적이고 자유로운 토론을 전개함으로써 학생들은 '수평적 관계'에서 나누는 대화를 경험한 것입니다. 또한 수업을 통해서 장 선생님은 자본과 가부장적 권력의 '체계'로 인해 일상의 식민화된 '생활세계'의 경험을 비판적으로 사유하고 재구성하는 문화공간을 마련하고자 했습니다. 이는 장 선생님이 평소에 "비이기적인 수평적인 관계의 경험이 보편주의적 도덕의식의 형성을 위한 가장 중요한 기반"이 될 수 있다고 믿었기 때문입니다.

또 한 가지 눈여겨볼 점은, 장춘익 선생님의 '교육실천'이 철학상담을 대표하는 또 다른 규정이라고 할 수 있는 '세계관해석'의 장이 되기도 했다는 사실입니다. 라하브(Ran Lahav)는 오늘날 새롭게 전개되는 '철학상담'의 핵심을 '세계관해석'이라고 규정합니다. 그런데 장춘익 선생님의 '교육실천'은 라하브가 말하는 좁은 의미의 '세계관해석'이라기보다는 오히려 '세계관해석의 심화와 확장'[92]의 의미를 지녔다고 할 수 있습니다. 이는 장춘익 선생님이 '소크라테스 대화'를 단순히 문답법에 의한 '논박술'을 넘어서서 '산파술'로서 작동시켰기 때문에 가능했다고 저는 생각합니다. '소크라테스 대화'에서는 흔히 말하는 '논박술'에 의해 대화 참여자들이 무지를 자각하게 되고 이로써

곤궁에 처하는데, 이는 영혼의 정화를 통해서 새로운 진리를 낳기 위해 불가피한 과정입니다. 간혹 선생님의 수업을 들었던 학생들이 고백했던 혼란의 체험은 기존의 일상에서 당연하게 받아들였던 신념체계가 흔들리는 과정을 고스란히 보여줍니다.

그러나 산파로서의 장춘익 선생님은 자유로운 토론과 대화를 통해서 학생들로 하여금 논리적 검토를 통해 자신이 지녀온 신념과 가치가 제한적이었음을 실존적으로 깨닫도록 했으며, 그에 따라 지적인 독단에서 벗어나 지혜를 향해 뻗어가는 '에로스'가 자라나도록 촉구했습니다. 인생 최고의 수업을 받았다고 고백한 한 제자는 이렇게 회상합니다.

> "사실 그로부터 받는 가장 큰 혜택은 그와 이야기하는 것이었다. 그와 이야기하면, 왠지 내가 높아지는 느낌이 든다. 존중과 배려에서 비롯된 아니 그 이상의 뭔가가 있다. 가끔, 그의 말에 용기와 위로를 얻기도 했었는데, 의례적인 말로써가 아니라, 언제나 사실과 진실에 의거해서, 그러했다. 나는 거기서 진심으로, 용기를 얻고 위로를 받았다. (…) 그와 이야기를 하고 나면, 멈추었던 머리가 마구 돌아가기 시작하고, 질문거리가 폭발하고, 찾아볼 것이 수십 가지 늘어나곤 했다."[93]

이 제자가 말하는 고양된 상승의 체험은 밖에서 주어지는 의례적인 위안이나 감정적 공감의 타당화를 넘어서서 자기 내면으로부터 진리를 찾아 나서려는 '철학함의 에로스'를 발동시키고, 새롭게 떠오르는 질문들에 직면해 지성적 해결책을 모색하려는 과정을 담고 있습니다. 저는 장춘익 선생님의 강의계획서에서 '소크라테스 대화'의 방식을 지식, 기술, 태도로 나누어서 좀 더 구체적으로 시도하고자 준비했던 흥미로운 단서를 찾아낼 수 있었습니다. 2017년 수업목표란에 "지식 – 젠더문제에 대한 다학문적이고 비판적인 접근 / 기술 – 젠더 편향성을 읽어내고 스스로의 편향성을 교정 / 태도 – 평등을 지향하면서도 개인의 특이성에 대해 열린 태도를 갖기"를 추가했고, 수업 진행방식에서도 "충만한 호기심, (자기)비판적 정신, 열린 토론 자세 외에 특별한 준비사항 없음"이라고 적고 있습니다. 이는 2020년에 조금 수정되는데, 수업목표에서 "지식 – 페미니즘 철학에 대한 명확한 지식 / 기술 – 토론식으로 지식을 교환하는 능력 / 태도 – 자기성찰적 태도"라고 쓰여 있습니다.

장춘익 선생님의 '소크라테스 대화'는 오늘날 철학상담이라고 규정되는 '세계관해석'의 심화와 확장으로서 인간관, 사회관, 가치관을 총체적으로 검토하는 작업에 근접합니다. 그리고 이러한 검토작업은 젠더문제에 대한 다학문적이고 비판적인 지식, 토론을 통해서 자신의 고정관념과 편향성을 인식하는 의견을 교환하는 기술, 그리고 자기비판적이고 자기성찰적인 열린 태도를 통합적으로 필요로 했음을 잘 보여줍니다.

'여성주의철학'으로서의 '여성주의 페다고지(feminist pedagogy)'

장춘익 선생님의 교육실천이 '소크라테스 대화'라는 철학상담의 구체적인 예시였다고 말하려면, 좀 더 면밀한 논의가 필요한 지점이 있다고 저는 생각합니다. 오늘날 한국이라는 사회문화적 맥락에서 '여성주의'의 세계관과 가치관에 대한 철학적 검토는 과연 구체적으로 무엇을 의미하느냐 하는 것 때문입니다. '여성주의'를 위해 다학문적인 접근이 필요하다는 것은 장 선생님이 이미 잘 보여주셨습니다. 그렇다면 장 선생님의 교육실천에서 '여성주의철학'은 과연 어떤 내용을 제시하고 있을까요?

장 선생님의 교재 선정과 수업구성을 살펴보면, 우선적으로 다양한 학문분과에서 논의되어 온 '페미니즘의 사상들'을 섭렵하는 것에서부터, 사회문화적 연관성 그리고 근대성의 위기 속에서의 '젠더관계'에 대한 연구를 거쳐서, 오늘날 '페미니즘의 테제들'을 섭렵하고자 시도했음을 알 수 있습니다. 이와 함께 선생님의 수업방식은 교재에 대한 주제발표와 더불어서 각자의 성역할과 젠더, 섹슈얼리티에 대한 주제토론이 주를 이루었습니다. 그렇다면, 이와 비슷한 교재와 주제를 다루는 여타의 여성학 강의, 혹은 '여성주의' 관련 과목과 장춘익 선생님의 〈여성주의철학〉의 다른 점은 과연 무엇이었을까요?

탁선미 선생님의 발표에 따르면,[94] 우선적으로 단순한 '토론식 수업'만이 아니라 단점을 보완하기 위해 "이론과 현상을 균형 있게 잡아내는 교재", "학생들이 예습할 수 있는 책을 주교재"로 선택한다는 것, 그리고 '교수자가 발제 주제를 설득력 있게 설명해내고 이론적 개념과 명제들을 명확하게 전달하는 것'을 시도한 데서 찾을 수 있겠습니다. 특히 장 선생님의 특별한 전략은 "이론 뒤에 숨은 저자의 물음과 답의 핵심 논지를 명확하게 재구성하는 것", 다시 말해 "문제적 경험으로서의 사유의 재의미화"인데, 이를 통해 학생들은 '젠더 문해력(gender literacy)'을 획득할 수 있었습니다.

더 나아가 이러한 젠더 문해력을 획득하는 교육과정을 탁선미 선생님은 장 자크와 에밀의 평등한 의사소통 관계교육의 경험에서 드러난 '고백화행'으로 간주합니다. 특히 초기 제자들이 영페미니스트로서 정체성을 자율적으로 갖출 수 있었던 데에는 이러한 평등한 의사소통의 경험이 토대가 되었다고 말합니다. 이 경험은 단지 수업을 넘어서서, 동아리, 독서회, 토론회, 문화행사 등으로 파생되면서 여성주의를 미시적인 공론장으로 지속적으로 만들어내고 그 장들을 연결 짓도록 했으며, 장춘익 선생님은 이러한 활동들에 관심을 가지고 격려하며 지지를 표명했다는 것입니다.

장 선생님이 보여준 "상대에 대한 인간적 관심을 유지하며 평등하게 마주서는 순수한 관계"는 학생들로 하여금 자기 스스로를 신뢰할 수 있도록 돕고, 자율적으로 삶을 꾸려갈 수 있는 "내면의 정신적 길잡이"의 역할을 했습니다. 따라서 이러한 수평적으로 평등한 관계의 교육 경험에 의해 영페미니스트들은 선생님과 "작업동맹(working alliance)"을 맺고, "소통과 교류, 이해와 지지에서 자아 효능감과 세계 신뢰를 되찾는 '회복적 관계 경험', 내적 위기의 순간에 돌아와 의지할 수 있는 '안전기지(safety base)'"를 발견할 수 있었다고 저 역시 생각합니다.

저는 바로 이 지점에 '여성주의철학'이 '여성주의교육'으로 실천될 때 기억해야 할 중요한 단서들이 있다고 봅니다. 명료한 이론이나 지식을 통해서 '젠더 문해력'을 키워내는 과정에서, 한편으로는 일상에서 겪는 성차별, 성불평등, 성폭력의 경험을 비판적으로 사유하고 자유롭게 토론할 수 있도록 촉진하는 것이 긴요하고, 다른 한편으로는 안전하고 지지적인 '수평적인 관계'를 경험하는 것이 매우 중요하다고 생각합니다.

여기서 저는 앞서 언급했던 '철학상담'에서 철학자의 '철학함'이라는 철학적 활동이 지니는 의미를 장 선생님의 〈여성주의철학〉과 연관시켜서 다시금 숙고해보고 싶습니다. 먼저 철학자의 '철학함'은 한편으로 '전통으로부터 전해져온 사유된 것들'인 동시에 다른 한편으로 일상적 삶에서 기존의 사회문화적 전제조차 지금 여기서 새롭게 철학적 사유 과정을 통해 비판해보는 '무전제적인 자유로움'을 의미합니다. 장춘익 선생님의 〈여성주의철학〉은 대학생들이 일상에서 겪었던 성불평등과 성차별의 경험에 대해 '철학자의 철학함'이 지니는 이중성을 매우 잘 녹여내고 있습니다. 이 수업은 한편에서 강의를 통해 직접적인 여성주의 이론의 역사와 테제들의 핵심을 배우도록 정리하지만, 동시에 다른 한편에서 지금 여기서의 성차별과 성불평등 문화, 일상에서의 성폭력과 미투 등의 다양한 현상들에 숨겨진 성별 이분법적 사고와 그 위계 등의 부당한 논리적, 윤리적 전제들에 대해 비판적인 사유를 하고 자유로운 대화를 이어갈 수 있도록 돕고 있습니다. 선생님이 페미니스트인 Y에게 "너의 지식이 너의 페미니즘에 설득력을 가져다주"도록 하라고 촉구하거나, 남학생들로 하여금 즉

자적이고 권력적인 '문화적 남성성'을 스스로 비판적으로 묻고 모순과 분열을 넘어서 '참여적 정치적 남성성'으로 나아가도록 촉진한 것은 바로 위에서 말한 두 번째 의미의 철학함을 유도한 것입니다.

종합해보면 젠더와 섹슈얼리티 등에 대한 사회문화적 현상 분석만이 아니라, 자기분열적 상황에 놓인 실존적 정체성의 위기를 맞이한 여학생과 남학생 모두에게 철학적 산파술을 통해 스스로의 진리를 낳도록 독려한 데에 장춘익 선생님의 〈여성주의철학〉 교육실천이 지닌 독특함이 있다고 저는 생각합니다.

오늘날 대학의 안과 밖에서 '여성주의 교육'의 과제

오늘날 지구촌 전체는 막강한 신자유주의와 디지털 권력의 자본주의, 게다가 코로나19 펜데믹의 위기에 이르기까지 넘어야 할 산이 많습니다. 특히 한국 사회의 맥락에서는 2016년 강남역 살인사건 이후, '흔들리는 여성주의'의 배는 '페미니즘 전쟁'의 파도를 타느라 각자의 위치를 자리매김하거나 서로의 입장 차이를 찬찬히 들여다볼 기회마저 놓치며 나아가고 있습니다. 인터넷을 달군 '일베' '메갈리아'의 논쟁만이 아니라 백래시와 미투운동 등으로 양극화되어 '혐오'로 달구어진 지금, '팩트'만을 외치는 반지성주의가 판치는 형국입니다.

따라서 대학의 안팎에서 여성주의 이론과 실천을 진지한 태도로 매개하는 '철학적 성찰'과 '여성주의적 가치' 교육이 시급합니다. 특히 시민사회의 주축을 이루어나갈 20대의 대학생들은 각 전공 분야에서 전문가가 되기 위한 지식을 쌓는 것뿐 아니라, 그 지식을 어떤 목표와 어떤 방향성을 가지고 활용할 것인지를 근원적으로 성찰해보는 것이 더 중요합니다.

오늘날 다양해진 성정체성의 규범 아래서 대학생들은 자신의 정체성을 모순과 분열 속에 직면하면서, 단지 '심리적 차원'에서 다시금 고착화된 태도로 퇴행을 경험할 수도 있습니다. 따라서 이들이 방어적이거나 공격적인 태도를 취하지 않고, 정치적으로 참여적인 태도로 나갈 수 있도록 장 선생님이 시도했던 것과 같은 유연하고 열린 태도의 '여성주의 교육'이 이어져야 할 것입니다. 장춘익 선생님의 제자들이 페미니스트 활동가로, 또 참여적인 시민으로 스스로 성장해 나갈 수 있었던 것은 이전의 공교육에서는 제대로 받아보지 못했던 '철학적 차원에서의' 비판력과 판단력을 갖출 수 있었기 때문이라고 저는 생각합니다. 장춘익 선생님은 '작업동맹'의 관계에서 단순히 학생들의 '감정과 지각'을 타당화하는 데에 그치지 않고, 아주 근원적인 차원에서 철학적 위로를 건넸다고 봅니다. 여성주의적 가치를 철학적으로 인식하고 학습하는 과정을 통해서 학생들은 각자 자신의 정체성의 뿌리를 확인하면서 가장 근원적인 차원에서의 존중과 지지를 얻었기 때문입니다.

특히 장 선생님의 〈여성주의철학〉은 개인적인 차원과 사회문화적인 공동체적 차원에서 '여성주의 이론과 가치'를 인식함으로써 자신들의 현실을 비판적으로 독해하는 능력, 그리고 그 '여성주의적 가치'가 지니는 규범성을 통해서 다채로운 삶에서 중요한 것들을 판단하고 새롭게 방향성을 찾아내는 경험을 제공했습니다. 이러한 것들을 제공할 수 있었던 데에는 장 선생님의 사회철학의 기반이 된 비판이론과 윤리적 문제의식, 그리고 철학적 성찰력이 뒷받침되었기 때문이라고 저는 생각합니다. 더욱이 장 선생님은 칸트의 '지식비판'과 마르크스의 '사회비판'에 큰 매력을 느끼고 있었으며, 인류 최고의 발상을 "모든 인간이 동등한 권리를 가지고 있다"는 생각에서 찾았고 남성 페미니스트로서 인간이라면 모두에게 동등한 원리가 부여되기를 원했습니다. 따라서 여성주의는 '보편적 가치'이자 윤리적 토대로 작동될 수 있었습니다.

그렇다면 이제 여기 남은 우리는 어떤 '여성주의 페다고지(feminist pedagogy)'를 이어가야 할까요? 장춘익 선생님이 보여주신 것처럼 철학적 차원에서 여성주의 페다고지는 비판력, 판단력, 의지력이 통합된 형태로 전달되는 것이 필요합니다. 혐오와 분열로 치닫고 있는 오늘날 한국 사회에서의 '여성주의 페다고지'가 '수평적 의사소통'과 '상호관계적 교수법'을 통해 '시민적 공론'의 장을 열어가는 것 역시 중요합니다. 또한 장춘익 선생님을 통해서 우리는 교육자로서 '선생'이 지녀야 할 가장 중요한 자질이 "관심을 보이고 격려할 줄 아는 능력"이고, "교육이란 만드는 것이 아니라 자라게 하는 것"이라는 통찰을 다시 한번 가슴에 깊이 새기게 됩니다. 나아가 선생님이 중요시했던 '여성주의적 가치'를 좀 더 심도 있게 그리고 폭넓은 의미에서 다학문적인 협동을 통해 연구해나가야 할 것입니다.

열린 연대의 시작

장춘익교육실천연구회에 합류하면서 저는 독특한 애도 공동체의 경험을 지켜보았습니다. 고통은 느끼는 사람에 따라 사적이고 주관적이어서 그 깊이와 강도를 가늠하기가 어렵습니다. 더욱이 너무나도 큰 고통을 당하고 나면 표현할 언어를 찾을 길도 없습니다. 그럼에도 인간이 당하는 고통과 깊은 슬픔은 표현되고자 몸부림치며, 우리는 그 언어적 표현을 통해 고통이 조금 덜어지는 경험을 하곤 합니다. 그래서 셰익스피어는 "당신의 고통에 말을 건네라. 말하지 못하는 비탄은 그 가슴이 무너져 내릴 때까지 무거운 가슴을 억누른다"고 말했습니다. 애도상담 전문가 로버트 니마이어(Robert A. Neimeyer)에 따르면, 고통을 다양하게 표현하고 '자기-내러티브(self-narrative)'로 구성하는 작업은 매우 중요합니다. 그 내러티브의 구성을 통해서 각 개인이 처한 미시적인 차원에서 분열되고 파괴되어버린 자기 세계와 이웃들의 관계 및 사회적 관계를 회복하는 애도의 과정이 전개될 수 있기 때문입니다.

저는 장춘익교육실천연구회의 작업은 이런 애도의 '자기-내러티브'를 학술적으로 구성하려는 노력이기도 하다고 생각합니다. 놀라운 사실은, 이 애도의 노력이 우리의 좌담회가 보여주듯이 어느덧 또 하나의 작은 시민적 공론장을 여는 주춧돌이 되고 있다는 점입니다. 끝으로 이론과 실천의 사이를 촘촘하고도 치열하게 매개하면서, '개념을 통해서 개념을 넘어서는' 사유, 그리고 '저항'과 '비판'의 정신이 살아 숨 쉬는 '자유로운 대화'에 한 걸음 더 다가가는 철학실천으로서의 '여성주의 페다고지'가 실천되기를 저는 꿈꾸어봅니다. 아도르노의 말처럼 "이 세상에는 비판적 사고를 중지시켜도 되는 어떤 권력도 없다"[95]고 믿기 때문입니다.

2부 경험을 넘어, 기억의 틀

5. 하나의 수업,
열 가지 삶:
수강생 인터뷰

조한진희(기록)

<여성주의철학> 교육 경험이 수강생의 삶에 남긴 더 구체적인 역동을 살펴보기 위해, 20년간의 수강생 중에서 성별 및 세대 등을 고려해 10명을 선별하여 심층 인터뷰를 진행했다(인터뷰 참여자 및 등장인물은 모두 가명으로 표기했다). 인터뷰에 응한 이들은 수업 경험을 적극적으로 들려주었고, 그 과정에서 우리는 치열한 토론 현장 그리고 의식의 균열과 재구성을 간접적으로 목격할 수 있었다. 장춘익 교수는 한 인터뷰에서 "토론을 통해 학생과 선생이 새로운 지식을 발견하는 기쁨을 누릴 수 있음"을 지적하고, "토론식으로 발견한 지식은 지속성이나 활용도 의미에서도 낫다고 생각한다"[96]고 밝힌 바 있다. 통상 대학에서 토론 수업은 흔한 형태이고, 페미니즘 수업을 통해 자신의 젠더의식을 성찰하고 삶을 재해석해보는 경험도 그리 특별한 일이 아니다. 그런데 이 수업이 성차별적 사회와 자신을

성찰하는 페미니즘 수업이면서 민주시민교육의 장일 수 있었던 것은 수업의 형태나 구성뿐 아니라, 학생과 교수자 간의 존중과 신뢰의 상호작용이 상당히 중요했다는 것을 심층 인터뷰에서도 확인할 수 있었다. 무엇보다 교수자에 대한 신뢰는 수업 안팎에서 대학이라는 '공동체'의 일원으로서 학생을 대하는 태도와 행동에서 비롯되는 것으로 보였다. 대학이 공동체라면 교수자는 지식 전달자 역할을 넘어서 어떤 태도와 관계적 역할을 가져야 하는지, 이것이 교육에 미치는 영향은 무엇인지 다시 생각하게 되는 지점이다.

★

다른 선택을 할 수 있는 작은 용기

이민정, 2001년 수강, 여, 임상심리사

이민정은 사회에 순응적인, 주어진 일만 해왔던 사람으로 자신을 서술한다. 하지만 대학 시절 당시 장춘익 교수의 수업과 대화 그리고 철학과 동료들과의 경험을 통해 수동적인 사람에서 다소나마 벗어나 시야가 확장되는 경험을 했고, 그 덕분에 현재의 삶에 이르게 된 것 같다고 한다. 특히 〈여성주의철학〉 수강 경험과 철학과 성희롱 문제에 대응했던 동료들과의 경험, 여성주의 동아리 '날' 활동을 하는 동료를 통한 경험 등을 반복적으로 상세히 서술한다. 그는 대학 시절의 그 경험들 덕분에, 임상심리사로 일하고 있는 현재까지도 일상 속에서 늘 성차별이나 성별성을 고려하며 현실을 보고자 노력할 수 있게 됐다고 말한다.

이민정이 2학년이었을 때 철학과 답사 수업에서 성희롱 사건이 발생한다. 많은 이가 웃고 넘어갔지만 피해자는 괴로워했다. 그 자리에 있던 일부 학생들을 중심으로 대응모임이 꾸려진다.

"최정은 언니의 제안으로 '작은 용기를 소중히 생각하는 사람들의 모임'이 만들어졌어요. 정은 언니는 여성주의 동아리 '날' 멤버이기도 했는데, 언니랑 친한 사이였어서 저도 대응모임에 소극적이나마 함께했어요. 먼저 성희롱 사건에 대한 대자보를 붙이고, 여러 논의 끝에 반성폭력 학칙이 필요하다는 생각에 시도도 해보고요. 그런데 반발에 많이 부딪쳤어요. '철학과는 가족 같은 분위기인데, 그런 활동을 왜 하냐'라는 거죠. 시간이 갈수록 대응모임 구성원들이 어떻게 보면, 왕따처럼 괴롭힘을 당하게 됐어요. 하루는 철학과에서 엠티를 갔는데, 한 남자 선배가 저에게 대응모임 같은 건 필요가 없다라고 하더라구요. 그때 장춘익 교수님이 그 남자 선배에게 흥분하지 않고 되게 조목조목 얘기를 해주셨어요. 술도 먹었고 얘기가 안 될 거라는 거를 충분히 아셨을 텐데도 '이런 부분들이 필요하고 이런 부분들이 혹시나 있을 수도 있기 때문에 예방을 하고, 바른 방향으로 가고자 하기 위해서 하는 거다'라는 식으로. 나무라지는 않으셨지만, 온화하면서도 힘 있게 말씀을 해주셨었어요. 엄청나게 든든했죠."

그는 최정은의 영향으로 여성주의 동아리 '날' 활동에도 간헐적으로 참여했다고 한다.

"'날'에서 주관한 생리대 부가세 폐지 서명운동이나 성교육 강좌 같은 사업을 할 때, 대자보 쓰고 붙이는 걸 도우면서 조금씩 함께했어요. 그 과정에서 알게 모르게 조금씩 자연스럽게 받아들이게 되는 부분이 있었던 것 같아요. 성교육 강좌 때는 콘돔 착용 시범을 하는데 커플이 왔다는 얘길 듣고 '아, 그게 여자나 남자가 한쪽이 알아서 하는 게 아니라 같이 그렇게 할 수도 있는 거구나' 알게 되기도 했고요. 만약 '날' 활동이나 대응모임이나 그리고 〈여성주의철학〉 수업이 없었다면 많이 달랐을 것 같아요. 누군가 문제가 되는 발언을 해도 '농담인데? 농담이야' '재미있자고 그냥 한 얘기야'라고 하면, 저도 '그런가?' 하고 별다른 문제의식을 못 가졌을지도 몰라요. 그런데 이제 알게 된 거죠. 무엇이 잘못된 것이고, 어떻게 대처해야 하는지. 사회에 나와서도 그런 일들은 벌어지더라고요. 제가 사회복지사로 일할 때 직장 동료가 성추행을 당한 사건이 있었어요. 그 동료랑 같이 여성단체에 찾아가서 상담을 받았어요. 가해자가 상사라서 쉽지 않았지만, 그래도 동료와 함께해야 하고 이런 일은 알려야 한다는 생각이 있었던 것 같아요."

"〈여성주의철학〉 수업 때 그 말이 왜 지금까지 기억에 남아있는지 모르겠는데요, 급진주의(1970년대 서구 래디컬 페미니즘)와 관련된 얘기였어요. '급진주의에서는 이런 걸 이렇게까지 바라보고, 여성의 인권을 위해 이런 것까지 해야 된다'라는 주장을 한다, 그런 얘기를 해주셨었거든요. 저는 사실 그때까지만 해도 급진주의가 좀 과하다 싶은 마음이 있었던 거예요. '저건 좀 지나친 거 아닌가?' 그런 생각이요. 근데 선생님이 '이런 시각이 너무 앞서 나가거나 과하다고 생각할 수 있겠지만 그래야 사회가 변한다, 소극적인 태도만 가져서는 사회가 발전하기 어렵다, 그러니 이런 급진적인 시각도 고민해야 앞으로 더 나아갈 수 있다' 이런 얘기를 해주셨어요. 그때 그 생각을 했어요. '아, 단순히 여성주의뿐만 아니라 모든 것들에 있어 좀 지나치다 싶은 부분도 생각이 다를지언정 필요 없는 것들은 아닐 수 있겠구나. 어떤 면에서는 중요한 부분이겠구나.' 뭔가 생각이 넓어진 느낌이랄까요. 나와 생각이 다르더라도 배척하지 않고 여러 측면에서 고민해보게 된 것 같아요."

"생각해보면 대학 때 그런 경험들이 없었다면, 주어진 대로만 살았을 것 같아요. 제가 사회복지사로 일을 잘하고 있었는데, 나이 서른에 대학원에 가게 된 것도 어떻게 보면 되게 용기가 필요했어요. 돈을 많이 모아둔 것도 아니었고. 근데 어느 순간, '꼭 이렇게 정해진 대로만 살지 않아도 된다'는 생각을 하게 된 것 같아요. 사회복지사로 일하면서 좀 더 하고 싶은 부분들을 고민하게 되니까 공부를 하게 됐고 그러다 보니 임상심리사 쪽으로 길이 열렸어요. 주어진 대로 순응하면서 살지 않았으니까 가능했던 것 같아요. 그래서 대학원 가고 나서 선생님 생각이 많이 났어요. 대학 때 경험을 통해서 좀 더 넓은 세계를 꿈꾸는 사람이 됐고, 나에 대한 생각도 많이 하면서 다양한 선택을 하게 됐으니까요."

"저는 원래 성격이 다른 사람이랑 싸우는 거 싫어하고, 그냥 좋은 게 좋은 거지 하면서 넘어가는 스타일이에요. 좀 회피적인 성격이랄 까. 그런데 〈여성주의철학〉 수업을 들으면서 자유롭게 이야기를 해 보고 철학과에서 정말 다양한 경험을 하다 보니, 제법 많은 게 변했 어요. 직업이 임상심리사라서 다양한 사람들을 많이 만나게 되는데, 성차별적인 부분이나 사회적으로 차별받는 사람들에 대해서 좀 더 유심히 살펴보게 됐고요. 그리고 무엇보다 내 생각을, 그래도 아닌 부분에 대해서는 얘기를 조금은 할 수 있는 사람이 되지 않았나 하는 생각이 들어요. 아주 조금이지만."

페미니스트로서의 뿌리이자 평생의 특권

유지영, 2003년 수강, 여, 작가

유지영은 사회학과였으나, 1학년 때 철학과 장춘익 교수의 수업을 처음 듣고 매료된 뒤로 4년 내내 장춘익 교수의 모든 수업을 수강하 게 됐다고 한다. 졸업학기가 되자 철학과 복수전공이 가능한 학점 이라는 행정실의 연락을 받고 복수전공 학위를 받게 된다. 〈여성주 의철학〉 수업을 신청한 가장 큰 동기도 장춘익 교수의 수업이기 때 문이었으며, 자신 이외에도 많은 학생이 그랬다고 전했다. 특히 본 인이 속해 있던 학생운동 정파(People's Democracy/민중민주)의 거의 모든 학생이 장춘익 교수의 수업을 최소 한 과목 이상은 들었다고 기억했다.

유지영은 집안 사정 때문에 진학하려고 했던 대학을 포기하고, 장학금을 받으며 한림대에 진학한다. 그러나 남녀공학 분위기와 차별과 부조리가 싫었고 내내 겉돌고 있었다고 한다.

"장춘익 교수님의 〈사회사상사〉 수업을 듣게 되었는데, 첫 수업을 시작하기 전에 이렇게 말씀하시는 거예요. '결석은 세 번까지 허용한다. 여러분들의 가슴을 뛰게 하거나, 나가서 사회에 대한 분노를 표출하고 싶은 일이 있다면 결석해도 좋다. 이런 사유를 더 많이 허용하고 싶지만 어쩔 수 없이 학점을 줘야 하니까 세 번밖에 못 주는 게 아쉽다.' 그 말씀을 듣고 저는 그냥 이 선생님 수업을 열심히 들어야겠다고 결심하게 됐어요."

그는 고등학교 때의 수업 경험과 연결하여 긴 이야기를 들려주었다.

"제가 고등학교 때는 신자유주의 경제체제가 좋은 시스템이라고 배웠어요. 교과서에 막 이런 식으로 쓰여 있었어요. '신자유주의 경제체제는 작은 정부와 큰 정부의 단점을 모두 보완한 아주 이상적인 경제체제인데, 우리나라가 IMF 이후 그걸로 극복을 하고자 했고…' 근데 우리 집도 IMF 때문에 경제적으로 너무 힘든 시간을 보내고 있었거든요. 그래서 선생님한테 '신자유주의가 그렇게 좋은 거라면, 왜 이렇게 많은 사람이 일자리도 잃고 고통받고, 우리 반 친구들 부모님도 IMF 이후 이혼을 하고 있는데 왜 이러냐, 이해할 수 없다' 그랬어요. 저는 이런 질문을 굉장히 많이 했는데, 질문을 하면 선생님이 달가워하지 않았어요. 친절하게 설명을 해주기는커녕, 따귀를 맞은 적도 있었으니까요. 그런 경험들이 제게는 상처로 남아있었어요. 그런데 대학에 와서 보니까 저랑 비슷한 생각을 가진 선생님이 있는 거예요. 장춘익 선생님은 되게 중립을 지키시려고 했지만, '저 사람, 완전 평등주의자다' 수업하는 내내 그게 막 흐르잖아요. 저랑 비슷한 생각을 갖고 있는 교수님이 내가 잘 모르는 어떤 이론에 막 입각해서 말씀하시니까. 저는 그게, 대리만족까진 아니지만 너무 좋았던 거 같아요."

그는 자신의 대학 시절 모습과 철학과 수업을 좋아하게 된 이유에 대해서도 말했다.

"저는 학교 다니는 내내 아르바이트를 비롯해서, 해야 할 일이 많은 학생이었어요. 그리고 유도리라고는 찾아볼 수가 없는 캐릭터이기도 했어요. 그래서 남자 선배들이 와서 나는 '누구 오빠야'라고 말을 하면, '당신이 뭔데?'라는 식으로 반응하고 그랬어요. 사실 '저는 오빠란 호칭을 싫어합니다…' 이렇게 부드럽게 얘기하면 되는데, 그때는 막 그렇게 삐뚤어진 애였어요. 그래서 남자 학우들도 저를 신기해하면서도 재수 없다고 생각했던 것 같아요. 당시 사회대 남학우들의 그런 뭐랄까, '고개가 45도 정도 올라간' 그 태도들이 저는 싫었어요. 반면 인문대 수업을 갔는데 너무 다른 거예요. 철학과 수업을 들

었는데 남학우들이 고개를 45도로 들고 있지 않더라고요. 발언할 때
도 조심스럽게 하는 편이고, 더 학구열이 있는 분위기였고. 그래서
철학과 수업을 더 좋아했어요."

　그는 사회대에서도 페미니즘 관련 수업을 들은 경험이 있는데, 그
차이에 대해서 이렇게 설명했다. "사회대나 교양수업에서 페미니즘
을 다루는 수업이 있었지만, 장춘익 선생님 〈여성주의철학〉 수업처
럼 그렇지는 않았어요. ○○○ 선생님은 페미니스트이고 목소리 톤
도 그렇고, 늘 입장이 명확했어요. 만약 여성할당제에 대한 백래시가
있다고 하면, 그 백래시가 잘못됐다고 명확하게 말씀하셨어요. 저는
그게 불편했던 사람은 당연히 아니지만, 크게 흥미를 느끼지 못했던
거 같아요. 그러니까 두 분의 수업방식은 완전 다르죠. ○○○ 선생
님은 자신의 명확한 입장에서 강의를 쭉 하는 방식이고, 장춘익 선생
님 수업은 항상 학생들이 발제를 하고 나서, 질문하고 토론하는 것을
하나씩 들으면서 나가는 식이고. 학생들이 함께 만들어가는 수업이
라는 게 장춘익 선생님 수업의 가장 큰 특성이었던 것 같아요."

　"장춘익 선생님은 〈여성주의철학〉 수업뿐 아니라, 다른 수업에서
도 성평등 이슈를 자주 언급하셨어요. 그러니까 이 수업만으로 선생
님에게 받은 페미니즘적 영향을 한정 지어 말하기 어려운 것 같아요.
그 당시에도 여성할당제에 대한 일종의 백래시가 있었거든요. 그때
가 2000년대 초반이고, 군가산점제가 폐지된 지 얼마 되지 않았을

때잖아요. 여성 국회의원 할당제도 계속 논의되고 있었고, 대학 내 성폭력 문제가 굉장히 불거졌을 때고. 대학에서도 막 백래시가 있고 그랬는데 선생님이 〈사회정치철학〉 시간에 그러시는 거예요. '요즘 역차별이라는 말이 자주 등장한다. 그런데 내가 생각하는 진정한 평등이란, 누군가가 역차별로 볼 수 있을 정도의 어떤 조치를 취하면서 나아가는 거다, 그게 평등으로 가는 길이다' 그런 걸 되게 단호한 목소리로 말씀하셨어요. 평소엔 단호하게 말씀을 잘 안 하시는 편이잖아요. 그런데 성차별과 관련해선 가끔 명확하고 단호하게 말씀하실 때가 있었고 전 그런 게 너무 좋았어요. 왜냐하면… 조심스런 이야기지만, 다른 수업에서 몇몇 교수님들의 보수적인 발언으로 인해 굉장히 짜증 나고 화가 많이 나 있었거든요.

유지영은 인터뷰를 하러 오면서 장춘익 교수의 수업을 들으며 적었던 〈사회정치철학〉 노트와 교재 등을 가져왔고, 생생하게 당시를 설명했다.

"〈사회정치철학〉 수업을 2001년에 들었는데, 노트를 찾아보니까 중간고사 시험문제가 있어요. 문제가 4개예요. '1번 평등주의에는 어떤 입장들이 있습니까? 각 입장을 간략히 서술하십시오. 2번 평등에서 문제되는 것은 무엇입니까? 각 입장의 장단점을 간략히 서술하십시오. 3번 여성고용할당제는 평등에 위반될까요? 4번 고액과외를 금지해야 할까요? 평등의 문제와 관련하여 논의하십시오.' 이렇게요. 제가 갖고 있는 '사회정치철학 수업 계획서'도 있는데, 그러니까 다

평등에 관한 이야기.

아, 갑자기 생각나는 게 있어요! 〈사회정치철학〉 수업 시작할 때, 이렇게 말하셨어요. 한 학기 동안 평등에 대해서 고민하는 게 우리 목표라고, 이 학기가 끝날 때 과연 어떤 사회가 오는 게 정말 평등한 사회로 가는 것인지 답을 내려보자고. 한 학기 내내 그 어려운 사회 정의론과 평등론을 가지고 수업을 했는데, 마지막 시간에 선생님이 어떤 결론을 도출했는지 아세요? '남자와 여자가 성관계를 맺었을 때 남자와 여자 모두 임신이 가능하기 때문에, 누가 임신될지 모르는 상황. 그런 상황이 와야 평등한 사회가 온다.' 그게 한 학기 동안 들은 수업의 결론이었어요. 진보적이면서 새로운 발상이라 너무 놀라웠어요."

그는 학생회 활동도 열심히 했는데, 장춘익 교수의 수업은 운동권 대학생들 사이에서도 인기 있는 수업이었다고 한다.

"제가 속해 있던 학생운동 정파에서는 장춘익 선생님 수업을 누구나 들었어요. 선생님 강의 주요 주제가 정의와 평등이고, 그 자신이 실제 평등주의자였기 때문에요. 물론 장춘익 선생님 이외에도 평등주의자 혹은 진보적인 교수들이 있었고, 수업시간에 평등이며 자유를 다루는 사회대 수업들이 있긴 했어요. 하지만 그 수업을 듣기는 쉽지 않았어요. 예를 들어 동성애에 대해서 보수적인 발언을 하거나 본인이 선택한 지점이 우월하다는 식으로 말하는 교수도 있었거든요. 그리고 학생들이 다들 입을 모아 얘기하는 게 있어요. 장춘익 교수님은 무엇보다 어려운 주제를 너무나 일목요연하게 잘 정리해주시고, 잘 가르쳐주셨다는 거예요. 사실 교수라는 직업이 어려운 지식을 학생들이 이해하기 쉽게 도와주고 가르치는 직업이잖아요. 그렇다 보니, 제가 속해 있던 PD 정파 학생들 중에서 장춘익 선생님 수업을 한 번도 안 들은 사람은 거의 한 명도 없었어요."

"제가 졸업 후 지금까지 젠더 관련 글을 자주 쓰고 있는데요, 〈여성주의철학〉 수업이 사상적 기반이 된 것 같아요. 저는 대학 졸업 후 석사에서 여성학을 전공하지 않았는데요. 만약 학부 때 선생님 수업을 듣지 않았다면 여성학을 더 공부하겠다고 결정했을 것 같아요. 당시 바로 여성학을 공부하지 않아도 된다고 생각이 들 만큼, 장춘익 선생님께 배운 게 많았어요. 특히 〈여성주의철학〉 수업은 페미니스트로서 저의 가장 밑바탕이 되어주는 공부를 했던 유일한 경험으로 남아 있어요. 장춘익 선생님의 수업을 들을 수 있었던 건, '평생의 특권'이었어요!"

★

나를 있는 그대로 받아들이는 내적인 힘

김필규, 2003년 수강, 남, '한살림' 활동가

김필규는 대학생활 동안 장춘익 교수가 개설한 수업을 모두 들었으나, 안식년 때문에 더 많은 수업을 듣지 못한 것을 여전히 무척 안타까워했다. 〈여성주의철학〉 수업을 들은 것도 여성주의에 대한 관심이 아니라, 장춘익 교수의 수업이기 때문이라고 했다. 그에게 수업을 통해 겪은 변화에 관해 물었을 때 부모님이 맞벌이를 하셨는데 퇴근 이후 어머님만 가사노동을 하는 게 이상하게 느껴지기 시작했던 것을 꼽았다. 또 하나, 수업을 듣던 당시에 탈모 문제로 고민하던 이야기를 길게 들려주었다. 그는 수업 만족도에 관한 설문조사 관련 항목(5점 척도)에서 3점이라 표시하며 "장 교수님의 수업은 충분히 만족스러웠으나, 자신은 그만큼 실천하며 살지 못하기 때문"이라고 설명했다. 이와 같은 태도는 뒤에 만나볼 또 다른 수강생인 김재용의 설문조사에서도 비슷하게 발견되는데, 역시나 3점이라고 표시하면서 "남학생들의 태도 때문"이라고 답한 바 있다. 통상 수업 평가를 할 때, 학생들이 교수자의 태도와 전문성을 중심으로 평가하는 것과 달리, 이들은 자신을 포함한 동료들의 태도 또한 평가 내용에 적극적으로 반영했다. 수업을 교수자가 일방적으로 주도하는 것으로 인식하지 않고, 학생들 또한 교수자와 더불어 수업을 구성해가는 한 주체임을 적극적으로 사고한 결과인 듯하다.

김필규는 대학에 와서 가장 놀랐던 사건으로 동아리방에서의 일을 꼽는다.

"동아리방 문을 열고 어떤 여학생이 들어오더니, '오빠, 담뱃불 좀 줘봐!' 이러는 거예요. 저는 그게 대학 와서 제일 충격이었어요. 내가 되게 보수적인 데서 자라서 그랬나 봐요. 나중에 시간이 지나고 보니 그게 아무렇지 않은 일상이고 되게 자유롭더라고요. 대학에 입학해서 처음엔 딱히 성차별이 있다고 느끼진 않았던 것 같아요. 제 주변 사람들이 유난히 그랬던 것일 수도 있지만, 사회학과나 철학과도 여자가 어때야 한다거나 남자라서 어때야 한다고 하는 말들이 별로 없었거든요. 제가 학교 다닐 때는 여자 단대회장도 있었고, 지금처럼 대놓고 혐오 발언을 하는 시대도 아니었으니까요. 물론 뭐 가끔 뒤풀이 자리에서 남자 교수님 옆자리에는 여학생이 앉아야 한다고 말하는 게 있어서, 좀 그렇긴 했지만요."

그는 사회학과 학생임에도 장춘익 교수의 수업을 지속적으로 듣게 된 계기를 물었을 때 이렇게 말했다. "처음 수업을 듣게 된 건, 동아리 선배 추천이었어요. 사회과학 동아리 '깃발'이라는 중앙동아리가 있었는데, 거기에 심리학과 다니던 남자 선배가 있었어요. 그 선배가 장춘익 선생님 수업이 좋다고 하더라구요. 그래서 처음에 〈사회사상사〉인가 하는 수업을 들었어요. 이후에 〈서양근대철학〉을 들었던 것 같고, 그렇게 선생님 수업을 무조건 듣다가 〈여성주의철학〉 수업까지 듣게 된 거죠. 선생님 수업은 되게 정적인 느낌인데도 늘 제 머릿속을 바쁘게 만들었어요. 처음에 수업을 듣고 나서 계속 듣고 싶다, 더 듣고 싶다고 생각했던 것 같아요."

"〈여성주의철학〉 수업을 들을 즈음에, 고민하기 시작한 게 있어요. 부모님이 자영업자고 맞벌이인데, 퇴근 이후에는 왜 어머니만 가사노동을 할까. 그런데 그게 그 수업의 영향이었는지 그전에 들었던 장춘익 교수님의 〈사회정치철학〉 같은 과목에서 평등과 정의를 배웠기 때문인지는 정확하지 않아요. 장춘익 교수님의 〈사회정치철학〉〈역사철학〉〈생태철학〉 등에서 다루는 칸트, 헤겔, 마르크스, 존 롤스 등의 이론이 모두 정의와 평등이라는 주제와 연결되었거든요. 졸업논문 쓸 즈음엔, '여성의 이중 노동이 사라질 수 있을 것인가. 채식을 하는 커플이나 가정은 성평등 지수가 높지 않을까' 이런 걸 가지고 고민했어요. 그게 논문으로 논증될 수 있을 것인가 고민했는데. 어쨌든 저는 페미니즘을 딱히 성역할 구분 뭐 성적 잣대 뭐 그런 '성적 차이에 의한 권력관계의 차이' 그런 걸로만 규정하고 접근했던 건 아닌 거 같아요. 그냥 한 개인이 온전한 존재로서 인정받는 그런 내용으로 이해하고 있어요."

그는 페미니즘을 여성과 남성의 대립 혹은 여성의 차별에 대해서만 다루는 것처럼 이해하는 것은 '오해'라고 강하게 말하면서, 다음과 같은 이야기를 들려주었다. "제가 대학 입학 즈음인 20대 초반부터 탈모가 시작됐어요. 꿈에도 탈모 문제가 나오고, 머리카락이 빠지거나 자라는 꿈을 꿀 만큼 스트레스 상황이었어요. 그렇다 보니 자기 긍정을 하는 게 기본적으로 쉽지 않은 상태인 거예요. 내 모습 자체가 계속 나를 힘들게 하고 있던 상황이라. 그래서 줄곧 모자를 쓰고 다녔어요. 그러다가 〈여성주의철학〉을 통해 페미니즘을 공부하게 되었는데, 거기서 다루는 건 모든 소수자, 그러니까 '권력화된 다수의 어떤 것에서 벗어나 있는 사람들이 모두 저마다의 가치가 있다'는 내용이잖아요. 여성만 차별받는다고 말하는 게 아니고, 다양한 소수자들을 비롯해서 모든 사람이 다 나름 의미 있고 가치 있다는 거잖아요. 그것을 토대로 타인을 존중하고 자기 자신을 존중하는 방향으로 가겠다는 거고. 그게 저에게 엄청 위로가 됐어요. 나중에 군대에 다녀와서는 머리를 빡빡 밀고, 모자 벗고 편하게 다닐 수 있었죠!"

그는 장춘익 교수의 수업 특성에 대해 이렇게 말했다.

"교수님의 수업을 총 5과목 수강했는데, 다른 교수자들의 수업과 다른 지점이 무척 많았어요. 수업 특성이 다른 교수자들의 수업과 달랐지만, 그것을 언어로 설명하는 게 쉽지가 않아요. 무거웠으나 무겁지 않았고, 가벼웠으나 가볍지 않았고, 뭔가 정돈되었으나 자유롭게 돌아다닐 수 있었던 수업이었어요. 무엇보다 '너의 의견은 맞지 않아'라는 말이 존재하지 않던 공간이었어요. 교수자가 진행하려는 수업 방향과 다른 이야기를 하는 학생도 있을 텐데, 대체로 '네 얘기도 괜찮네, 그 이야기를 해볼까?'라고 하셨죠."

"다른 교수님의 페미니즘 수업과도 달랐던 점이 있는데, 한마디로 말하기는 어려워요. 다른 교수님 수업에서도 토론을 하는 경우가 많아요. 이론 강의를 먼저 쭉 하고, 다음에 질문하고 토론하는 시간을 이어가는 수업이 있었죠. 그런데 장춘익 선생님 수업은 이론과 토론이 딱 분리되어 진행되는 게 아니라 자연스럽게 다 녹아있고 연결되어 있었다고 해야 하나. 제가 수업 들을 때는 교수님이 수업내용을 요약한 자료를 나눠주고, 설명하면서 진행됐어요. 설명을 따라가다 보면, 머릿속이 복잡해서 다른 데 정신을 팔 새가 없었고, 늘 입이 간질간질거렸어요. 교수님 이야기에 끼어들어서 뭔가 한마디 하고 싶은데, 그러기에는 머릿속에서 맴도는 생각이 정리가 안 됐거든요. 그런 상태에서 또 새로운 고민이 던져지니까 머리는 바쁘고 입은 근질거리는데 말은 제대로 못하는 순간이 많았죠. 그러다가 가끔 열심히 고민해서 정리한 내용을 말하면, 선생님이 피드백을 해주셨어요. 그러면 내가 정리한 걸 인정받았구나 싶은 생각이 들었어요. 각자의 생각들이 온전히 그 공간에서 같이 고민되고 나눠질 수 있도록 존중해주셨어요. 그래서 그 수업이 참 좋았어요."

"저는 선생님을 통해 '내적인 힘'을 기르게 된 것 같아요. 그리고 '타인을 대할 때의 선'에 대해서도 배운 것 같아요. 제 현재 나이나 사회적 지위를 고려했을 때, 누군가를 간혹 하대할 수도 있지만 그 하대에도 선이 있다는 거죠. 무턱대고 어떤 선을 넘진 않는다는 것, 일반적으로 사람을 대하는 데 있어서 어떤 선이 정해진 것. 이것도 장춘익 교수님의 수업을 통해서 배웠어요. 늘 존중해주시는 태도를 경험하고 보아왔으니까. 제가 탈모를 인정하게 된 게 〈여성주의철학〉 영향도 있었지만, 결국 선생님을 통해 '내적인 힘'을 많이 기를 수 있었기 때문일 거예요. 저의 삶에서 경험한 거의 '유일한 어른'이 장춘익 선생님이셨어요. 저에게 어른은 '나의 존재가 온전히, 있는 그대로 인정받는다는 느낌을 주는 사람'을 의미합니다."

★

평등한 관계를 향한 한 발

김영은, 2009년 수강, 여, 속기사

> 김영은은 〈여성주의철학〉과 〈사회정치철학〉 등 장춘익 교수의 정
> 의와 평등을 다루는 수업들을 통해, 부모님이 늘 이야기하던 '맏딸
> 은 살림 밑천'이라는 말에 의문을 품게 된다. 수업을 들으면서, 띠
> 동갑인 남동생과의 차별에 대해 부모님에게 문제 제기하고 불합리
> 함을 토로했다. 가족 내 성차별에 분개하며, 수업시간 발표 또한
> '결혼계약서 작성'이라는 평등한 부부관계와 연관된 내용을 주제로
> 진행했다. 그러나 막상 결혼을 하고 나니 이상과 현실 사이의 차이
> 를 많이 느낀다며, 무기력감을 호소하면서도 분투를 놓지 않고 있
> 다.

김영은은 수업 내용을 잘 모르는 상태에서 수강하게 됐다며, 가족 안에서의 차별에 대해 이야기했다.

"수업명이 〈여성주의철학〉이잖아요. 그래서 남성 철학자가 절대적으로 많으니까 여성 철학자들을 위주로 하여 배우는 수업인 건가 했죠. 그런데 아니더라고요. 수업 들으면서, 저와 남동생 사이의 차별에 대해 많이 생각했어요. 띠동갑 남동생이 있는데요, 저는 열네 살때 밥하기, 설거지, 청소, 동생 목욕시키기까지 다 할 줄 알았거든요. 그런데 남동생은 열네 살이 되었는데, 그렇지 않았어요. 아무것도 할

줄 모르는 '바보'였어요. 부모님이 딸과 아들에게 기대하는 것 자체가 다르기 때문이었겠죠. 당신들이 외출했다가 돌아왔을 때, 집안일이 쌓여 있으면 저에게만 화를 냈어요. 아들은 할 줄 모른다는 이유로 계속해서 딸인 저에게만 집안일을 책임지게 한 거죠. 부모님이 동생한테는 '너가 밥이나 설거지를 할 필요가 없다, 너는 청소를 잘 할 필요가 없다'는 메시지를 간접적으로 계속 주신 거예요. 그게 문제라고 많이 싸우기도 했는데, 결국 자포자기했어요. 부모 세대를 변화시키는 것은 어렵겠더라고요."

이후에 그는 자신의 결혼관에 대해 적극적으로 생각하게 됐다고 한다.

"저희 부모님은 맞벌이 부부였는데, 어머니가 집안일을 일방적으로 담당했어요. 저나 동생이 아프거나 집안에 무슨 일이 있으면 늘 어머니가 조퇴를 하고 집으로 오셨어요. 아버지는 연차가 남아돌아도 휴가를 내는 법이 절대 없고. 언제나 그런 식이었어요. 수업시간에 제가 발표할 순서가 되어서, 주제를 '결혼계약서'로 했어요. 저는 계약이라는 게 양쪽이 불공평하기 때문에 하는 거라고 보거든요. 한쪽이 경제적으로 부유하다든가 한쪽이 더 기회가 많다든가 아니면 권위가 많다든가 이런 식으로. 마침 그때 가수 브리트니 스피어스가 결혼계약서를 작성한 게 화제가 됐기도 했고요. 수업시간에 발표를 했는데, 부정적인 반응이 너무 많았어요. 학생들은 사랑해서 결혼하는데 왜 계산적으로 계약을 하냐는 거였죠. 저는 페미니즘 수업을 듣는 사람들이니까 열린 마음으로 볼 줄 알았는데, 아니었어요. 어떻게 보면, 남자들한테는 결혼할 때 계약이라는 게 필요 없었던 거겠죠. 그때 장춘익 선생님만 유일하게 흥미로운 주제라고 말해주셨어요. 그런데 결혼계약서가 손해 보지 않으려는 계약서인지, 평등한 관계를 위한 계약서인지는 많이 생각해볼 필요가 있겠다고 하셨던 것 같아요."

그는 선생님에 대한 기억을 이렇게 회상했다.

"연구실에 자주 놀러갔어요. 약속하고 가는 게 아니라, 그냥 이야기하고 싶을 때. 저뿐 아니라 많은 학생이 그랬어요. 선생님이 전혀 어렵지 않았어요. 음료수 같은 거 들고 가면 가져오지 말라며 되게 뭐라고 하시고…. 저희가 야외수업도 많이 하고, 선생님이랑 맥주도 자주 마시고. 그런 문화가 있다 보니, 선생님이 편했던 것 같아요. 선생님은 온갖 것에 대해서, 다 재밌고 흥미로워하셨어요. 아무래도 선생님이 보시는 책들이랑 저희가 보는 것들은 좀 다르니까. 얼마 전에도 〈며느라기〉라는 웹툰이랑, 일본영화인 〈도망치는 것은 부끄럽지만 도움이 된다〉라는 걸 봤는데. 선생님한테 이 콘텐츠들에 대해 이야기하면 되게 재밌어하셨겠다는 생각이 들었어요. 어떻게 생각하실까 궁금해지고…. 저도 나이가 들다 보니 꼰대가 되지 않는 게 힘들던데, 선생님은 나이든 남자인데도 어쩜 그렇게 여자들이 차별받는 이야기를 잘 이해하고 그랬을까 싶어요."

현재 결혼을 한 김영은에게 대학생 때 생각했던 결혼관이 실현되고 있는지 물었다.

"현실은 많이 다르더라고요. 결혼하고 첫 명절에 시부모 집에 갔을 때 시어머니가 밥을 차려주셨거든요. 그래서 나머지 구성원들이 함께 치우고 설거지를 할 거라고 생각했어요. 차려준 밥을 얻어먹었으면 치우는 게 인지상정인데, 그렇지 않더라고요. 시아주버니는 식사를 마치자 자연스럽게 소파에 가서 티브이를 보고, 남편도 설거지를 안 하고…. 그런 상황에서 제가 '왜 일 안 하세요?'라고 말할 수 있을 줄 알았거든요. 그런데 막상 상황이 되니까 못하겠더라고요. 그리고 명절 때마다 저희가 시가를 먼저 방문하거든요. 그래서 남편에게 처갓집도 가까운데 다음엔 처갓집부터 가자고 했는데 안 되겠다고 하더라고요. 저희 시부모님이 연세가 많으신 편이라, 힘드실 거라고. 남편은 부모를 자신이 어쩔 수 없으니 우리 자식 때부터 문화를 바꾸자고 하더라고요. 저는 제 아이가 결혼하지 않기를 바라고 있어요. 이게 몇십 년 사이에 바뀔 수가 없는 거 같거든요."

"제가 임신 중이고 맞벌이인데, 출산을 하면 둘 중에 하나는 쉬면서 애를 봐야 하잖아요. 근데 당연히 내가 쉬어야 한다는 생각을 하고 있는 거예요, 제 스스로가. 수입이 제가 적다는 이유로. 그리고 모유 수유도 제가 가능하니까. 남편이 나보다 애를 못 볼 거 같다는 생각도 들었고. 결국, '차별이라는 게 타인이 굴레를 만들 수도 있고, 스스로 유리천장을 만들 수도 있구나'라는 생각이 들었어요. 그리고 최근에, 드디어 새로운 규칙을 만들었어요. 사람이 퇴근하면 집에 와서 청소도 해야 되고, 밥도 해먹어야 되고, 설거지도 해야 되잖아요. 내가 밥을 하면, 남편이 설거지를 해야 될 것 같은데 안 하고 있었단 말이죠. 청소도 안 하고…. 그래서 앞으로는 남편이 밥을 하기로 했어요. 청소나 설거지는 미룰 수 있어도 밥은 미루지 못하는 일이니까."

페미니스트 연대로 나아가는 기회

이선구, 2013년 수강, 남, 공무원

이선구는 학군단 생활을 시작하면서 만난 '일간베스트(일베)' 성향의 구성원들에 대한 거부감 때문에 적응하기 어려워할 즈음, 〈여성주의철학〉 수업을 신청하게 되었다고 한다. 수업을 통해 처음 페미니즘을 접하면서 자신의 불편함과 삶을 설명할 언어를 찾게 됐다고 한다. 뿐만 아니라 장춘익 교수의 다른 수업들을 두루 함께 들으면서 세상을 인식하는 틀을 갖게 되었다고 회고한다. 〈여성주의철학〉 수업을 들으며 함께 토론했던 동료들과는 모임을 꾸려 현재까지 관계를 이어오고 있는데, 직장생활을 비롯한 일상에서 젠더 문제와 관련해 생기는 고민을 이 모임을 통해 학습하고 토론하는 방식으로 풀어나가고 있다고 했다.

이선구는 2012년에 학군단 생활을 시작하게 되었는데, 학군단에

'일베' 성향의 학생들이 많이 있었다고 말한다.

"학군단에서 일상적으로 쓰는 단어나, 농담처럼 하는 말들이 저는 좀 많이 불편했어요. '김치녀'라든가, '여자는 3일에 한 번씩 패야 말을 듣는다'라는 말을 자주 하기도 했고. 순화해서 말하자면 '얘는 도구처럼 쓰이다가 버려질 애'라는 둥…. 여성을 사람으로 대하는 느낌이 아닌 거예요. 철학과 내부에도 그런 성향을 가진 남자들이 일부 있던 걸 보면, 일베 문화가 굉장히 널리 퍼져있는 시절이었던 것 같아요. 그래서 친구들과 어울리는 게 힘들었는데, 어떤 부분이 잘못된 건지 제가 이런 문화를 기피하려고 하는 이유가 뭔지 좀 명확하게 알고 싶어지더라고요. 그래서 〈여성주의철학〉을 기쁜 마음으로 수강하게 됐습니다."

"학생들이 일상에서 쓰는 말이나 겪는 일들을 가지고, 자연스럽게 수업과 연결해서 몰입할 수 있게 해주셨어요. 이론만 알고 끝나지 않도록, 생활 속에서 적용할 수 있는 질문들을 많이 던져주시기도 했고요. 하루는 수업시간에 '여성이니까 약하다'는 명제에 대해서 생각해볼 수 있었어요. 이전 시대에서는 그렇게 여성을 바라봤다면 그게 여성이라서 힘이 약하다는 결과가 아니라, 사실은 원인과 결과가 뒤바뀐 상태로 사람들이 그걸 만들어낸 게 아닌가. '약한 사람은 여성이다'라는 어떤 프레임을 문화나 사회적으로 조성해놨기 때문에, '우리가 원인과 결과를 뒤바꿔서 지금 인식하고 있는 거 아닐까'라는 질문을 할 수 있게 해주셨어요. 그래서 졸업 후 사회생활을 하면서 인간

관계를 이어오는 중에 한 번씩 원인과 결과를 한번 바꿔보고. '혹시 나 내가 그런 결과를 원해서 원인을 그런 식으로 만들어낸 게 아니었을까'라는 생각도 하게 됐고요. 많은 질문을 저한테 던져주셨던 거 같아요. 돌아보면 제 '스탠다드'가 성립될 수 있었던 건 〈여성주의철학〉을 듣고 난 다음이었던 것 같아요.

"물론 수업을 들은 이후에 좀 불편해졌다고 해야 하나, 그런 것도 있어요. 사람을 대할 때 좀 어려워졌어요. 특히 소개팅이 힘들었어요. 상대방에게 하는 질문이 그 자체로 실례가 되는 건 아닐지. 제가 처해 있는 상황이나 남성으로서 어쩔 수 없이 지니게 된 '지위'에 가부장적인 힘이 작용해서 상대방의 행동을 규제하고 있는 건 아닐지. 조심스러워져요. 직장생활을 하면서 초면인 사람을 대하게 될 때 말이 없는 사람이 되기도 하고요."

"장춘익 선생님은 굉장히 안정된 온화함을 지니고 계셨던 것 같아요. 항상 학생들의 어떤 말이든 깊게 들어주시고. 어느 날은 강의실에 갔더니, 칠판에 '오늘은 날이 좋으니 봉의산 뒤쪽으로 올 것.' 이렇게 쓰여있어요. 애들하고 좋아서 거길 가면 수업을 하는 게 아니라, 교수님의 이야기를 듣거나 학생들에 대한 간단한 일상 이야기를 나누면서 그 수업 자체를 즐기곤 했어요. 이를테면 선생님이 저한테는 영화 〈죽은 시인의 사회〉에 나오는 '캡틴' 같았어요.

수업에서의 어려움이나 불만은 없었는지 물었다.

"있었죠. 학생들에게 맞추려다 보니 너무 수준을 낮춰서 수업을 하시는 게 아닌가 싶었어요. 저희가 조금 더 깊게 들어가주길 바라는 부분도 있었거든요. 학생들의 이해 정도를 계속 고려하려다 보면 수업 진도가 적게 나갈 때도 있어요. 그래서 술자리에서 교수님한테 말씀을 드렸는데 장춘익 교수님은 그저 웃으시더라고요. 약간 이해한다는 식으로. 그러면서도 섣불리 말씀하진 않으시더라고요."

수업을 들으면서 인상적으로 남아있는 다른 동료의 반응에 대해 물었을 때, 일베 성향의 학군단 선배에 대해서 말했다.

"그 선배는 수업에서 '여성과 남성은 결국 다르지 않다, 결국엔 젠더로 성역할을 구분한 거지 다르지 않다'는 내용을 듣고도, 수업이 끝나면 친구들이나 후배들한테 '여자는 성적 대상화를 해야 한다'거나, '3일에 한 번씩 남자가 패줘야 한다'는 둥의 말을 했어요. 수업에 대한 반발심을 실어 더 과하게. 오히려 그 반발심 때문에 일베 성향이 짙어진 느낌이랄까요. 그래서 '아, 이 사람들은 정말 교화가 안 되는구나' 생각했어요. 같은 철학과였는데 그 선배는 폭력을 일삼는 사람이기도 해서, 그 뒤로는 제가 아예 연락을 끊어버렸어요."

그는 수업 이후에도 계속해서 페미니즘적 질문을 나누고, 자신을 확장시켜주었던 동료들에 대해서도 자세히 들려주었다.

"철학과에서 여성주의 소모임 활동을 하던 효정이를 비롯해서 〈여성주의철학〉수업을 같이 들었던 몇몇 친구들과 지금까지도 연락하며 지내거든요. 제가 페미니즘 관련해서 궁금하거나 고민이 생기면 그 친구들하고 이야기를 많이 해요. 예전에 군대에 있을 땐데, 생일날이었어요. 선임들이 좋은 데 데려가주겠다면서 이상한 골목으로 데려간 일이 있었어요. 뭔가 이상하다 싶어서, 그냥 몸이 안 좋아서 먼저 가겠다고 하고는 빠져나왔어요. 그다음 날부터 한 달 정도 약간 소외당하고 있다고 느꼈던 거 같아요. 그런데 군대 안에서는 그런 걸 말할 수가 없어요. 그러면 좀 예민하고 녹아들지 못하는 사람처럼… 물론 잘 녹아들지 못했죠. 그때 효정이와 그 친구들에게 이야기했고, 그 친구들이 함께 분노해주었고, 여러 현상에 대해 좀 더 깊게 논의할 수 있게 되고 그랬어요. 그리고 배우 유아인의 '애호박 사건'이 있었을 때도 그랬어요. 그 사람이 SNS에 페미니즘을 구분하고 비난하는 문구를 올려서 논란이 된 사건이었는데, 당시에 저는 그게 왜 문제인지 잘 이해하지 못했거든요. 휴가 나오면 여러 가지 이슈를 가지고 효정이랑 친구들한테 질문하고 토론하고 그랬어요. 저 혼자 생각해서는 도달할 수 있는 한계가 너무 명확했으니까요. 그 친구들과 마음을 터놓고 생각을 나누면서 제 사고가 고착되지 않기를 바랐어요. 제대하고 친구들한테 추천받아서 『나쁜 페미니스트』를 읽기도 했어요. 제가 사는 지역에서 페미니즘 강연 같은 게 열리면 친구들이 꼭 알려줘요. 그래서 한번씩 강연을 들으면, 〈여성주의철학〉 수업의 연장인 기분도 들고. 계속해서 '닫힌 문'을 두드리고 질문하고 분노하는 동료들이에요."

★

열린 대화가 이끈 태도의 변화

이민하, 2013년 수강, 여, 디지털 마케팅 캠페인 기획자

이민하는 철학과에서 '대놓고 일베를 하는 남학생들'을 목격하고는 광고홍보학과로 전과했다. 그러나 전과 직후 장춘익 교수의 수업을 처음으로 들은 뒤, 계속해서 그의 수업을 듣게 되고 이후 철학을 다시 복수전공한다. 그는 수업방식과 선생님의 태도에 대해 인상 깊게 기억하고 있었다. 자신의 직업 영역에서 성별 고정관념을 답습하지 않으려고 부단히 노력 중인 것도 그 수업들로부터 비롯된 것 같다고 했다. 뿐만 아니라 수업을 통해 인간관계에도 영향을 받았다고 말했다.

이민하는 수업이 특이했다는 말로 이야기를 시작했다.

"매번 글쓰기 주제를 주셨거든요. 예를 들면 '여자는 ○○이다' '남자는 ○○이다' '선생님은 ○○이고, 나는 ○○이고, 사랑은 ○○이다'라는 식으로 '○○이다'를 한 줄로 채우고, 그 밑에 설명을 쭉 쓰게 했어요. 그리고 자신이 써온 것을 수강생 숫자만큼 프린트해와서 수업시간에 나눠주고 다함께 읽었어요. 솔직히 이게 처음에 들었을 땐 별것 아닌 주제였거든요. 그런데 성별에 따라 많은 차이가 났고, 그런 것들이 글에서는 너무 쉽게 보이는 거예요. 교수님이 그냥 글만 써오게 하는 게 아니라, 써온 내용을 수업 주제로 연결해서 전개 시

키시더라고요. 근데 그게 너무 자연스러워서 듣다 보면 자기도 모르게 빠져드는 거예요, 수업에.”

“교수님은 늘 질문을 하셨어요. 왜 그렇게 생각하냐고요. 기저에 가지고 있는 관념이나 생각에 대해서 다시 물어보는 거죠. 그러면 학생이 ‘이만하고 저만해서 이렇게 생각합니다’라고 하면서, 예를 들면 자신의 어머니 노동 이야기 같은 걸 사례로 들어서 설명하는 거예요. 그럼 교수님이 그 주제와 연결된 사회 전반에 대해 짚어주는 식이에요. 그러면 ‘사회가 이런 식으로 되어 왔기 때문에, 노동시장이 젠더화된 방식으로 분리되었던 거구나’ 하고 이해되기 시작하는 거죠. 그러고 나면 ‘아, 내가 애초에 왜 그렇게 생각을 했었지. 나도 모르게 무의식적으로 저런 배경에서 생각을 했나 보다. 가부장적인 사회에서 자라서 그런 것도 있겠다’ 이런 걸 스스로 인식하게 해주셨어요. 수업을 늘 거기서부터 시작했던 거죠, ‘왜 그렇게 됐을까?’ 그래서 나중에 수업 끝날 때 보면, 좀 다른 생각을 가졌거나, 마초적인 생각을 하던 친구들도 생각이 많이 열리고, 엄청 달라져있는 거예요. 생각도 그렇고 질문도 그렇고. 물론 저도 그랬고요.”

“제가 전과한 단과대학 교수님들도 좋은 분들이 많긴 한데, 수업을 듣다 보면 ‘아, 이 수업 되게 오래됐구나’ 하는 느낌을 많이 받았어요. 똑같은 과목을 20년 동안 강의하고, 교재나 자료도 10년, 15년 된 걸 가지고 하시니까요. 근데 이 수업은 당시 14년이나 된 수업인데도 얼마 안 됐다고 느꼈어요. 너무나 트렌드에 맞춘, 그때 사회에 딱 맞는 이야기들로 구성되어 있었거든요. 장춘익 선생님은 매번 직접 만드신 PPT 자료를 썼어요. 최근 벌어진 이슈를 가져와서 '이건 왜 그랬을까?' 하고 물어보시니까 너무 흥미롭고, 늘 현재진행형인 수업이 되었던 거죠."

"그때 봤던 중간고사 시험지를 찾았는데, 마지막 문제가 이거였어요. '낙서하십시오. 아주 과감한 낙서라도 좋습니다. 점수 무관.' 이 문제의 의미를 이제야 알겠더라고요. 억압되어 있던 것을 한번 다 쏟아내 보라는 의미였던 것 같아요. 수업 들으면서 다들 하고 싶은 말이 정말 많았거든요, 토론하다가 끊겨서 말 못 할 때도 많았고. 저는 당시에 대충 메모해놓은 거 보니까, 좁게는 나의 인생에 영향을 줬고, 넓게는 나의 아이들 그리고 나와 엮여있는 사람들 전체에게 영향을 줄 것 같다고 적었던 게 기억나요. 지금 생각해보면 당시의 수업 내용뿐만 아니라, 수업에서 배운 태도도 지금까지 굉장한 도움이 되고 있어요. 다른 사람을 설득할 때도 일방적으로 내 지식을 전달하거나 이게 옳다고 말하는 게 아니라, 상대방 이야기를 듣고 나서 질문하고 그렇게 하니까 파급력도 더 커지더라고요. 선생님이 그랬거든요. 늘 자신의 생각을 먼저 말하기보다는 학생들의 이야기를 듣고 난 후에 질문을 하셨어요."

이민하는 이 수업을 듣지 않았다면 현재의 업무 관련해서도 다소 달랐을 것이라고 말한다.

"광고 기획을 할 때 성 고정관념이나 성차별적인 아이디어를 민감하게 캐치하려고 해요. 차별적인 부분이 없어야 하니까요. 예를 들어 여성캐릭터를 주방에 있게 하거나 몸의 곡선을 과도하게 강조한다거나 하는 구성이 오면 수정을 하는 거죠. 최근 한 음향회사 광고가 여성은 주방, 남성은 서재에서 음악을 듣는 구성으로 만들어져서 비판을 받았거든요. 그걸 보면서, 못 배워서 저렇구나 했어요. 저도 이 수업을 듣지 않았다면 비슷한 기획서를 낼 수도 있었을 거예요. 실제로 제가 대학 때 국제광고제에 출품한 작품들을 보면 〈여성주의철학〉 수업을 듣기 전이어서인지 약간 성차별적인 콘텐츠들도 보이더라고요."

"아직도 기억나는 게, 제가 철학과를 떠나게 된 이유가 학업적인 것도 있지만 당시 학과에 대놓고 '일베'를 하는 사람들이 정말 많았어요. 컴퓨터로도 보고 잠깐 인터넷 한다고 핸드폰 빌려달라고 해서 줬더니 그걸로 일베 보고…. 일베 용어를 일상적으로 쓰면서 농담이라고 한다든가, 성희롱적인 발언을 하는 사람도 정말 많았고요. 그게 너무 싫었거든요. 싸우느니 떠나자 싶어서 전과를 해버렸어요. 일베 하는 선배들 중에 장춘익 교수님 수업 듣고 전부 A⁺ 맞고 조기 졸업한 사람도 있어요. 하지만 그런 사람도 교수님 수업에 대해서는 절대 함부로 말을 못하더라고요. 교수님이 남자고 존경하는 마음도 있고 그래서였겠죠. 하지만 평소에는 정말 언어 성희롱도 많이 하고…. 너무 유명했어요."

"〈여성주의철학〉을 듣기 전에는 사람들이 여성과 남성의 차이를 두고 생각한다는 것 자체를 몰랐어요. 문제가 불거질 때면 그저 소수의 사례가 아닐까 생각했어요. 제가 동아리를 여러 개 해서 여기저기 많이 다녔거든요. 그런데 페미니즘 책을 들고 가면 남자 선배들 반응이 매번 비슷했어요. '이게 뭐냐', '왜 이런 걸 들고 다니냐', '너 이런 거 하냐', '그런 거 들고 다니면 못쓴다'…. 제가 춘천 사람이라 이 책을 들고 춘천 곳곳을 다녔거든요. 그런데 오히려 나이 드신 분들은 별 반응이 없었어요. 유독 학교에서만 심하게 반응하더라고요. 제가 페미니즘에 대해서 아냐고 물어보면, 다들 들으려고도 안 하고 자기 이야기만 하고…. 나중에는 설명하기도 지쳐서 책 뒤표지가 보이도록 돌려놓고 그랬어요. 저는 그 사람들이 페미니즘에 관해 배워본 적이 없어서 그런 거라고 생각해요. 요즘 같은 젠더 사고가 터지진 않았지만, 우리 때도 계속해서 쌓여가고 있었다고 생각해요. 지금은 더 심해졌죠. 강남역에서 페미니즘 책 들고 다니면 계란 맞지 않을까 싶은 세상이 돼버렸어요."

★

페미니스트 페다고지의 롤 모델

손희진, 2015년 수강, 여, 성평등교육 활동가/페미니즘 웹진 필진

손희진은 사회학과에서 철학과를 부전공했다. 사회대 전공수업으로 여성학 수업을 들은 바 있으며, 이후 철학과 〈여성주의철학〉 수업을 들었다. 두 수업은 교재가 동일했으며, 따라서 이론적인 내용은 비슷했다고 한다. 그는 두 수업의 차이를 강의식과 토론식으로 구분했으며, 수업방식이나 학생들의 태도에 대한 내용을 많이 들려주었다. 그는 대학원에서 여성학을 전공한 뒤 현재 성평등교육 활동가로 일하고 있는데, 〈여성주의철학〉 수업을 통해 의미 있는 영향을 받았다고 한다.

손희진은 장춘익 교수의 수업에 대해, 신기하고 신선했다는 이야기를 자주 했다.

"교수님이 한번은 성매매 합법화, 비합법화 문제를 두고 인터뷰한 영상을 틀어놓고 너희들은 어떻게 생각하느냐고 물어보셨어요. 아마 저희 과 수업이었다면 아무도 의견을 말하지 않았을 거예요. 일부 남학생들은 '어차피 답은 정해져 있는데 뭘 말하냐'는 생각에 말을 안 했을 거고, 보통은 의견을 발표하는 분위기가 아니었기 때문에 아마 조용했을 거예요. 그런데 여기 수업에서는 학생들이 되게 자유롭게 말을 많이 하더라고요. '무슨 저런 '빨은' 말을 해?' 그런 거까지 자연

스럽게 말하는 걸 보고 되게 신기했어요. 일부 남학생들이 '성매매가 있어야 남자들이 성욕을 풀 수 있지 않냐'는 얘기를 하면서 합법화를 주장하더라고요. 사실 그런 생각을 머릿속에 갖고 있어도 똑똑한 페미니스트 여학생들이 가득한 상황에서 그걸 실제로 내뱉기 쉽지 않잖아요. 그런데 또 교수님은 화를 내는 게 아니라 '너는 그렇게 생각하는구나' 하면서 넘어갔어요. 말하는 학생들이나 교수님의 반응이나 둘 다 되게 신기했어요. 우리 과였으면 교수님이 막 받아치고 격렬하게 논쟁이 오고 갔을 것 같거든요."

"저희 사회대 교수님은 여성학을 전공한 사람이고 본인이 추구하는 어떤 방향과 입장이 있어서 수업을 들을수록 명확해지고 '저게 맞는 거구나' 하면서 따라가게 되거든요. 저희는 수업에서 한 번도 토론을 해본 적이 없었어요. 그런데 장춘익 교수님은 항상 많이 물어보셨던 것 같아요. 교재나 어떤 텍스트에 대해서도, '이 텍스트는 이런 입장을 가지고 이렇게 이야기하고 있는데, 너네 생각은 어때?' 하고 물으면 학생들이 자유롭게 의견을 말하는 분위기였어요. 그리고 여학생들이 되게 똑똑했던 것도 기억나요."

"선생님이 하셨던 질문 중에 좀 기억에 남는 게 있어요. 구체적인 토론 주제는 생각이 안 나는데, 뭔가 일자리 관련한 토론이었어요. 토론을 하면 교수님은 사회를 보고, 토론에 개입을 하는 경우는 잘 없거든요. 그런데 가끔 중간에 불쑥 질문을 하실 때가 있어요. 각각의 포지션에 대해. 그날은 여성들이 일을 할 때 책임감이 없다는 편견이 있는데, 어떻게 반박할 수 있는지 물어보셨어요. 여성들이 일터에서 느끼는 책임감이 남성들과 비교해 다르지 않냐, 여성들은 잠깐 일하고 해외여행 갔다 와서 다시 일하고 그런 문화가 있는 것 같은데, 이런 문화에 대해 어떻게 생각해볼 수 있겠느냐고요. 그때는 왜 이런 질문을 하는 거지? 싶어서 당황했었어요. 좀 생소한 질문이라서. 근데 나중에 생각하게 된 거죠. 교수님은 무엇을 말하려고 수업을 여는 게 아니라, 우리가 속으로만 갖고 있는 생각들이 터져 나오도록, 밖으로 꺼내지도록 하기 위해 계속 질문을 던지셨던 것 같아요."

손희진은 수업을 통해 다양한 입장과 남학생들의 이야기를 들은 게 큰 도움이 됐다고 한다.

"저는 1학년 때부터 여성학 수업을 들었고, 학과 남자 선배와 동기들을 좋아하지 않았거든요. 말을 거칠게 하고 싸가지 없게 하는 편이어서 건들지 않는 편이었어요. 제 앞에서 아예 페미니즘 이야기를 꺼내지 않는 거예요. 학과에서 토론 동아리를 했었는데, 거기서도 페미니즘 관련한 주제는 한 번도 꺼내지 않았어요. 그래서 남학생들과의 갈등 같은 게 없었고. 그때 사귀던 애인하고 그런 이야기는 많이 안 했어요. 그러니까 남학생들의 생각이 어떻고 어떤 갈등이 있는지가 아예 저한테는 없는 개념이었거든요. 근데 이 수업을 들으면서 아직 이렇게 생각하는 남학생들이 많다는 걸 알게 된 거죠. 수업 내용이 너무 좋았던 것보다도, 학생들의 어떤 역동을 볼 수 있었고, 남학생들의 이야기를 듣는 게 저한텐 되게 신선했던 거 같아요. 솔직한 이야기들이요. 대학 다니면서 아예 처음 접한 분위기였다고 해야 하나?

제가 대학원 연구계획서에 남성성, 남성문화와 관련해 써서 냈던 기억이 나요. 만약에 이 수업을 듣지 않았다면, 강남역 살인사건이나 '일베' 같은 문화적 현상이 내 일상 속에 널려있다는 것을 머리로만 알고 있었을 것 같아요. 수업을 통해 '어 그렇구나, 내 아주 가까운 곳에 이런 생각을 하는 학생들이 생각보다 되게 많구나'라는 걸 알게 됐어요. 피부로 깊이 체감하게 된 거죠."

"당시에는 배웠다고 생각하지 못했는데, 지금 성교육 관련해서 강사로 일하다 보니까 느끼는 게 많아요. 그 수업 전까지는 이렇게 얘기를 듣는 건 의미 없는 거라고 생각했어요. 서로의 언어가 완전히 다르고 생각은 바꿀 수 없다고 믿었거든요. 그러니까 그런 사람들이랑 대화하는 게 부질없게 느껴졌고. 근데 교수님은 그걸 다 듣고, '그렇게 생각할 수도 있어'라고 호응해주셨기 때문에, 학생들이 더 자유롭게 많은 이야기들을 할 수 있었던 거 같거든요. 결국 그게 지금의 저에게 많은 도움이 되고 있어요. 교육을 하면서 말이 안 되는 얘기를 들으면 너무 짜증이 나고 중간에 자르고 싶지만, 그럼에도 잘 들어야 하거든요. '이 말을 들은 다음에 어떤 이야기를 해야, 이 학생이 속내를 더 드러낼 수 있을까'라고 하는 것들을 생각해야 하거든요. 교수님의 그런 태도 자체가 저에게는 큰 본보기가 됐어요. 이 인터뷰

하러 오면서 생각해보니, 교수님은 그때 무슨 생각을 하셨을까, 힘들지 않으셨을까 그런 생각이 들어요."

"제가 최근까지 그 페미니스트 페다고지 관련해서 세미나를 했어요. 저는 대학원에서 교육이나 교육방법론 관련 수업을 들어본 적이 없어서 강사로 활동하며 힘든 점이 많았거든요. 강의를 진행하면서 너무 화가 나고, 수업이 잘 안 되면 다 내 잘못인 것만 같고…. 기술적인 부분이 많이 부족한 것 같아서 세미나를 시작했는데, 그 세미나에서 중요시한 게 비폭력 대화였어요. '말을 제대로 듣는 것, 수업을 학생들과 같이 만들어가는 게 굉장히 중요하다' 그런 메시지였는데. 장춘익 선생님이 바로 그런 수업을 하셨던 분이에요. 제가 아무리 혼자 열심히 말해도 학생들이 참여해주지 않으면 수업이 성공적이기 힘들잖아요. 근데 교수님은 어떻게 하면 학생들 속에 감추어진 이야기를 꺼내고 표현할 수 있게 할지 되게 많이 고민하셨던 거 같아요. 이런 방식으로도 여성주의적 입장이나 이슈를 다룰 수 있다는 걸 그때 배웠어요. 장춘익 교수님의 수업을 듣지 않았다면, 강사로서의 어떤 역할, 평등한 수업을 만들어가는 롤 모델을 찾지 못했을 거예요."

★

닮고 싶은 선배 교육자이자 어른

박지유, 2017년 수강, 여, 교육사업 종사자

박지유는 〈여성주의철학〉 수업을 통해 불편하게 느꼈던 것들을 불편하게 느껴도 된다는 것, 막연했던 불편함이나 부당함에 대해 설명할 수 있게 되었다고 말했다. 교육 쪽에 관심이 많아서 〈여성주의철학〉 수업 이외에 장춘익 교수의 철학과 교직이수 과목을 모두 열성적으로 수강하고, 교생실습을 하며 가르치는 것의 어려움을 배운다. 또한 졸업 후 철학과 조교로 일하면서 학과의 다양한 문제에 관해 장춘익 교수와 함께 논의했던 이야기 등을 종합적으로 들려주었다.

박지유는 장춘익 교수의 태도와 특성에 대한 이야기를 많이 들려줬다.

"교수님 특유의 분위기가 있었어요. 많은 수강생들이 있어도 분위기를 압도하는 침묵의 분위기 같은 거요. 그 학기에는 80명이 들어가는 계단식 대형 강의실에서 수업이 열렸는데, 다양한 생각을 가진 친구들, 개성이 뛰어난 친구들이 많이 모였었거든요. '페미니즘을 배척하자'라거나 반대로 '페미니즘을 더 강하게 주장해야 한다' 아니면 '양측이 겨루는 걸 지켜보자'라고 하는 등 다양한 부류가 있었어요. 저 같은 경우는 잘 모르는 쪽에 가까웠고요. 그런데 그런 걸 다 누를 수 있는 그런 침묵을 쓸 수 있는 분이어서, 그 분위기가 많이 생각나요. 그때까지 들었던 수업들 중에 토론이 제일 많았던 수업이었는데, 그렇게 다양한 의견들이 공존하는데도 굉장히 안전한 토론 공간이라는 느낌이 들었어요. 사실 수업이라고 하면 강의를 듣고 뭔가 입력하는 시간에 가깝잖아요. 근데 이 수업은 입력보다는 내가 가진 생각들을 점검하고 공유하는 과정에 좀 더 가까웠던 것 같아요."

박지유는 〈여성주의철학〉을 들었던 학기 동안, 줄곧 페미니즘에 대한 이야기를 하며 보냈다고 했다.

"그 학기에 저와 제 주변 친구들에게 이 수업 내용이 큰 이슈였어요. 수업시간에 토론하면서 미처 하지 못한 이야기들을 수업 끝나고 계속하는 경우도 많았어요. 예를 들면 성매매로 수업시간에 토론을 했는데, 끝나고도 소모임이나 친구들과의 술자리에서 성매매에 대해 계속 토론을 이어가는 거죠. 집에 가서도 가족들에게 계속 이야기하게 되고요. 저는 당시에 사귀던 남자친구도 수업을 함께 들었는데, 같이 밥 먹을 때도 수업의 연장처럼 이야기했어요. 친구는 섬세한 편이었고 공감도도 굉장히 높은 성격이었는데, 수업을 들으면서 좀 더 깊이가 생겼던 것 같아요. 같이 수업을 들으며 사이가 더 좋아졌어요. 그리고 이 수업을 들으면서, '내가 미처 생각해보지 못했던 것들까지도 불평등의 요소가 될 수 있구나'라는 걸 많이 느끼게 됐어요. '이게 불편해도 되는구나'라는 것도 많이 느꼈고요. 그리고 부당하다고 느끼게 되는 문제에 대해서 왜 부당한지, 왜 불편한 마음이 드는

지, 이게 왜 잘못되었는지에 대해서 말할 수 있다는 걸 좀 더 인식하게 되었어요. 지나고 나서 생각해보니까, 수업 때는 제대로 공감하지 못하다가, 나중에 알게 된 것도 있어요. '유리천장' 개념도 그때는 깊이 공감을 못했거든요, 학생이었으니까. 그런데 막상 사회에 나와 보니까 정말 팀장 중에 여자가 적은 거예요. 학교 안에서도 조직들을 보면 높은 직급은 다 남자예요. 교수님도 남자, 철학과 선생님들도 다 남자, 남자들. 그런 문제들을 점점 더 인식하게 되기도 했어요."

그는 장춘익 교수가 강의한 교직이수 과목을 들었던 경험도 자세히 들려주었다.

"제가 교육 쪽에 관심이 많아서 교수님이 강의하는 교직 관련한 세 과목을 모조리 수강했어요. 교직 수업을 이수하면 철학교사 자격증이 나오거든요. 장춘익 교수님의 교직 수업이 재미있다고 소문이 나서 수강생이 되게 많았어요. 그런데 그 수업은 교직이수 신청자에게는 학점으로 인정되지만, 전공 학점으로는 인정이 안 됐거든요. 그런데도 전공 학점 인정 못받아도 듣겠다는 학생들이 몰려드는 수업이었어요. 책상을 둥그렇게 배치해서 백퍼센트 토론식으로 진행되었는데, 되게 부담 없이 룰루랄라 재미있게 참여할 수 있는 분위기였어요. 학생의 경험이 수업 구성의 주 내용이었는데, 정말 어떤 이야기도 다 허용이 됐어요. 교수님은 학생들 개개인이 자신의 지식과 경험을 살리는 것을 우선시했거든요. 그러면서도 자기 언어로 스스로 사유할 수 있도록 수업을 이끌었던 것 같아요. 학생들의 경험을 이론이랑 연결하는 방식도 정말 노련하셨고요. 수업을 계속 그렇게 만들어 가기 위해 정말 많이 노력하시는 게 보였어요. 보통 수업 듣기 전에 선배들한테 대략 내용을 듣잖아요. 그런데 장춘익 선생님 수업은 선배들에게 수업 내용을 미리 들어도, 실제 들으면 내용이 또 달랐어요. 그래서 언제나 궁금해하며 기다리게 되는 수업이었던 것 같아요.

"교생 실습을 나가기 전에 선생님이 스파르타식으로 지도해주셨어요. 예닐곱 번 이상 선생님 앞에서 반복적으로 수업 시연을 했는데요. 선생님이 어떤 때는 너무 재미가 없다고, 학생들이 잘 것 같다고 지적해주셨어요. 한번은 이게 실전이면 학생들 기에 눌려서 네가 바들바들 떨며 걸어 나가겠다고 하시는 거예요. 그렇게 지적을 받으니까 무서워서 진짜 열심히 준비하고, 새로운 방식을 고민하게 되고 그랬어요. 단 한 번도 수업을 '이렇게 해라, 저렇게 해라' 하는 식으로 말씀하지 않으셨어요. 다른 수업 때도 그랬듯 정답을 쥐어주지는 않으셨어요.

이후에 교생을 나가게 되었는데, 덜 어려운 거예요. 수업 시연을 할 때 너무 어려웠기 때문에. 그래서 교수님한테 배웠던 것들을 활용해가며 다양한 시도를 해볼 수 있었어요. 한번은 토론 수업을 시도해봤는데, 진짜 어렵더라구요. 학생들이 어느 지점에서 말할지 모르니까, 교수자가 정말 다 알아야 하더라구요. 가르치는 입장에서, 토론 수업의 어려움을 뼈저리게 경험한 거죠. 나중에 교수님한테 가서 그 토론 수업 진행 경험에 대해 말씀드렸었거든요. 그때 교수님 표정이 아직도 생생히 기억나요. 웃으시면서, '이제 좀 알겠지?'랄까, 약간 이런. 토론 수업이 교수자에게도 쉬운 일이 아니라고 하시며, 제 마음을 헤아려주셨어요. 나중에 실습 나갔던 학교에서 제가 학생들이랑 소통을 잘했다는 피드백을 받았어요. 대부분은 일방적인 분위기에서 강의식으로 수업이 진행되는데, 학생들이랑 상호작용이 잘됐다고 말해주시더라고요. 장춘익 선생님을 보며 느꼈던 것들이 자연스럽게 나왔던 것 같아요. 학생들과 긍정적인 관계를 맺는 것, 신뢰와 지지를 주고받는 방법들, 학생을 온전히 바라보는 태도 같은 것이요. "

그는 조교 일을 하면서의 경험과 자신이 받은 영향에 대해서도 자세히 들려주었다.

"철학과 안에서 누군가 '성'과 관련한 부당함이나 문제를 겪고서 막막할 때가 있잖아요. 그럴 때 학생들이 장춘익 선생님을 많이 찾아갔어요. 선생님이 〈여성주의철학〉 수업을 진행하시는 것과 별개로, 워낙 차별 관련 문제에 공감과 지지를 해주시는 분이라 그랬던 것 같아요. 특히 조교로 일해보니까 학과 안에서 그런 문제들이 생각보다 많더라고요. 남학생 집단과 여학생 집단 사이의 갈등도 심해져서, 여학생들이 철학과 전공 선택을 피하는 분위기가 있었어요. 그런 갈등이 있을 때 선생님을 찾아가서 '어떻게 해야 할까요'라고 물으면 선생님이 이런 이런 걸 생각해보자 제안해주시고. 그렇게 조언을 구하고 논의하면서 학과가 운영됐던 것 같아요. 철학과 안에서 선생님에게 그런 포지션이 있었던 것 같아요."

"선생님은 가볍게 지나가는 말도 결코 가볍게 하지 않고 신중하셨어요. 그래서 항상 단단하고 강한 에너지가 느껴졌어요. 선생님이 다지고 쌓아온 가치관들에 대해 이야기해주시는 걸 듣고 있으면, 나는 어떻게 살아야 하지? 어떻게 해야 잘 사는 거지? 그런 생각들을 자연스럽게 하게 됐어요. 그게 고민이 많았던 대학 시절에 도움이 많이 됐던 것 같아요. 좀 더 잘 살고 싶다, 단단하게 살고 싶다는 의지도 갖게 되고. 늘 내 생각을 점검하게 됐고요. 교수님의 말을 듣고 생각하고 음미하고 곱씹어보면서, 순간순간의 내 행동들을 돌아보고 삶의 문제들을 어떻게 극복할까 생각했어요. 선생님은 냉철하고 분석적이면서도 따뜻한 분이셨어요. 그런 점을 담고 싶고 닮고 싶어서 선생님을 계속 바라봤어요."

그는 인상적이었던 수업 장면에 대해 다음과 같은 이야기를 들려주었다.

"본인은 남자고 서울대에서 공부하시고 그 과정을 지나오셨잖아요. 어느 날 수업시간에 이런 이야기를 하시더라고요. '그때, 그 당시에 같이 공부했던 여학우들은 다 어디로 갔을까'라고. 그러면서 '분명히 같이 더 공부할 수 있었는데 중간에 다 결혼이나 어떤 일들로 인해서 사라졌다'라고 하셨어요. 그 말을 하실 때, 되게 울컥하는 표정이셨던 게 기억나요. 그러면서 지나가는 말로 이런 얘기도 하셨던 것같아요. '내가 남자라서 페미니즘이나 여성주의철학과 관련된 이야기를 하는 것들이 잘 받아들여지지 않는다, 어떤 문제들에 대해 공감하고 인식하면서도 결국 남자인 나는 다 누리고 살지 않았느냐, 이 안에서 나는 배척의 대상이 되기 때문에 남자로서 페미니즘을 이야기하는 게 사실 굉장히 어렵다…' 학생인 제가 느끼기에는 고민도 많이 하시고 깊이 공감하고 누구보다 섬세하게 알고 계시는 걸로 보였거든요. 하지만 '선생님에게는 우리가 생각하지 못한 어려움이 있구나. 한계나 벽이 있구나' 이런 걸 느꼈어요. 제가 느끼기에는 그랬어요. 교수님께 여쭤보면 '그건 아니다'라고 하실 수도 있겠지만."

진보적 정치의식을 깨워준 첫 시민교육

김재용, 2017년 수강, 남, 소프트웨어 개발자

김재용은 학점에 맞춰 전공을 선택하고, 졸업을 위해 학점을 채워나가며 수업을 들었다. '남녀평등'이라는 말 이외의 젠더 관련 단어는 들어본 적이 거의 없을 정도로 페미니즘/여성주의는 무관심한 영역이었고, 정치적으로도 보수 성향이었다고 한다. 그런데 우연히 동료들을 따라서 〈여성주의철학〉 수업을 듣게 되고, 여성이 차별받는 현실에 감정적으로 크게 동요하는 경험을 하게 된다. 그는 〈여성주의철학〉 수업이 '현재의 진보적 세계관에 이르게 한 시원이자 처음으로 받은 시민교육'이라고 설명했다.

김재용은 토론 수업을 좋아했던 학생이었는데, 인상적인 순간도 주로 토론 장면을 꼽았다.

"수업시간에 30대 이후 급격히 위축되는 여성 취업과 소득 지표를 보고 충격 받았어요, 그런데 더 충격적인 건, 똑같은 지표를 보면서도 일부 남학우들의 생각이 너무나 다른 거예요. '남성이 일을 더 잘하고, 더 힘든 일을 해서 그런 것일 뿐, 여성이 차별받는다고 볼 근거는 없다, 저런 지표는 남녀 갈등만 일으키는 잘못된 정보다' 이런 식으로 말하더라구요. 그러자 일부 여학우들이 적극적인 반론을 제기하면서 불꽃 튀는 토론이 진행됐어요. 그 남학우들은 결코 여성이 열등하다고 말한 적이 없고, 물으면 그렇지 않다고 할 테지만. 성별 임금격차에 대해 논의할 때엔 그건 성차별이 아니라 능력에 따른 거라고 말하는 식이죠."

"제가 발표할 때였는데, 중·고등학교 때 여학생이 어떤 성별의 교사를 만나느냐에 따라서 수학 성적과 과학 성적 평균이 다르다는 연구 결과도 있다고 하니까 그 남학우들이 그게 무슨 상관이 있냐고 반박하는 거예요. 제가 다시 남녀가 다른 조건에서 교육자원을 활용하면서 자신의 진로를 선택하게 되는데, 이런 사실을 받아들이면 애초에 남녀의 직업군 차이가 개인의 선택이라는 주장 자체가 무의미하다, 그 영향력을 소거해야만 개인의 선택이라는 게 의미가 있지 않냐고 반박하니까 더 이상 말을 못하더라고요. 처음에는 '앗싸, 내가 이겼다' 싶어서 통쾌했어요. 근데 몇 주 뒤에 토론 주제가 달라져도 걔네들은 또 똑같은 논리를 주장하고, 제가 다시 반박하는 과정이 계속 반복되는 거예요. 그러니까 어느 순간 '아, 이건 소용이 없구나' 싶어지면서 입을 다물게 됐어요. 무슨 말을 해도 똑같은 논리를 도돌이표처럼 반복하면서 무화하려드는 남학우들을 보니까 분노와 혐오가 느껴졌어요."

"개강하고 나서 얼마 되지 않을 때였어요. 선생님이 '여러분도 보았겠지만 오늘 한 시간 동안 남학우들이 말을 더 많이 했다. 여학우들의 목소리를 많이 못 들었던 거 같다' 그런 식으로 에둘러 지적을 하셨어요. 그걸 들으면서 속으로 또 감탄하며 작은 충격을 받았어요. 나 또한 내 안에 내재한 남성성, '맨스플레인'의 태도로 발언하고 있었던 게 아닌가 그제야 인식하게 됐거든요. 가만 둘러보니, 남자애들이 쓸데없이 자신감에 차 있다는 인상을 받았어요. 물론 왕성하게 발언을 하는 사람은 거의 고정되어 있었지만. 확실히 6대 4 혹은 8대 2 정도 비율로 남학생들의 발화가 더 많았어요. 하루는 선생님이 '남학우들 이야기는 어느 정도 들었으니, 남녀 동수…'라며 나름 농담조로 그렇게 제안을 하셨어요. 선생님이 초조하게 시계를 몇 번 보셨던 것도 기억이 나는데, 학우들 안에서 다양한 목소리가 나오기를 기다리시는 것 같았어요."

그는 동료 여학우들의 반응이나 영향에 대해서도 자세히 들려주었다.

"연관 지어 생각나는 게, 당시는 한림대에서 여성주의를 말하는 여학우가 드물었어요. 서울권 대학과 시간적, 공간적 차이도 분명 있었던 거 같고요. 여학우들도 무리를 짓는 것에 대해 스스로 경계하는 게 있었던 것 같아요. 정확히 알 수는 없지만, '김치'로 찍힐까 봐 두려워하는 공기가 지배적이었던 것 같아요. 당시 학내에서 페미니즘이라는 단어가 그리 익숙지 않았던 것 같고, 그래서 수업시간에 나오는 얘기들도 낯설었고요. 서울에서 일어나는 사건이나 여성혐오 범죄가 위협적으로 느껴지지만 그게 학내에서 공유되거나 서로 얘기를 나눌 기회도 없었죠. 그런데 수업 준비를 하면서 여학우들끼리 그런 문제에 대해서 '나도 예전에, 어릴 때 그런 게 있었다'라는 얘기를 나누면서 자신의 경험을 다시 확인하게 된 것 같아요. 뭔가 멈춰서 생각해보게 된 거죠. 화장하는 문제에 대해서도, 자신들이 치마를 입거나 남자 선배가 외모를 갖고 조롱하는 것에 대해서도요. 종강이 가까워질 즈음에는 여학우들의 눈빛이 좀 더 진지해졌다고 느꼈던 것 같아요. 그전에는 그냥 과제니까, 발표니까 해야지 하는 느낌이었는데. 후반쯤 갔을 때는 진심으로 자신의 의견과 주장을 말하는 태도들을 느꼈어요."

"수업을 떠올려보면 여러 가지 모습이 생각나는데, 특히 다른 여학우들이 들려준 이야기에도 큰 영향을 받았어요. 중·고등학교 때 아버지한테 맞은 일, 친척한테 성추행당한 일 같은 걸 얘기하는데, 저에게는 완전히 다른 경험이었어요. 그런 일이 일어난다는 것을 아는 거랑, 그걸 겪은 사람이 곁에 존재한다는 거랑은 정말 달랐어요. 처음으로 뭔가 어둠을 들여다본 거 같았어요. 왜, 왜 이렇게 많이, 왜 이렇게 많은 이들에게 공통적으로 벌어지는 걸까. 그런 감정들 속에서 제 자신의 경험과 감정이 뒤섞였어요. 그 친구들의 경험을 같이 설명할 수 있는 관점을 세우려고, 부단히 고민했던 것 같아요."

"수업을 통해 여성혐오 문제에 대한 관점을 갖게 되면서, 엄마에 대해서도 다시 생각하게 됐어요, '엄마도 희생자구나, 가부장제의 피해자구나'라고. 고등학교 때부터 그런 감정들을 갖고 있긴 했는데 뭔가 좀 더 언어화하게 되었다고 할까요. 그리고 수업을 들을 당시에, 제가 학교 심리상담센터에서 상담을 받고 있었거든요. 그래서 좀 더 생각이 정리된 것도 있었던 것 같아요. 상담 받으면서 부모와의 갈등, 나에게 내재된 분노에 대해서도 생각하게 되었어요. 마땅한 양육이나 도덕, 훈육이 부재한 채로 내가 방치되었던 부분들을요. 남성 양육자는 왜 애초에 자녀 양육에서 역할을 하지 않았는지 의문이 들었어요. 이웃들과의 돌봄 공동체는 왜 없었고, 제도적인 지원은 왜 없었는지 그런 것들을 많이 생각하게 됐고…"

"이런 식으로 생각을 하다 보니까. '어느 지점에서 불평등한 게 아니라 어쩌면 애초에 평등한 적이 없었겠다'라는 생각이 점점 확대되어 왔던 거 같아요. 사실 수업 듣기 전에 저는 한나라당 성향의 매우 보수적인 정치관을 가지고 있었거든요, 대학 입학할 때까지. 그런데 균열이 나기 시작한 거죠! 그게 처음에는 〈여성주의철학〉 수업에서 남녀문제, 그리고 학교를 졸업할 때 즈음에는 경상도와 전라도/호남 혐오에 대한 문제, 그리고 조금 더 지나서는 세월호 등 사회적 참사에 대해서 유가족에 대한 언론의 보도 태도나 이에 대한 대중의 반응, 거기서 좀 건너뛰어서 녹색당에 우연한 계기로 가입을 하면서 당 내에도 있는 여성혐오와 어떤 안일한 젠더 의식, 종차별, 제3세계와 미국의 관계, 그리고 세계화로 인해 전지구적으로 초래된 불평등과 차별, 난민에 대한 혐오…. 이런 식으로 계속 문제의식이 확장되었어요. 순차적이라기보다는 우연한 기회에 사안을 달리하면서 충격을 계속 마주했던 것 같아요. 바로 그 수업 이후부터요. 그 충격이 스스로를 보수적인 태도로 돌아가지 않도록 했어요. 예를 들어서 동물권을 주장하는 액션에 대해서 '에이, 저들은 너무 과격해'라는 다수의 반응으로 흐르기보다 '저들의 말이 진짜 문제를 말하고 있는 것일지도 몰라'라는 식의 태도로 나아간 건 〈여성주의철학〉 수업 때 젠더 문제에 대해 학습하고 경험한 과정이 토대가 되어준 것 같아요. 지나고 생각해보니 이 수업은 저에게 어떤 시원이 되어줬어요. 한마디로 저를 사람 만들어준 수업이죠. 처음으로 받은 시민교육이었고요."

그는 수업을 통해 남성성에 대해 다시 생각하게 됐다며, 자신의 경험을 길게 들려주었다.

"어릴 때부터 남자애들이 저에게 남성스럽지 못하다는 이야기를 했어요. 제 말투나 행동을 보며 게이 같다거나, 기집애 같다는 말을 하기도 했어요. 어쩌면 꿰뚫어본 걸지도 모르지만… 그럴 때마다,

제 안에서는 줄곧 '어떡하지?'라는 초조함이 있었고요. 그런데 교재로 쓰인 책에 남성성을 다룬 챕터가 있었거든요. '남성이 여성을 배제함으로써 그들 간의 유대가 공고해지는 효과를 누린다'는 맥락으로 쓰여있었어요. 그런 무리에 동화되지 못하는 남성, 그러니까 생물학적 남성이면서도 이질감을 느끼는 남성에 대한 언급이 있었는데, 그걸 보면서 그들이 내게 했던 말과 행동이 부당한 거였다는 걸 깨달았어요. 생물학적인 남성과 남성다움이 구분 지어질 수 있다는 걸 처음으로 생각하게 된 거예요. 그전에는 남성성이란 실현해야 하는 어떤 것, 그것에 도달하지 못하거나 조건을 충족시키지 못하면 결함이 있는 거라고 생각했거든요. 근데 이제는 제 자신의 남성성에 대해서 '그들의 남성성'이라는 맥락으로 정의하려 하지 않고, 그냥 해체된 상태로 남겨두게 된 것 같아요. 나는 그냥 나다, 생물학적 성별과 별개로 사회적 자아나 정체성을 저마다의 고유한 것으로 여겨야겠다고 생각하게 됐어요.

수업을 듣지 않았다면 나한테 요구되어지는 남성다움이라는 게, 사실은 인위적이라는 것을 생각하지 못하고 그냥 늘 뭔가 죄송한 상태로 남아있었을 것 같아요. 부모님이나 사회가 저에게 기대하는 것들. 또래들의 '너는 왜 이렇게 굴지 않냐'는 압박에 대해서 지금은 마음속으로나마 맞받아칠 수 있게 됐어요. 그건 당신들이 원하는 것일 뿐이라고. 당시 그 수업이 없었다면 이런 목소리와 심지를 가질 수 없었을 거예요. 여러 가지 경험을 통해서, 기존에 당연시했던 것들에 대해 비판적인 사고를 연쇄적으로 할 수 있게 된 거죠."

그는 수업의 경험에 대한 현재적 의미에 관해 이렇게 말했다.

"퀴어 축제가 열릴 때 서울역이나 시청역에 가보면 확성기 틀어놓고 혐오 발언하는 사람들이 있잖아요. 그런 사람들한테 동요되지 않고 '왜 저래?' 할 수 있는 심지는 장춘익 선생님과 그 수업 덕분이에요. 제가 장춘익 선생님한테 커밍아웃을 한 것은 아니었지만 그런 주제를 다룰 때 선생님의 표정이나 의견 같은 게 있었고, 내가 존경할 수 있고 신뢰하고 스승이라고 생각하는 이가 '그렇게 얘기해주었으니까 괜찮아' 이렇게 남아있거든요. 그 기억이 있어서, 내가 떳떳할 수 있는 거 같아요. 누군가에게 밉보이지 않을까 걱정하지 않을 수 있는 어떤 정서적인 울타리… 그 시절의 경험이 지금까지 저의 안전막이 되어주고 있어요."

★

페미니즘을 내 삶 깊숙한 곳으로 이끈 수업

한채희, 2020년 수강, 여, 재학생

한채희는 매사에 적극적인 학생이었는데, 토론 수업을 좋아하면서도 격렬한 토론으로 인해 스트레스를 많이 받기도 했다. 장춘익 교수의 수업들은 자신이 페미니스트로서만이 아니라 자율적인 한 인간으로 살아가는 데 있어서 관계 맺음의 방식을 전환하게 했으며, 여성학을 전공하겠다고 결심하는 중요한 계기가 되었다고 한다.

한채희는 토론 수업을 좋아하는 학생이었지만, 토론 과정에서 받았던 스트레스도 많았다며 관련해서 길게 이야기를 들려주었다.

"친구들도 많이 겪었던 건데, 토론 중의 대립이 여성 학우들한테 되게 힘든 과정이었어요. 뭐 남학우들도 힘들었겠지만. 수업할 때, 남학생들이 '빻은 말'을 해도 교수님이 중단시키지 않거든요. 제 동기 중 하나는 그 말을 듣는 게 너무 힘들어서, 온라인 수업 도중에 이어폰을 한 번씩 뺀다고 하더라고요. 결국 참다못해 선생님에게 하소연을 했대요. 그랬더니 선생님이 '페미니스트 얘기만 들을 게 아니라 안티페미니스트 얘기도 들어야 한다, 페미니즘이 옳다거나 나만 옳다고 생각해서 다른 사람의 얘기를 듣지 않으면 안 된다, 더 자세히 더 깊게 한번 들어봐라' 그런 식으로 말씀하셨대요.

저도 사실 토론 수업에서 너무 화가 날 때가 많았어요. 한 남자 선배랑 너무 많이 싸워서 선생님한테 말했어요. 그 사람 이야기를 들으면 너무 화가 나고, 말이 안 나오고 너무 울컥하고 답답하다고. 그랬더니 선생님이 네가 무슨 이야기를 하는지 알겠고, 알다시피 네가 주장하는 내용이 맞다고 해주시더라고요. 그러면서 이런 이야기를 하셨어요. '우리가 페미니즘을 주제로 이야기하고 있지만, 그 사람의 얘기도 들을 줄 알아야 한다. 우리가 이 수업을 하는 이유가 그거다. 화도 나봐야 화나지 않을 때의 나를 알게 되고, 그런 과정 속에 배우는 거다. 그러니까 그 감정에 너무 매몰되지 말아라.' 선생님이 그렇게 말씀하시니까, 어쨌든 그 사람들 얘기를 끝까지 들었죠. 친구랑 선생님의 존재를 위안 삼으며 견뎌보자고 했어요. 남성들이 왜 분노하는

지 아는 것도 중요하겠다고 생각해서 그 지점을 공부해보기도 했고요. 지나고 생각해보니까 그래요. 그때 그들의 얘기를 들었기 때문에 지금도 남성들이 반페미니즘적인 얘기를 해도 그걸 들을 수 있게 됐어요. 그리고 '이들을 설득할 수 있는 사람이 되어야겠다, 설득할 수 있겠다' 그런 생각을 하게 됐고요. 그래서 그때 페미니즘에 대해서 더 열심히 공부했던 기억이 나요."

"기말고사를 마치고 우연히 〈여성주의철학〉 수업을 들은 안티페미니스트인 철학과 남자 선배들 세 명과 식사를 하게 됐어요. 그 수업을 듣게 된 이유에 대해 이야기하는데, 한 명은 장춘익 선생님 수업이면 들어볼 만하겠다 싶어서 들었다고 했고, 또 다른 한 명은 졸업 전에 장춘익 선생님 수업을 한 번은 더 들어야 할 것 같아서, 마지막 한 명은 학점 채우려고 들었다고 하더라고요. 그중에 장춘익 선생님 수업이면 들어볼 만해서 신청했다는 선배가 그런 말을 했어요. 자신은 솔직히 교수는 그냥 학점 주고 강의 시간 때우고 가는 사람이라고 생각했는데, 장 교수님은 항상 자신을 이해시켜주고 설득하신다고. 자신은 학생이니까 설득할 필요가 없는 존재일 텐데 항상 자신을 인간 대 인간으로 설득하고 이야기를 끝까지 들어주신다고요. 그래서 결국 설득당한다고요. 사실 이 수업을 다 듣고서도 '여성주의'가 여전히 싫은데, 그래도 수업을 듣기 전만큼 싫지는 않다고. 그냥 그러려니 하게 된다고 하더라고요."

그는 선생님과의 인상적인 기억에 대해 다음과 같은 이야기를 들려주었다.

　"학과에서 성희롱 사건이 하나 있었어요. 제 동기 남자애가 어떤 여자 후배를 좋아했거든요. 그런데 좋아한다면서 이상하게 행동을 하는 거죠. 뒷풀이 자리 가면 자기 옆자리 비워둔 다음에, 그 여자애를 막 앉히려고 한다거나. 그 여자애가 집에 가려고 하면 막아서서, 왜 자기한테 오빠라고 안 부르냐 하는 식으로 계속 괴롭히는 거예요. 사실 이것뿐만이 아니라 문제가 많은 남자애였어요. 여학생들 얼굴 평가나 몸매 평가 같은 걸 많이 하기도 했고요. 제가 그 괴롭힘 당하는 여자 후배를 도와주는 역할을 자처했는데, 너무 힘이 드는 거예요. 그때 철학과가 정치판처럼 무리 짓고 나뉘어지고 그랬거든요. 사람들이 저희를 지지해주지 않고, 그 여자애를 꽃뱀처럼 몰아가기도 하고. 관계도 다 너무 힘들어지고. 그래서 선생님을 찾아갔어요. 모든 게 너무 어렵고, 이 힘든 감정을 어떻게 해결해야 할지 모르겠다고 했어요. 선생님이 '너를 응원하고 있다, 네가 하는 행위가 옳다'고 하면서 계속 말씀해주셨어요. 이렇게 노력하는 사람들이 있어서 세상이 유지되는 거라고 말씀해주시고. 그때 정말 천군만마를 얻은 것 같은 힘을 받았어요. "

　그에게 남성 교수자가 〈여성주의철학〉을 가르치는 것에 대해 어떻게 생각하는지 물어보았다.

　"저는 페미니즘이 '경험의 학문'이라고도 생각해요. 여성들이 어떤 차별적인 경험을 해왔기 때문에 잘 이해할 수 있는 학문인 거죠. 사실 선생님의 조건만 보면, 지식자본 계층의 주류에 속하잖아요. 그리고 어쨌든 남성이고. 그런데 저는 선생님이 마치 내 삶을 살아보신 것처럼, 너무 잘 이해하고 계신다는 느낌을 자주 받았어요.

〈역사철학〉 수업 때 있었던 일이에요. 선생님이 강의하시다가 '아이가 울면 엄마가 달려가죠?'라고 말하고는 멈칫하시는 거예요. 그리고 3초 뒤에 '내가 말을 실수했다, 정정하겠다. 부모가 달려가야 한다'라고 하시면서 정중히 사과를 하시더라고요. 남성 교수가 〈여성주의철학〉을 가르치는 것에 대해 경계심을 품는 이들도 있겠지만, 장춘익 선생님은 한 번도 성차별적인 발언을 한 적이 없어요. 탁월한 젠더감수성을 갖고 계셨어요. 여성으로서의 경험을 직접 할 수는 없지만, 선생님은 위대한 페미니스트이고, 나는 그분의 가르침을 받고 있다고 느꼈어요. 돌아보면, 저는 선생님을 보면서 내가 어떤 페미니스트로서 살아야 하는지, 어떤 관점으로 페미니즘에 관한 얘기를 해야 하는지 알게 되었어요. 제가 이 수업을 들으면서, 여성학 대학원에 진학해야겠다고 결심을 굳혔는데요. 얼마 전에 갑자기 들었던 생각이 있어요. 만약 대학원에 가서 '너한테 가장 많은 영향을 주었거나, 네가 닮고 싶은 페미니스트가 누구냐'는 질문을 받는다면 저는 장춘익 선생님을 얘기할 것 같더라고요."

"이 수업을 듣고 난 뒤에 가장 크게 달라진 건, 이제 안티페미니스트와도 대화할 수 있게 되었다는 점이에요. 겉으로 티는 안 냈지만 속으로는 남성을 배척하고 싶은 마음이 있었거든요. 솔직히 말하면 남자는 페미니스트가 될 수 없다고 생각했어요. 남자들이랑 페미니즘에 대해 이야기하는 것도 싫었어요. 사실 제 주변에는 남자들이 더 많은데, 그 친구들이랑 페미니즘 얘기하면 싸울 수밖에 없으니까 피해야겠다는 생각이 지배적이었거든요. 그런데 이 수업 듣고 나서 그들하고도 이야기할 수 있겠다는 마음이 되다 보니, 삶에서 대화 나눌 수 있는 사람이 훨씬 풍부해졌어요. '남성 페미니스트'의 존재도 인정할 수 있게 됐고요. 대화할 때 화를 내거나 상대방을 몰아세우지 않고도, 상대의 얘기를 듣고 설득할 수 있는 그런 지식을 가져야겠다고 결심하게 했고요. 내 목소리가 왜 공명되지 못하고 배제되거나 묻혀버리는지에 대한 근본적인 고민들도 할 수 있었어요. 이 수업을 통해, 페미니즘이 내 삶으로 들어온 것 같은 느낌이랄까요."

6. 강의실에서 뻗어나간
     나의 페미니즘 이야기

6장은 1990년대 후반~2000년대 초반, 한림대 철학과에 재학하며 여성주의 동아리 '날'의 자장 속에서 성장한 영페미니스트 세대 4인의 자전적 이야기를 담고 있다. 이들은 장춘익 교수의 〈여성주의철학〉의 열렬한 초기 수강생이었는데, 대학 시절 고비마다 선생님의 공감과 지지를 경험했다. 졸업 이후 이들은 캠퍼스에서의 경험과 활동을 사회의 다양한 현장으로 이어나갔다. 페미니즘적 관점으로 생태, 질병, 장애, 농촌, 퀴어, 평화, 빈곤, 국제연대 등 다양한 시민운동의 현장을 개척하거나 참여하면서, 페미니스트로서 자신을 확장시켜왔다. 2000년을 전후한 시기 춘천의 한 교육공동체에서 시작된 이들의 페미니스트 사회운동가로의 성장 궤적은 지난 20년간 역동적으로 전개된 한국 페미니즘의 역사이기도 하다.

★

'빵과 장미'⁹⁷를 떠올리며 식물들과 자유 곁에서

이미옥

겨울에도 풀은 꾸준히 돋아나고, 자란다. 얼고 녹기를 반복하면서 가까스로 몸피를 늘려가고 있는 마늘 줄기들 사이로 자운영과 광대나물이 제법 무성했다. 입춘을 지나치며 바람의 맵찬 기운이 한풀 꺾인 덕분인지 겨울 햇살치곤 참 따사롭다고 여기며 마늘밭의 풀들을 매고 돌아온 날 저녁. 저 멀리 강원도에 사는 선배로부터 선생님의 부고를 들었다. 그날, 잠을 이루지 못했다. 뒤척이다 자리를 털고 일어나 마당으로 나가 한참 동안 하늘을 올려다보았다. 참 느닷없구나. 명멸하는 생애가 찰나 같구나. 방으로 돌아온 나는 일기장을 펼쳐 겨우 한 줄을 적었다. "장춘익 선생님, 흙과 별빛으로 돌아가시다."

그렇게 접한 한 갑작스러운 죽음이 나를 20년 전으로 데려갔다. 그 무렵의 나를 불러 세웠고, 과거의 나와 현재의 나를 이어놓았다.

페미니즘을 선택하다

2000년 봄, 남들보다 뒤늦게 대학에 들어간 나는 강의실 안팎을 드나들며 삶의 정치로서의 페미니즘을 만났다. 살아오면서 끊임없이 돋아나던 삶과 존재를 향한 질문들로 인해 대학 입학 전 이미 『새 여성학 강의』나 『일곱 가지 여성 콤플렉스』 같은 여성학 관련 책들을 찾아서 읽곤 했다. 하지만 여성으로서 처한 삶과 현실의 질서를 둘러싼 나의 막연한 불만을 깊이 있게 들여다보고, 자신을 납득시켜 가기엔 역부족이었다. 새로 펼쳐진 대학 공간에서 만난 스승과 동료들을 통해 비로소 나는 페미니즘이 이 불투명한 현실을 꿰뚫어보면서 헤쳐나가도록 돕는 훌륭한 '연장'이라는 것을 제대로 알게 되었다. 두터운 안개로 인해 더 나아갈 수 없는 길 앞에 선 여행자가 안개를 흩어내는 바람 여러 줄기를 맞이한 심정이었다고나 할까.

사실 나의 정신적 갈증은 오래된 것이었다. 조용히 학교와 집을 오가긴 했으나 틈만 나면 교과서 이외의 책들과 영화에 빠져드는 것으로 자주 탈주를 꿈꾸던 10대 때부터, 나는 '소수자 감수성'에 매료되었다. 고등학교 시절, 전교조 소속인 국어 선생님을 통해 현실의 이면을 좀 더 깊이 들여다볼 수 있게 되면서 '다르게' 살고 싶은 나의 실존 욕구는 더욱 강해졌다. 늦깎이 대학 시절 이전부터 어설프게나마 알게 된 사회주의와 아나키즘 같은 정치사상과 철학적 입장에도 마음이 갔다. 생태주의도 마찬가지였다. 대체로 비주류 감성이나 정서에 마음이 쉽게 열렸고 잘 가닿았다. 중앙보다 변방에 있을 때 안온하다고 느꼈다. 나는 저 모든 대안적 사유와 가치가 어떻게든 버무려져 내 삶에 스미길, 그래서 정치적 소수자로 살 수 있기를 바랐다.

하지만 대학에서 체계적 이론으로서의 페미니즘, 정치로서의 페미니즘을 만나기 전까지 나의 저 타자적 실존 감정은 내면의 혼란이나 저항, 고민이나 갈등에 가까웠다. 평소엔 대체로 미미했으나 때때로 격정적이던 내 안의 이런 감정들로 인해 엉클어지기 일쑤였던 일상과 사유에 얼마간 단단한 틀을 부여할 수 있었던 건 대학에서 만난 페미니즘 덕분이었다. 살아오면서 끊임없이 돋아나던 삶과 존재를 향한 질문들에 대한 답을 찾도록 도와준 이 새로운 페미니즘은 내게 기존의 사고방식이며 언어며 삶의 양식으로부터 바람처럼 자유로워지라고 일러주었다. 그리고 그러한 '당부'를 받아들일 때마다 나는 일종의 해방감을 느꼈다. 그 새롭게 열린 길에 발을 들여놓으며 기꺼웠다.

사실 나는 어린 시절부터 정신을 차리기 힘든 속도로 성공과 성취를 향해 전진하는 문명의 배후인 무분별해 보이는 욕망을 권력으로 이해했고, 그래서 문명의 질서를 할 수 있는 한 거부하며 살고 싶었던 것인지도 모른다. 살아오면서 나는 '위계'를 토대로 자연을 '대상화'하고, 성공과 성취를 강조하며 발판을 다져온 가부장제며 인간중심주의의 테두리에 속하지 못하고(혹은 속하지 않고) 이로부터 멀어져 있는 약자/타자/소수자에게 직감적으로 공감해왔던 것 같다. 이것은 내가 그들의 일부이기도 해서일 텐데, 대학에서 만난 정치적 페미니즘은 권력으로 양극화한 세계에서 내가 자신을 '성 밖의 사람'이나 '타자/소수자'로 확신하고 정체화하도록 만들었다. 그러한 정치적 결정으로서의 '타자 되기'에서부터 나의 페미니즘은 구체성을 띠기 시작했던 것이다. 내가 지닌 여러 정체성 가운데 드물게 주체의 자리에 놓이거나 주체와 타자 사이를 가로지르는 정체성이 있기야 했겠지만, 나는 뤼스 이리가레가 언급한 '진정한 의미의 타자 되기'를 잘 좀 살아내고 싶어졌다. 그것이 바라왔던 자율적이고 주체적인 페미니스트로서의 삶을 살아가는 일이리라 여겼다.

도시를 떠나다

대학 졸업 후 나는 약 2년간 서울에서 한 사회노동단체의 상근활동가로 일했고, 그 일을 그만두고 난 후에는 국비로 운영되던 출판학교를 거쳐 서울 합정역 쪽에 있던 작은 출판사의 편집자로 있었다. 편집자로 일하던 시절, 그러니까 2000년대 중후반에 나는 신림동의 방두 칸짜리 반지하 셋집에서 친구랑 살았는데, 그때 처음으로 집 근처 시장에서 상추며 토마토 모종 등을 사다가 스티로폼 상자 텃밭에 심어 돌보기 시작했다. 그리고 그 무렵, '비혼여성생태공동체'에 관심을 가진 여성들을 만나고 싶어서 함께 살던 친구와 '언니네',[98] '진보넷'[99]에 글을 올렸고. 그 글을 보고 연락해온 대여섯 명의 20~40대 여성들과 '정착과 유목 사이'라는 모임을 꾸렸다. 우리는 한 달에 두어 차례 만나면서 페미니즘, 생태, 영성, 공동체 등을 다룬 책들을 꾸준히 읽어나갔다. 한편, 명절 무렵엔 원가족이 있는 집으로 가는 대신 먹을거리와 침낭을 짊어지고 남쪽으로 내려가 며칠에 걸쳐 도보여행을 하곤 했다. 겨울이면 한집에 모여서 채식 김장을 하고 채식 만두를 빚고 두부를 만들어 나누어 먹었다. 경기도나 서울 외곽의 주말 텃밭을 함께 오가며 작물들을 살피거나 거두기도 하고, 혼자 귀농해 살고 있는 '언니들'을 만나러 전라도 무주와 경상도 상주 등지를 다녀오기도 했다.

그러다가 2000년대 말경, 몇 달 먼저 남쪽으로 내려가 있던 친구를 따라 나도 마침내 농촌으로 왔고, 친구들[100]과 비혼여성생태공동체 비슷한 것을 꾸려 제주에서 2년가량 농사를 지으며 살기도 했다.

이 무렵, 혼자서 몇 달간 인도로 배낭여행을 다녀왔는데, 인도 중부의 한 시골 마을에 있는 여성영성공동체를 방문했을 때는 그곳에 두달 동안 머물며 수행자들과 함께 하루에 두세 시간씩 텃밭을 돌보며 지내기도 했다. 이후 원가족 간병 문제로 다시 2년 남짓 도시로 돌아가 살긴 했지만, 그때도 집 마당 한편에 있던 작은 정원에 감자와 호박씨를 심고 방울토마토며 상추를 길렀다. 헤아려보니 갖가지 작물과 어떻게든 더불어 살아온 지도 10년이 훌쩍 넘었다. 그렇게 몇 년간 유목하듯 살다가 이곳 전라남도 장흥으로 와서는 본격적이라고 할 만한 농사를 지으며 이렇게 8년째 '정착' 중이다. 도시에서보다 조금 덜 먹고 많이 덜 쓰면서 원해 왔던 느슨한 시간을 제법 진득하니 살고 있다. 이곳은 이곳대로의 곤란과 부조리가 없지 않지만, 가난과 소외와 고독에 깃들여 살아가는 지금 여기서의 '자발적 결핍'의 삶이 나는 싫지 않다.

물론 차도 없이, TV도 없이 이곳에서 이렇게 농사짓는 삶을 꾸려가고 있다고 해도 일상이 그저 고요하게만 흘러갈 리 없다. 이런저런 소식들은 어떻게든 들려오는데, 디지털 기기들을 통해 맞닥뜨리게 되는 물질문명의 변화 속도는 하루가 다르게 빨라지는 것 같다. 반면 주류 기득권이 부려놓은 정치경제적 질서는 완강한 모습 그대로다. 가부장제와 자본주의에 기반해 세계를 잠식해온 의식과 무의식이 수구를 답습하며 고착된 상태에서 물질문명만 빠르게 질주하는 형국이랄까. 느릿느릿 고착에 맞서는 중에도 어쩌지 못하고 휩쓸려야 하는 문명의 속도에 나는 여전히 현기증이 난다. 그 속도를 따라갈 의

지도, 능력도, 의사도 내겐 없다. 삶이 어찌 변해갈지는 모르겠으나 현재로서는 도시로 돌아갈 생각 또한 전혀 없다. 도시에서의 삶을 감당하지 못해서 도망쳐온 '낙오자'란 낙인이 따라붙어도 괜찮다. 10대 때부터 30대에 이르도록 오랫동안 고민하며 가닿고자 했던 저 몇 가지 철학적 가치들을 삶 속에서 미미하게라도 구현해내기에 내게 도시는 살아갈수록 마땅치 않았을 뿐이다.

이곳저곳을 떠돌기도 했으나 어쨌든 30년 가까이 살았던 도시에서의 삶을 계속해서 꾸려갈 의지가 자신에게 별반 남아있지 않음을 확실히 알게 되었기에 나는 미련 없이 도시를 떠나왔다. 바라왔던 대로 덜 벌고 덜 쓰면서 덜 매이고 더 존재하는 삶을 살아가려면 가부장제뿐만 아니라 자본주의와도 가능한 한 멀어져야 했던 것이다. 자율적인 페미니스트로서의 삶을 찾아가던 중에 비혼을 결심했듯이, 도시를 떠나 농촌으로 가서 땅을 일구리라 마음먹게 되었다. 문명의 이기와 소비하는 삶과 허울로 얼룩진 정치로부터 다소라도 놓여나 내가 자연의 일부임을 자각해가며 가능한 한 계절의 흐름과 자연의 감각에 맞추어 살아가고 싶었다.

비와 바람과 햇살과 흙에 기대다

우리 시대, 이 시절의 삶은 자주 분절된다. 오래전에는 수평적으로 연결되어 있던 인간과 자연이 어느새 점점 더 빠른 속도로 서로에게서 등을 돌리게 되었다. 자연과 계절이 이어놓던 인간의 생과 죽음은 근대적 욕망이 추동한 과학과 문명에 포획되어 서로 뚝뚝 떨어진 채로 공간을 달리하여 '치러'진다. 성장과 신자유주의라는 망령이 지배하는 세계질서 속에서 온갖 숨탄것들의 집인 지구는 정신없이 들끓는다. 정치와 경제와 문화와 이것들을 낳고 기른 인류와, 이 질서 아래서 자유로울 수 없는 비인간 동물들과 식물들과 미생물들이, 하늘과 땅과 산과 바다와 기후가 덩달아 빠르게 요동치고 있다. 기나긴 빙하기를 지나 축복 같은 간빙기에 접어든 이후 마침내 푸르러져 생명을 품을 수 있었던 지구가 온갖 존재에게 기적처럼 거처를 내어주었건만, 오만방자한 사피엔스라는 종이 행성을 들쑤셔놓은 탓이다. 인간의 질서가 빠르게 극단으로 치닫게 되면서 아마존을 비롯한 지구 곳곳에서 수년 동안 산불이 지속되고 수 킬로미터 두께의 빙하가 스르르 녹아내리는 중이다.

비와 바람과 햇살과 흙의 기운에 의지해 땅을 일구고 씨를 뿌리고 풀을 매고 알곡을 거두는 농사는 철저히 자연이 부려놓는 계절과 기후에 기대는 행위다. 이른 봄에서 늦가을까지, 이른 가을에서 늦봄까지 들판은 차오르고 비기를 반복한다. 농기계라든가 갖가지 시설과 장비라든가 자동차 같은 문명의 이기에 의지해 농사를 짓는다 하더라도 자연의 한살이로부터 자유롭기란 쉽지 않다. 더구나 몇 가지 농기구만으로 농사짓는 나 같은 이에게는 더할 나위 없이 그렇다. 농사를 짓다 보면 매 순간 자신이 자연의 일부임을, 내가 천지만물과 연결된 존재임을 자각하게 된다. 계절과 자연 앞에서 낮아지고 겸허해지는 과정이 반복된다. 구분 짓고 평가하고 위계화하려는 근대 질서 속에서 굳어진 내 의식과 무의식이 농사라는 행위 앞에서 시나브로

부서지고 흩어진다. 이러한 과정이 또한 어떤 해방감을 안겨준다. 이것이 내가 손과 발로 짓는 농사를 놓지 못하는 까닭이다.

농사가 주업인 내게는 밭과 집을 오가는 게 일상이다. 몇 년 새 이상기후로 인해 장마철이 아닌 때에도 비가 잦아지긴 했지만 맑은 날엔 거의 밭으로 가는 편이다. 200평이 채 안 되는 밭에서 수십 가지 작물을 심고 거둔다. 집 담벼락에 심은 강낭콩들까지 합하면 콩 종류만도 열 가지에 달한다. 먹고살기 위해 필요한 농작물이 이렇게나 많았던가 싶어 새삼 놀라지만 그것들을 내가 꼭 다 먹어야 해서 경작하는 것은 아니다. 농사만으로 생계를 꾸려가기 힘든 농촌에서 작물의 다양성은 빠르게 해체되고 있다. 기계를 써서 단작을 하는 편이 힘은 덜 들고 돈은 더 되기 때문이다. 심지어 몇 해 전부터는 논밭을 콘크리트로 메워 대규모 축사를 짓는 농가가 늘고 있다. 이렇게 논밭이 사라지거나 단일 작물을 대량 경작하는 식으로 농사 방식이 달라지다 보니 지난 몇십 년 사이, 수백 가지 터박이씨앗이 논밭에서 자취를 감췄다. 그나마 그 씨앗들을 울타리며 텃밭에 조금씩이라도 심어가며 보존해오고 있는 이들은 작물들 각각의 맛과 향과 빛깔을 당신들의 삶과 기억에서 지우고 싶지 않은 할머니들, 늙은 여성 농민들이다. 그분들의 모습을 좇아 다양한 작물을 꾸준히 심어가며 농사를 배워가는 중이다.

읍을 오가는 군내버스가 하루에 겨우 세 번 지나가는 이 외진 곳으로도 가끔 손님들이 찾아온다. 대부분 먼 도시에서 사는 친구들이거나 인근의 귀농귀촌한 1인 가구 여성들이다. 그런 날엔 평소보다 반

247

찬을 두어 가지라도 더 올린 밥상을 반가운 그들과 나누면서 주거니 받거니 그간의 안부를 묻고 살아가는 얘길 나눈다. 대학을 졸업하던 그해 가을 무렵부터 내가 채식을 해왔기도 하고 근처에 달리 상점이나 시장도 없기 때문에 밥상은 대부분 논밭과 산야에서 나는 식물들로 차려지는데, 개인적으론 그것들로 충분하다고 느낀다. 밥상을 마주하는 이들도 기꺼워하는 것 같다. 손님들이 오면 오는 대로 혼자면 혼자인 대로 일상은 이렇듯 대체로 충만하게 흘러간다. 분절되고 분열되어 가던 삶이 시간과 물질과 문명에 덜 속박되어 느릿느릿 농사지으며 살아가는 것으로 조금씩 회복되어 가고 있다고 느낀다.

이곳에 살면서 농사일만 했던 건 아니다. 농사를 지어오는 틈틈이 품팔이하듯 지역의 문화예술사업이나 교육사업의 일꾼으로 몇 가지 가욋일을 하기도 했다. 지역의 문화와 역사에 관한 책을 만드는 일을 두어 차례 한 적이 있다. 이 마을 저 마을로 고령의 할머니들과 할아버지들을 찾아뵙고 민간설화나 옛이야기들, 당신들이 살아온 지난날을 채록하러 다녔다. 이 일을 할 때는 할머니들의 이야기부터 들으려고 애썼다. 당신들의 목소리와 삶을 조금이라도 더 남기고 싶어서였다. 역사 관련 청소년 책을 만들기 위해 취재를 할 때는 여성 관련 자료들이 어디 더 없나 뒤지고 다녔다. 100여 년 전 역사의 격동기에 농촌 여성들, 하층계급에 속하는 여성들의 일상적인 삶이 어떠했는지 책 속에 포함되어야 한다고 주장했고, 부족하게나마 그 부분을 맡아서 썼다.

또한 '젠더감수성'이라는 말조차 낯설어 뭐가 문제인지 모르는 채로 군비를 지원받아가며 여성의 몸을 상품화하는 '세미누드 촬영대회'라는 행사가 십수 년째 지역에서 치러지고 있음을 알고는 이를 멈춰야 한다고 생각했다. 군과 주최 측에 항의 전화를 했으나 소용이 없어서 몇몇 지인과 함께 행사 당일, 현장에서 피케팅을 한 뒤 관련 내용을 몇몇 언론사에 보냈고, 해당 행사는 중단될 수 있었다.[101] 녹색당 활동을 하면서 페미니즘 강연회를 열기도 하고 '기후위기 행동'을 벌이기도 했다. 세계 여성의 날 무렵에는 대안장터 등지에서 직접 만든 주먹밥과 쿠키, 붉은 동백꽃과 장미를 다양한 세대의 여성들과 나누기도 했는데, 이런 자리들을 통해 더 많은 1인 가구 귀농귀촌 여성들을 만날 수 있었다.

도시에서 오래 살아온 여성들이 혼자서 농촌으로 들어오는 현상은 이미 10여 년 전부터 시작되었는데, 주변 다른 지역에 비해 내가 사는 지역에는 특히 더 많다. 먼저 와서 둥지를 튼 지인을 통해 알음알음 귀농하거나 귀촌하다 보니 이렇게 된 것 같은데, 어느 틈에 알고 지내게 된 이만도 10여 명 된다. 30대부터 50대까지 세대도 다양한 그들 중 몇몇과는 한 달에 두어 차례 만나 페미니즘이나 인권 관련 공부를 하기도 하고, 여성 시인들의 시집을 읽고 얘길 나누기도 한다.

이런 삶이 페미니스트로 사는 것과 어떻게 다르고 어떻게 같은지는 잘 모르겠다. 호미와 낫을 자전거에 싣고 집과 밭을 천천히 오가며 내가 먹거나 주변의 사람들, 또 도시의 1인 가구 지인들과 나눌 작물들을 천천히 기른다. 유기되었는지 스스로 탈출했는지는 모르나

몇 년 전 이 집을 찾아온 개와 함께 살면서, 앞서 언급한 주제의 책들을 꾸준히 읽는다. 더불어 문제가 있다고 여겨지는 일들이 눈에 띄면 아주 가끔 공개적으로 목소리를 내기도 한다. 이렇게 살아가는 데 어려움이 없지는 않으나, 지금의 삶에 만족하는 편이다. 어느새 일상이 된 농사와 함께 '기후위기, 생태적 삶, 공동체, 비거니즘, 동물권, 인권, 페미니즘, 소수자문화' 같은 말들을 자주 떠올리며 지내고 있다. 무엇보다 페미니즘이라는 말조차 생소하게 받아들여지는 농촌 문화 속에서 1인 가구 비혼 여성으로 농사지으며 살아가는 게 어떤 의미인지, 2022년 현재 인구 4만이 채 안 되는 이 작은 군 단위 지역에서 페미니즘 운동을 벌여나가는 건 무엇을 더 보태거나 빼야 하는 일인지 아직도 잘 몰라서 찾아가는 중이다.

가볍게 살고 싶다

지금의 삶에 이르기까지 내게도 깊은 영향을 준 이가 여럿 있다. 소중한 그들 가운데 몇몇은 어느덧 인간의 몸을 벗고 저 하늘의 별이나 땅의 흙이나 그 사이의 바람으로 돌아갔다. 이별한 지 1년이 채 안 된 이도 있고, 어느새 10년을 훌쩍 넘긴 이도 있다. 흘러간 세월과 상관없이 나는 그들이 여전히 그립고, 이젠 어떻게 해도 함께 시간을 여미어 꾸릴 수 없다는 사실이 변함없이 마음 아프다. 세월이 흐르면 흐르는 대로 이제는 이 세상에 없는 존재들을 떠올린다는 건 어떤 의미일까. 한 존재가 다른 존재에게 말을 걸어오고, 침묵하고 숨을 고르는 시기를 지나 이제까지의 한 세계에 금이 가기 시작한다. 그리고 마침내 다른 세계가 균열된 그 틈으로 스며든다. 그저 '스미기만' 했을 뿐인데, 이 스밈이 한 사람의 생에 단단한 무늬로 자리 잡기도 한다.

'그런' 존재들 속에 장춘익 선생님이 계신다. 삶에 대한 고민과 질문을 껴안고 철학 공부가 절실하여 뒤늦게 들어간 학교에서 운 좋게 만난, 새로운 세계를 열어준 분이었다. 고만고만한 제도교육의 일부일 뻔했던 학교생활에 해방구 역할을 해준 몇 가지 가운데 맨 앞쪽에 선생님의 〈여성주의철학〉〈기술문명과 생태철학〉〈사회정치철학〉 같은 수업들, 그리고 여성주의 동아리 '날'이 있었다. 장춘익 선생님은 기꺼이 '날'의 지도교수를 맡으셨고, 마치 자신이 일원이 된 듯 참여하고 관여했다. 우리의 눈과 영혼에 밟혀 온 성차별 문제를, 공기처럼 떠돌던 갖가지 부조리와 모순을 해석해 들여다볼 창 가까이로 우리를 이끌어주었다. 그 사려 깊고 자유로워 보이는 사유와 삶을 나는 잘 배우고 싶었고, 닮아가고 싶었다. 실천하는 앎을 향해 열려있던 '날'이라는 우애의 공동체와 그의 강의들에 '참여'하는 가운데 나는 자유롭고 평등한 소통, 연대하고 환대하는 마음, 합리적인 지성과 사유의 자유를 누릴 수 있었다. 그리고 자연과 인간을 대상화하지 않는 법을 배워갈 수 있었다. 20년 전 그때, 선생님이 우리에게 페미니즘과 생태철학을 마주하게 하고, 동아리 활동을 적극적으로 지지·지원한 것은 실천하고 실현하는 삶을 살라는 일종의 곡진한 권고였다고 할 수 있을 것이다. 그렇게 더불어 일군 공간과 시간 속에서 듣고 보고 느끼고 말할 수 있어서, 변화를 도모하고 행동할 수 있어서, 고민을 나눌 수 있어서 얼마나 다행이었는지, 얼마나 고마웠는지 모른다.

돌이켜보면 선생님이 우리에게 알려주려 했던 건 '제대로 가벼워지는 법'이 아니었을까. 기득권 사회의 질서에 분노하고 이에 맞서 자신이 할 수 있는 일을 찾아서 하되 가벼워지시라. 저 질서에 숨구멍을 내기 위해서라도 가벼워지시라. 바람을 타고서 자유로이 세계와 존재의 안팎을 드나들려면 우선 가벼워져야 한다고, 선하고 강한 존재로 가볍게 생을 활보해야 한다고 말이다. 세상이 불합리와 모순에 잠식되는 건 우리의 '차이를 다룰 줄 모르는 무능력'에서 비롯된다던 것으로 기억되는 그의 말이 내내 뇌리를 떠나지 않는다.

저 '무능력'과 무거움에서 놓여나 배제도 혐오도 없는 세상에서 '퀴어'한 이들과 더불어 한껏 가벼워지고 싶다. 쓰레기를 덜 만들며, 주변에 사는 다양한 세대의 여성/소수자들은 물론 멀거나 가까운 곳에서 찾아오는 '정치·사회적 약자들'과 더불어 땅에서 나는 것들로 서로를 먹이고 돌보며 살다 가고 싶다. 저 바람과 기도가 뒤섞인 과제들이 이 기후위기 시대에 기꺼이 '성 밖의 사람'이면서 페미니스트로서 계속하여 살아가고자 하는, 그리 살 수밖에 없을 내가 자신에게 부여한 과제라면 과제다. '우리 모두의 빵과 장미'를 떠올리며 머지 않아 죽음을 맞이하거나 영원히 사라질지 모르는 산야의 동식물들과 더불어, 논밭과 자유 곁에서 호미와 낫을 놓지 않고 농사지으며 늙어가고 싶다. 그 시절 만난 페미니즘과 생태주의가 여태껏 내게 일러준 대로 말이다.

★

더 사랑하기 위해, 계속 싸울 것

이유진(달리)

농사 대신 페미니즘 씨앗 심기

사람들이 어떻게 지리산에 가게 됐냐고 물을 때마다 나를 혹시 수도승처럼 보는 거 아닐까 해서 살짝 난감하다. 귀농이나 귀촌을 실천할 때 자신이 가진 무언가를 내려놓는 게 어느 정도 사실이긴 하다. 더 많은 월급, 더 넓은 기회, 더 비싼 아파트 같은 것들과는 완전히 반대편에 있는 선택에 가까우니까. 하지만 나의 경우에는 도시에서 더 버릴 게 없었다. 처음 시골살이를 결정했을 때 일자리도, 가족도, 건강도 잃어 삶의 기반 자체가 거의 무너져내린 상태였다. 그렇기에 자발적인 발걸음보다는 '셀프유배' 또는 생존을 위한 도피에 가까웠다. 그렇다고 시골살이에 대한 로망이 전혀 없던 건 아니었다. 도시보다는 여유롭고 평화롭게 살 수 있지 않을까, 자본이 없어도 자급자족하면 되겠지, 그런 막연하고도 부푼 꿈을 안고 도시 밖 새 인생을 향해 노를 젓기 시작했다.

　시작하자마자 조금 김새는 결론부터 말하자면, 나는 시골에 와서 인생 어느 때보다도 숨차게 바쁘고 치열하게 일하며 택배를 많이 시키는 삶을 살고 있다. 귀농 초기 겁 없이 뛰어든 농사는 재해를 입어 하루 만에 폭삭 망했다. 시골은 일자리를 구하기 힘드니 돈이 되는 거라면 닥치는 대로 찾아서 했는데, 대부분 최저임금 언저리 수준이라 노동시간은 도시보다 더 길어질 수밖에 없었다. 주변에 마땅한 상점도, 저렴한 상품도 없어 온라인 쇼핑 없이는 생활하기 힘들다. 운전면허도 시골에 와서 땄다. 도시에서는 대중교통이 편리해 24시간 이동이 자유로웠지만, 시골은 차가 없으면 생계 활동조차 불가능했다.

물론 나보다 의지가 강하고 훌륭한 분들은(비꼬는 거 절대 아님) 먼 길도 걸어 다니고, 불필요한 소비를 하지 않으며, 일상을 여유롭게 가꾸며 살기도 한다. 다만 나는 그런 깜냥이 안 된다는 걸 시골의 환경조건에 겨우겨우 적응하며 깨우치게 된 것이다. 시골살이에 불만이 많아 이런 글을 쓰는 것도 아니다. 가끔은 서울 도심의 대형 스타벅스 매장 어느 구석에 앉아 천만분의 1이라는 익명성을 누리고 싶은 날도 있(많)지만, 10년 이상 시골에 살았더니 오감이 '자연'에 길들어 이제 대도시에 가면 조금의 소음이나 냄새도 잘 견디지 못한다. 해가 떨어지면 사람 구경하기 힘들고 새 소리나 개 짖는 소리 말고는 고요에 가까운 주거환경이 내 몸과 감각에 '자연스러운' 것이 된 상태다.

사실 이제는 '어디'에 사느냐가 중요한가, 하는 질문에 쉼표나 물음표를 찍게 되었다. 지금은 '누구'와 사느냐가 더 크게 다가오고 소중한 의미가 되고 있다. 사주에 있다는 역마살 때문인지 고향 빼고는 한 곳에 정주하지 않은 채 끊임없이 떠돌아다녔고, 한 직장에서 3년 이상 버텨본 적이 없던 나는, 현재 인생에서 가장 긴 기간(9년 차) 한 곳에서 살며 가장 긴 시간(8년 차) 한 직장에서 일하고 가장 오래(7년

차) 같이 일하는 동료들을 두었다. 무엇이 나를 여기 이렇게 오래 붙잡아두었나를 떠올려보면, 페미니즘 활동 그리고 이웃 여성들의 존재가 가장 크게 자리하고 있다. 그것은 대학 때도 마찬가지였다. 내가 학교를 그만두지 않을 수 있었던 이유의 중심에는 페미니즘과 장춘익 선생님 그리고 여성주의 공동체 '날' 멤버들이 있다. 20여 년 전 처음 페미니즘을 배웠을 때 '진짜 나'를 발견하고 세상에 저항하는 법을 배웠다면, 지금은 페미니즘 활동을 통해 '어떤 나'라도 수용하고 세상을 사랑하는 법을 배워가고 있다는 것이 조금 다를 뿐이다.

어떤 사람들은 페미니즘이 단지 싸움의 언어, 투쟁의 에너지라 여기지만 나는 페미니즘을 통해 나 자신을 더 이해하고 다른 이들과 더 연결되었으며 지금보다 더 나은 세상을 꿈꾸게 되었다. 그래서 내가 아는 페미니즘은 '그냥' 싸움이나 투쟁이 아니라 계속 사랑하기 위한, 사랑을 지키기 위한 저항이자 용기다. 비록 농사는 망했지만 사랑을 잃지 않기 위해 페미니즘의 씨앗을 시골/지역에 뿌리고, 키워본다. 다행히 페미니즘도 내 인생도 아직은 망하지 않았다. 아니, 더 단단히 뿌리내리며 꽃피우는 중이다.

처음 만난 자유[102]—각성과 연대의 경험

내 인생에 페미니즘 '은혜'가 흩뿌려지는 과정을 '간증'하자면, 아무래도 장춘익 선생님이 2000년 처음 개설한 〈여성주의철학〉 수업이 그 시작이 될 것이다. 페미니즘을 만나기 전까지 나는 여성으로서 겪는 부당함과 불편함의 '정체'에 대해 제대로 이해하거나 해석할 수 없었다. 유년 시절 함께 살던 할머니는 부모님에게 아들 갖기를 강요하는 동시에 장녀인 내게 "고추가 없으면 공부 잘해도 쓸모없다"고 주입했다. 어렸던 나는 '고추'가 없다는 사실에 절망해서 '고추'를 선망했을 뿐, '고추'가 인간의 자격을 결정하는 것이 '문제'라 여기지 못했다. 사춘기에 접어들며 가슴이 나오고 브래지어를 하기 시작했을 때 같은 반 남자애들이 여자애들 몸을 보고 킥킥거리며 브래지어 끈을 잡아당기고 생리대를 집어 던진 일을 '장난이 심하다'고 생각했지, 나의 권리를 침해당한 폭력이라고 해석하지 못했다.

대학에 입학하고 처음 〈여성주의철학〉 수업을 듣고서야 나는 그 모든 것이 성차별과 성폭력의 범주에 있음을 배우고, 깨쳤다. 성차별과 성폭력이라는 언어를 '얻고' 나서야 나는 여성으로서의 '찝찝한' 경험들에 대해 제대로 해석하고, 나의 느낌과 감각을 그 자체로 수용할 수 있었다. 페미니즘을 접하는 것을 흔히 매트릭스의 '빨간 약'에 비유하듯 여성주의를 공부하며 나의 세계는 완전히 '뒤집어졌다.' 더불어 〈여성주의철학〉 수업을 수강하던 시기 여성주의 공동체 '날' 활동에 동참하며 수업에서 배운 것을 대학생활에서 실천으로 이어갈 수 있었다.

페미니즘이라는 새로운 렌즈를 끼고 만난 대학은 성폭력이 일상적으로 벌어지는 곳이었다. 스토킹은 순애보로 둔갑하기 일쑤고 성희롱은 술자리 농담으로 치부되었다. 대학에만 가면 완전한 자유가 주어질 거라 낭만적으로 상상하며 감옥 같은 입시생활을 버텼는데, 연애할 자유는 있었지만 성폭력 당하지 않을 권리는 주어지지 않았다.

페미니스트로서의 시선이 주변에 보이는 것마다 반복적으로 걸려 넘어지게 만들자 터지지 못한 분노는 무기력이 되고, 어느 때엔가는 페미니즘에 대해 알게 된 게 후회스럽기까지 했다. 아무도 문제라고 여기지 않는 것을 지적하는 사람을 누가 좋아하겠는가? 하지만 나는 사랑받고자 대학에 온 게 아니고, 새로운 사유가 주는 희열과 해방감은 페미니즘을 알기 전으로 돌아갈 수 없게 만들었다. 무엇보다, 이런 나를 지지하고 보살펴준 동아리 언니들과 장춘익 선생님이 계셨다.

특히 2학년 때 과 수업에서 벌어진 성폭력 사건의 처리 과정은 내게 깊은 상흔과 더불어 작은 희망의 불씨를 남겼다. 20여 년이 지났지만 당시 선배들이 협박하고 비난했던 2차 가해의 장면들은 쓸데없이도 여전히 선명하다. 그들은 피해자나 공동체가 아닌 가해자의 안녕만을 걱정했고, 제대로 된 조치를 요구한 나에게 침묵을 강요하며 고립시켰다. 여성주의 활동을 하며 선배 활동가들에게 들은 조언 중 가장 도움이 되는 말이 있다면 "적을 설득하는 데 진을 다 빼지 말고 내 편을 찾아 즐겁게 연대하라"는 것이다. 사건 직후 나는 이 사건을 자기 일처럼 대할 유일한 울타리인 동아리 '날'에서 언니들에게 도움을 청하며 해결 방법을 의논했다. 그리고 이 기회에 과내 성차별/성폭력 문제를 근본적으로 해결해보자고 나선 선후배, 동기들과 '작은 용기를 소중히 생각하는 사람들의 모임'을 꾸려 평소 고치고 싶었던 과내의 문화나 관습에 대해 토론하고 작은 규칙을 하나씩 만드는 작업을 함께 했다. 장춘익 선생님은 내게 2차 가해했던 선배들을 불러

잘못을 제지하고 나에게 "괜찮냐"고 살펴주시기도 했다.

그렇게 페미니즘 활동 속에서 혼자가 아니라는 따뜻한 믿음과 연대를 경험한 덕분에 나는 두려움 속에서도 도망치거나 포기하지 않고 앞으로 계속 나아갈 수 있었다. 무엇보다, 페미니스트를 혐오하는 세력에 흔들려 스스로 자기혐오에 빠지지 않으면서 끝까지 싸우는 나 자신을 믿고 지지하려 애썼다. 이때의 경험이 준 힘은 지금도 유효해서, 삶에서 싸움이 필요할 때면 배에 힘을 주고 한발 용기를 내려 한다. 강해서 싸우는 게 아니라 싸울수록 강해진다는 사실을, 페미니즘 활동으로 몸소 알게 되었으니까.

성구매자들이 키운 반(反)성매매 활동가

대학을 졸업하기 직전 내가 동아리 '날'에서 마지막으로 '쏘아 올린' 여성주의 활동은 학내 페미니즘 운동 지지 단위들이 연대해 꾸린 '한림대 성매매 근절을 위한 대책위원회' 조직이었다. 총학생회장을 비롯한 학생회 임원들과 학교 교직원들이 함께 룸살롱에 갔었다는 사실을 처음 들었을 때 믿기 힘들었다. 그곳에 갔던 당사자에게서 사실을 확인받게 되어 학우들에 대한 공개 사과와 회장직 사퇴를 요구하자 학생회에서는 책임을 회피했다. 동아리 '날'에서는 이것이 대화로 해결할 사안이 아니라는 결론을 내리고 결국 대자보를 통해 사건을 알리고 학생회에 공개적인 해결을 요구한 것이었다.

사건 내용이 담긴 대자보가 어느 남학생들에 의해 찢기는 것을 바로 눈앞에서 목격한 날이 생생하다. 그들은 우리 동아리를 욕하며

"대한민국에 룸살롱 안 가는 남자가 어딨냐"고 큰 소리로 말했다. 동아리 '날'에서 2000년대 초반 경기도의 기지촌 여성시설에 방문해 자원활동을 한 적은 있었지만, 나는 위 사건을 접하기 전까지 성매매 문제가 내 삶과 연결점이 있다고 여기지 않았다. 그런데 알고 보니 과 내에서도 선배들이 돈을 모아 군입대를 앞둔 남자 후배를 성매매업소에 보내주며 '총각딱지'를 떼주는 게 하나의 유산처럼 치러지고 있었고, 학보사와의 인터뷰에서 룸살롱에 갔던 교직원이 "선후배 간의 사적 모임"[103]이었다고 밝히는 것을 보며 어떤 남성들에게는 성구매가 남성연대를 쌓는 하나의 '놀이문화'임을 깨닫게 되었다.

이 사건을 계기로 나는 졸업논문의 주제를 '성매매'로 바꾸었고, 졸업 후 성매매 피해자 지원시설에서 첫 사회생활을 시작하게 되었다. 대학 안에서 성구매가 남성에게 당연한 일로 옹호되고 성매매에 대한 문제의식을 공감받지 못했던 경험은 여성주의 활동을 하는 데 있어 깊은 무력감이 들게 했다. 그러나 한편으로 나는 거기서 주저앉지 않고 어떻게 더 나아갈 것인가, 성매매 문제를 어떻게 바라보고 내 삶의 어떤 과제로 안고 갈 것인가에 대한 답을 찾기로 한 계기가 되기도 했다.

20대에 4년 가까이 성매매 현장에서 활동한 경험은 마주하기 힘든 고통의 기억이자, 페미니스트로서 평생 기억에 안고 살아갈 뿌리다. 10대부터 60대까지, 서울 강남의 도심에서부터 바다 건너 어느 작은 섬까지 성매매는 주변부의 여성들 삶 속에 있었다. 상담원이라는 위치에서 그 현장을 '목격'하고 그들의 이야기를 듣고 나니 성매매는 더 이상 내게 먼 일이거나 내 삶과 무관한 것이 아니라, 성차별적인 사회에서 살아가는 여성으로서 마음과 손을 포개야 하는 이슈가 되었다.

몇 년 전부터 젠더폭력 예방교육 활동을 하며 학교나 기관에서 성매매에 대한 강의도 하는데, 예전의 나처럼 성매매 문제가 자신과 상관없다고 생각하는 학생, 시민들에게 성매매 현장의 폭력성과 반성매매 활동 경험을 공유하며 모두가 성매매 문제 해결의 주체가 되기를 촉구하고 있다. 이렇게 한림대에서 여성주의 공부와 운동을 하며 알알이 맺은 열매들이 이어진 삶에 또 다른 길을 내고, 중심을 잃지 않도록 힘을 준다. 얼마 전 장춘익 선생님 추모 행사에 나의 형편없는 졸업논문이 언급되었다는 소식을 듣고 눈물이 왈칵 났다. 선생님이 졸업논문을 받고 보내주신 이메일에 "자기만의 언어를 구사하는 유진의 글을 읽는 건 늘 즐겁다"고 쓰신 걸 다시 읽어보았다. 〈여성주의철학〉 수업과 '날'이 없었다면 나만의 언어도, 무너진 후 삶을 복원해가는 힘도 얻을 수 없었으리라.

페미니즘 예술로 일상의 성차별 문화에 대항하기

대학에서 공강시간을 때우거나 혼자 시간 보낼 곳이 필요할 때면 학교 도서관에 가 여성 시인들이 쓴 시집을 꺼내 필사하곤 했다. 고등학교 문학시간에는 한 번도 배우지 못했던 작품들이었다. 페미니즘을 접하고 여성의 언어에 처음 관심을 기울이며 글을 보고 쓰는 법이 나도 모르게 달라졌음을 느꼈다. 페미니스트로서의 글쓰기는 '말하기'라는 무기와 나 자신을 보살피는 힘이 되었다. 지리산 지역으로 이주하고 재미있는 일이 없나 궁리하던 때에도 내가 가장 하고 싶은 일은 글을 쓰고 책을 만드는 것이었다. 그래서 마을의 이웃 여성들에게 접근(?)해 같이 잡지를 내보자고 제안했다. 대부분 글쓰기에 자신이 없다고 말하면서도 또 대부분이 어렵지 않게 수락했다.

어쩌면 우리는 내면에서부터 뭐라도 말하고 싶다는 갈증과 뭐라도 해보고 싶다는 욕구를 각자 또 함께 품고 있었는지도 모르겠다. 지리산에 사는 여자들이 글을 같이 쓰니까, 잡지 이름을 「지글스」(지리산에서 글 쓰는 여자들)라 짓고 각자의 글, 그림, 사진 등 창작물을 모아 계절마다 한 권씩 4년간 꾸준히 발행했다.[104] 처음에는 우리끼리 재미있자고 시작한 일이었는데 1년쯤 지나자 정기구독 문의가 들어왔다. 그러더니 작업이 활발하게 이루어졌을 무렵엔 정기구독자가 150명이 넘어갔고(장춘익 선생님도 구독자 중 한 명이었다), 전국 각지의 독립출판서점에서도 판매하게 되었다.

여성들로 이뤄진 '글쓰기 공동체'는 예상하지 못한 힘과 잠재력을 가지고 있었다. 우리는 책이 하나씩 나올 때마다 정기적으로 필진 모임을 갖고 서로의 글을 읽어주며 소감을 나눴다. 날 선 비평 대신 "너무 좋다" "너무 잘 쓴다"는 상찬의 말이 오가도 민망함과 겸손 따위는 던져버리고 "우린 너무 멋지고 훌륭해!" 하며 함께 박수를 치고 서로의 등을 두들겨주었다. 「지글스」에서 받은 은혜를 간증하는 부흥회' 자리가 되어버린 필진 모임은 우리를 굳건히 연결시켜주고, 지역에서 여성으로 살아가는 서로의 삶을 보살피며 지지해주는 울타리가 되었다. 그 연결점이 하나로 모아진 곳에서 페미니즘 운동의 싹이 터당시 내가 활동하던 비영리단체 '문화기획달'에서 '농촌 페미니즘 캠페인'[105]을 처음 시도하게 된 것이다.

'문화기획달'[106]은 마을에서 소소한 문화예술 교육과 활동을 하고자 2014년 홀로 이름만 건 1인 기획사로 출발했다. 그런데 첫 사업으로 「지글스」를 발행하고 1년가량 지난 후 필진들의 요청으로 페미니즘 활동을 시작하게 되었다. 그로 인해 단체의 정체성도 여성주의 문화단체로 바뀐 것이다. 대학에서 여성주의 운동을 활발하게 했지만 시골의 가부장적인 문화와 정서를 너무 잘 알기에, 농촌에서까지 이런 활동이 가능할 것이라 생각하지 못했다. 하지만 여성들이 글쓰기를 통해 목소리를 찾고, 자신의 목소리를 갖게 되면서 뜻밖에도(아니면 자연스럽게도) 페미니즘에 대한 요구가 터져 나왔다.

작고 좁은 지역, 서로가 얽히고설킨 관계 속에서 '다른' 목소리가 과연 어떤 파동을 불러일으킬지, 그것이 얼마나 수용될지 전혀 가늠할 수 없었고 막연한 두려움이 앞섰다. 그러나 든든한 동료들과 옆에서 손을 꼭 잡은 이웃 여성들 덕분에 우리는 사방에서 들려오는 비난과 공격의 '백래시'를 넘고 돌파하며 마을의 아래서부터 변화를 만들어갔다. 페미니즘 캠페인 이후 마을에서는 '부녀자'를 동원해 음식 조리와 서빙 등에 무상노동을 맡겼던 행사에 남성 자원봉사자를 찾으며 의무 참여를 공지했다. 술자리 음담패설로 치부되던 성희롱 발언들이 점차 사그라들기 시작했다. 성폭력 사건 해결을 모색하는 단위가 생겼고, 우리 단체에서는 반성폭력 규약을 만들어 마을에 공유했다. 가장 극적인 변화를 체감했던 순간은, 처음 페미니즘 캠페인을 시작했을 때 그에 대해 거부감을 표했던 사람들이 나중에는 자발적으로 우리 단체의 후원자가 되고 페미니즘 모임에 참여하는 것을 본 순간이다. 사람은 쉽게 변하지 않는다고 하지만, 마을의 공기가 변하자 사람들은 서서히 물들고 조금씩 움직여갔다.

지역에서 페미니즘의 씨앗이 뿌리 내리고 줄기를 뻗는 동안 나도 함께 자란 것 같다. 우리가 덜 절망하고 덜 지치며 싸움을 계속 할 수 있었던 것은 서로의 존재 덕분이기도 하지만 무엇보다 '유머'를 잃지 않았기 때문이다. 우리는 페미니스트라는 이유만으로 들었던 욕과 비난을 수집해 페미니즘 소식지의 표지로 만들었고 온/오프라인을 통해 전국에 배포했다.[107] "당신들의 망언을 모두 기록으로 남겨 역사에 박제하고 남은 평생 부끄럽게 만들겠다"는 것이 그 목적이었다(신기하게도 소식지를 뿌린 다음부터 욕과 비난이 거의 들려오지 않는다). 그래서 우리는 성차별주의자, 여성혐오자(misogynist)들을 '뮤즈'라 부른다. 창작자의 정체성을 가진 우리들에게 새로운 예술의 영감을 화수분처럼 끊임없이 제공해주는 그들이 뮤즈가 아니라면 무엇이랴. 싸움은 소진을 불러오지만 우리는 지혜롭게 분노를 연료 삼아 백래시를 작품으로 녹여내며 페미니즘 예술의 길을 함께 가는 중이다.[108]

어쨌거나, 우리 모두 괜찮아

장춘익 선생님과 대학에서의 여성주의 활동 그리고 현재 내가 머무는 곳에서의 일들을 찬찬히 돌아보며 글을 쓰는 동안 힘들었던 기억보다 넘치게 받은 사랑이 더 크게 다가와 감사하기만 하다. 장춘익 선생님과 함께 학교에 있었던 시기, 나는 늘 분노와 억울함이 가득한 페미니스트 학생이었고, 그런 감정들을 어떻게 다뤄야 할지 몰라 사방에 부딪쳐 다치기 일쑤였다. 당시 그런 나를 있는 그대로 보고 돌봐준 '어른'은 선생님이 유일했을 것이다. 그래서인지 선생님에게서 보호자 같은 느낌을 받기도 했다. 어느 날 '어쨌건 페미니스트인 Y에게'라는 글을 선생님 홈페이지에서 봤을 때 선생님이 내 마음을 읽으셨나? 하는 생각이 들었다. 나 자신보다 더 진심으로 나의 행복을 비는 듯한 선생님의 마음에 고마움보다 어쩐지 부끄러움이 앞섰다. 20여 년이 흘러 그 글을 다시 마주하고 계속 읽으면서 나는 덜 부끄럽고 더 감사해졌다. 그리고 선생님의 축복처럼 '멋지고 행복한 페미니스트'가 되는 것이 결코 불가능하지 않다고 믿는다.

나 그리고 우리, 모두 지금 이대로 괜찮다.

★
'페미니스트 되기' 확장과 횡단의 실천

조한진희

진희(眞姬). 굳이 뜻을 풀면 진정한 여성이라는 의미가 된다. 치밀한 성차별과 자본주의 사회에서 '진정한 여성'으로 산다는 것은 어떤 것일까. 태어나면서부터 성차별은 그림자처럼 따라다녔다. 아들을 기다리던 집의 넷째 딸은 태어났을 때 한숨 소리를 가장 먼저 듣고, 존재하지도 않는 아들과 경쟁하며 성장한다.

하지만 알다시피, 이런 조건이 곧 페미니스트를 만드는 것은 아니다. 자본주의 사회의 모든 노동자들이 노동자성을 각성하는 게 아니듯, 성차별 사회에서 여성은 필연적으로 차별이나 다양한 성폭력을 경험하지만, 그 모든 여성이 페미니스트가 되지는 않는다. 다만 차별, 평등, 정의에 좀 더 민감할 가능성은 높아진다. 페미니즘이 하나의 세계관이자 인식론이고, 당연한 것에 의심을 품고 질문을 던지며, 약자들의 연대를 의미하는 것이라면, 나는 페미니스트가 되기에 좋은 조건 속에서 '진정한 여성'으로 살아갈 기회를 가졌던 것인지도 모른다.

뜨겁고도 혼란한 그해 가을

"학생자치권 탄압 중단하라, 징계처분 철회하라!"

이번에는 몇 차례의 근신과 정학을 넘어 퇴학 처분을 받았다. 가을 체육대회 중이었던 만큼 모든 학생들이 체육복을 입고 운동장에 모여있었는데, 순식간에 전교생이 한목소리로 학생자치권 탄압 중지와 함께 나와 동료의 퇴학 처분 철회를 외치기 시작했다.

발단은 풍물패 동아리 공연이었다. 매년 학교 체육대회 때 우리는 풍물 공연을 했는데, 고등학교 3학년이던 그해 갑자기 금지됐다. 학교에서는 뚜렷한 이유를 대지 못했고, 우리는 학생자치활동에 대한 탄압이라며, 결국 체육대회에서 공연을 강행했다. 학생주임과 교무주임 등은 우리를 운동장에서 끌어냈고, 체벌이라고 부르기도 민망한 구타가 시작됐다. 우리 등에는 교사들의 발자국이 찍혔다. 그리고 얼마 뒤 스피커를 통해 주동자인 나와 친구에게 퇴학 징계 방송이 나왔다.

고2 때 담임 선생님은 "질문이 많은 사람은 인생이 평탄하기 어렵고, 모난 돌이 정 맞는다"며, 내내 나를 안타까워하셨다. 그러나 나는 질문을 멈출 수 없었다. 세상은 왜 불평등한지, 여성과 남성은 왜 차별받아야 하는지, '서열' 높은 대학에 가는 게 정말 좋은 일인지, 사상의 자유가 있다면서 왜 못 읽게 하는 책은 그토록 많은지, 학생들의 정치적 활동은 왜 금지되어야 하는지, 속옷 검사를 하고 현모양처를 급훈으로 거는 것은 반인권적이고 성차별적인데 왜 버젓이 교육 현장에서 그런 일들이 일어나는 것인지…. 내 안에서 질문은 끝없이 이어졌고, 학교 교사들에게 몇 차례 질문을 던졌다가 돌아온 것은 '하라는 공부는 안 하고, 쓸데없는 것에 관심 둔다'는 비난과 체벌이었다. 입시와 위계질서가 점령한 학교에서는 사유도 토론도 가능하지 않았다.

　다행히 학교 밖은 달랐다. 나는 고등학교 1학년 때부터 학내 풍물패를 시작으로 학교 바깥에서는 고등학생단체 활동을 함께하며 고등학생운동[109]을 시작했다. 고등학생운동은 현재까지도 사회적으로 제대로 평가되지 못했지만, 80년대부터 90년대 중반까지 이어진 진보적 사회운동이었으며, 현재는 청소년인권운동으로 전환 계승되었다. 당시 우리는 〈행복은 성적순이 아니잖아요〉〈닫힌 교문을 열며〉 같은 입시경쟁의 폐해와 전교조 탄압에 관한 영화를 보았고, 『공산당 선언』이나 『가족, 사유재산, 국가의 기원』 같은 책을 읽고 세미나를 했다. 학습한 내용을 토대로 입시 중심의 교과과정과 과도한 경쟁 속에서 자살로 이어지게 만드는 제도권 교육을 비판하는 성명서를 쓰고, 메이데이 집회 등에 참여하기도 했다. 우리는 일제강점기 '학생의 날'의 유래부터 4.19와 5.18에 이르기까지 고등학생은 사회 변혁의 주체가 아닌 적이 없었으며, 고등학생이 움직이면 사회가 변화한다는 근거 있는 믿음을 가지고 있었다.

　1995년, 학교에서 갑자기 풍물패 공연을 금지한 진짜 이유는 '공안 정국'이었다. 1994년 서강대 박홍 총장이 고등학생 중에서도 주사파가 있다는 발언을 했고, 고등학교 안팎의 다양한 자치활동에 대한 탄압이 강화됐다. 지금 생각하면 그저 학교 밖에서 토론모임을 하고 동아리 활동을 한 것 정도인데, 미행이나 감시가 붙고 체벌과 징계가 이어졌다. 그해를 기점으로 고등학생운동 단체들이 깨져나갔고, 내가 속해 있던 단체도 흔들리기는 마찬가지였다. 당시 고등학생운동을 하던 이들은 학교를 졸업하고 공장으로 노동운동을 하러 가거나, 남아서 고등학생운동을 지원하는 역할을 했다. 그러나 내가 속해 있던 단체에서는 더 이상 전망을 가질 수 없었고, 함께 운동을 하던 동료들은 탄압 속에서 넘어지거나 흩어져갔다. 고3 가을을 그렇게 뜨겁고도 혼란스럽게 보낼 즈음, 함께 고등학생운동을 했던 그리고 졸업 후 공장으로 갔던 선배가 산업재해로 인해 주검이 되어 돌아왔다.

'동료'가 아닌 '여자'로 호명되는 세상에 들어서다

잿빛 황망함 속에서 방황이 시작되었다. 우리가 꿈꾸던 멀고도 가까운 변혁은 모호해졌다. 절망감과 알 수 없는 죄책감, 그리고 혼돈에 갇힌 기분이었다. 어릴 적부터 마음이 아플 때면 책을 찾았고, 자주 광화문 교보문고 서가를 헤집으며 다녔다. 그러다 우연히 「시대와 철학」이라는 책에서 '역사유물론과 역사유물론의 재구성: 마르크스와 하버마스를 비교하는 한 관점'이라는 논문을 읽었다. 글쓴이는 한림대 장춘익 교수라고 쓰여있었다. 그 논문을 충분히 이해할 수 없었음에도, 무언가 다른 전망을 찾을 수 있을 것만 같았다. 수능을 두어 달 남겨둔 시점에서 고등학교 3년 내내 펼쳐보지 않았던 교과서를 보기 시작했다. 정신없이 수능을 보고, 면접을 보았다. 면접을 보러 간 연구실 명패에 '장춘익'이라는 이름이 보였다. 몇 가지 형식적인 질문이 오가고, 마지막에 교수는 질문이 있으면 하라고 했다. 나는 학교 캠퍼스에 현수막이랑 대자보도 별로 안 보이고, 왜 그렇게 깨끗한지 물었다. 장춘익 선생님은 예의 그 미소 띤 표정으로 약간의 침묵 뒤 말쓰하셨다. "강의실에서 봅시다."

그러나 대학은 여러모로 실망스러웠다. 몰래 읽던 책을 마음껏 읽고, 뜨겁게 토론하고, 신나게 데모하며, 치열한 변혁을 꿈꿀 수 있으리라는 막연한 기대 때문이었을까. 수업은 생각보다 '급진적'이지 않았고, 선배들은 내가 고등학교 때 동료들과 학습했던 책을 서문만 거듭해서 읽는 게으른 모습을 보이는가 하면, 열정보다 습관적으로 데모에 참여하기도 했다. 하루는 당시 나보다 일곱 살이 많은 총학생회장과 토론이 붙었다. 대중운동과 페미니즘이 주제였던 것으로 기억하는데, 그가 자신의 오류를 인정하지 않는 것을 견딜 수 없었다. 밤을 새우고 동이 틀 때까지 끝장 토론을 해서 그가 스스로의 오류를 마침내 인정하도록 했다. 선배들 사이에서, 무서운 '여자' 새내기의 등장으로 회자됐다고 들었다.

그리고 얼마 뒤 '연세대 사태'로 불리는 한총련 주최 범민족대회가 연세대에서 있었다. 대학 교정에 헬기가 들어와서 최루액을 살포했고, 의경 한 명이 사망하고, 수천 명의 학생과 시민들이 연행된 사건이었다. 당시 나는 1학년이었던 철학과 동기 일곱 명에게 제안해서 함께 그 대회에 참여했고, 연행됐다. 당시 경찰서에서 훈방조치를 받으려면 부모님이나 교수의 사인이 필요했는데, 우리는 장춘익 선생님에게 연락했고 흔쾌히 달려와 사인을 해주셨다. 선생님은 당시 학생운동의 방향과 태도들에 대해 상당 부분 비판적이었으나, 그럼에도 우리가 연행될 때마다 달려와 교수 사인을 해주셨다. 그리고 학생운동이나 민족주의, 대중적 소통에 대해서 여러 질문을 던져주었다.

주체사상이나 민족해방을 주장하는 학생운동 정파와 거리를 둘 수 있게 된 것은 거의 전적으로 선생님과의 토론 덕분이었다. 우리는 연구실과 술자리에서 정의와 평등, 통치권력과 시민불복종, 아나키즘이나 표현의 자유까지 광범위하게 뻗어나가는 토론을 했다.

토론은 흥미로웠지만, 학교생활은 다소 혼란스러웠다. 나는 여중과 여고를 나왔고, 90년대 서울지역의 고등학생운동은 전반적으로 여초 현상이 강했기 때문에, 동료 관계에서 나를 '여자'로 호명하는 경우는 드물었다. 대학은 달랐다. '무서운 여자' 후배거나, '남자 못지 않은 여자' 동기였다. 끊임없이 '여자'로 호명되는 것은 낡고도 새로운 일이었다.

고등학생운동을 할 때도, 대학에서 운동을 할 때도 여자 선배들은 있었지만, 자신을 페미니스트로 규정하고 그에 맞는 실천을 하는 선배는 없었다. 철학과 토론 소모임 '북두칠성'에서 여성 억압의 어제와 오늘이라는 타이틀을 단 『여자는 왜?』라는 책을 읽기 시작했을 때, 운동권 중앙동아리에서 동료들과 『여성 이야기 주머니』와 『여성학 강의』를 읽기 시작했을 때, 선배들은 하나같이 페미니즘 책으로 세미나를 하는 것은 처음이라는 이야기를 했다. 이후 운동권 학생들의 집중 학습과 토론장인 '정치학교'에도 페미니즘 커리큘럼을 넣자고 제안했고, 다행히 성공했다. 일부 반대하는 선배들도 있었으나, 결국 설득해냈다. 시도되지 않았던 새로운 커리큘럼을 제안하는 흥미진진함과 뿌듯함이 있었고 겉으로는 기 센 페미니스트였건만, 내 안에는 다소 무거운 책임감과 외로움이 있었던 것 같기도 하다. 어떤 페미니스트가 되어야 하는지, 일상의 전선(戰線)에서 어떻게 판단하고 대응해야 하는지 롤모델도, 함께 고민할 선배도 동료도 없었다.

2학년이 되었을 때 내가 속했던 학생운동 진영에서, 단과대 학생회장 후보단으로 추천되었다. 그때 단과대 학생회는 주로 3, 4학년이 회장, 2, 3학년이 부회장을 하는 구도여서 사학과 4학년 선배가 회장, 내가 부회장으로 추천되었다. 우리의 이력은 누구 못지않게 흘러넘쳤다. 당시 한총련의 모토는 투쟁 학습 생활의 공동체였고, 대중성을 갖는 것을 중시했다. 정(正)후보인 선배는 대중적인 캐릭터로서 큰 매력이 있었는데, 특히 쾌활한 성격으로 학과에서 운동권과 비운동권을 가리지 않고 인간관계가 넓고 두텁기로 유명했다. 등록금 투쟁이나 학원자치권 투쟁 등의 활동도 제법 열심히 해서 두루두루 신임도 높았다. 나 또한 학과 토론 소모임부터 동기나 선후배들과 친분이 두터웠고, 1학년 때부터 다양한 투쟁에 빠지지 않는 성실한 운동권으로 평가받았고, 고등학생운동 이력은 검증된 후보라는 말로 첨부됐다. 무엇보다 당시는 한총련이 이적단체로 규정된 직후였기 때문에, 단과대 학생회장단이 된다는 것은 수배도 각오해야 하는 일이었다. 우리에게 수배는 두려운 일도 아니었고, 단과대 회장단으로 새로운 시도와 실험을 할 수 있다는 설렘이 있었다. 그런데 문제가 '생겼다.'

단과대 학생회장단 후보 두 명이 모두 '여성'이라는 게, '문제'라고 했다. 1997년 당시만 해도 한림대에서 단과대 학생회, 총학생회를 포함해 여자가 회장인 경우는 아직 없었고, 상대적으로 나은 현실이던 서울지역에서도 매우 드문 일이었던 것으로 기억한다. 학생회 선거는 다양한 학생운동 정파들의 '살벌한 축제'였고, 선거에서 다른 정파에 밀려 패배하는 것은 용납되지 않는 일이었다. 우리는 여여(女女) 후보단이 나설 경우 당선 가능성이 희박하다는 예비역 선배들의 조언에 쉽게 뒤로 물러섰다. 그리고 안타깝게도 당시의 나는 이것을 성차별로 제대로 읽어내지 못했다. 이미 수많은 페미니즘 책을 읽고 세미나를 하고도, 그게 성차별임을 명시적으로 깨닫게 해준 것은 장춘익 선생님이었다. 학생운동 안에서도 성차별이 있음에 분노했고, 진영 논리에 휩싸여 그것을 성차별로 명확히 인식하지 못하는 나를 안타까워하셨던 것으로 기억한다. 선생님과 사회주의 페미니즘이나 클라라 체트킨, 줄리엣 미첼의 주장들에 대해 토론하기 시작했다.

추방에도 불구하고 확장하고 뻗어가는 페미니즘

그리고 학교 운동사회 내 성폭력 사건이 있었다. 정확히는, 오래도록 이어져왔을 성폭력 사건들이 처음 공식적으로 외연화되었다. 1년간의 휴학을 마치고 1999년도에 학교에 돌아오니 운동사회는 성폭력 사건으로 들끓고 있었고, 우리는 회의를 거듭했다. 학생운동사회에서 어느 날 조용히 사라진 A, B, C… 등의 여자 '후배'들을 만났고, 분노와 자괴감이 차올랐다. 가해자들을 보며 '우리'가 말한 해방에 '여성'은 없었음을 뼈아프게 깨달아야 했다. 학교에 총여학생회도 여성주의 동아리도 없는 현실이 새삼 갑갑했다. 조직을 꾸려야 한다고 생각했다. 동료들과 인권동아리 산하에 여성주의 분과 '아름드리'를 만들고, 이후 중앙동아리 여성주의 공동체 '날'을 만들었다. 동두천 기지촌 활동을 기획하고, 학내에서 호주제 폐지 서명운동을 하고, 여학생 휴게실 개선 방안 설문조사를 하고, 반성폭력문화제를 벌이면서 그렇게 활동을 확장해갔다.

그러던 중 4년 내내 열정적으로 활동하던 운동권 중앙동아리 예비역 선배들로부터, 여자 후배들을 페미니스트로 물들이고 선동하는 행동을 그만하라는 비난과 압박이 시작됐다. 그들의 생각에 동의할 수 없었으니 끝까지 맞섰고, 결국 동아리에서 격렬하게 '숙청'됐다. 그때는 분노에 차고 상처 입었지만, 사실 그런 일은 여러 조직에서 제법 벌어지던 일이었다. 여성해방은 민족해방이나 노동해방 이후의 과제라는 선후(先後) 담론들, 페미니즘은 서구 부르주아 여성의 언어라는 비아냥들, 여성들을 페미니스트로 물들여서 조직을 분열시키지 말라는 망령(亡靈) 같은 말들. 그들의 태도에 분노하고 그 남성성을 비판하며, 여성주의 공동체 '날' 활동에 더욱 집중해갔다.

짐작건대, 2000년 〈여성주의철학〉 수업이 개설된 배경에는 학내 여/학생들의 각성과 활동도 일정 정도 영향을 미쳤으리라 본다. 학생 사회에서 그런 차별과 성폭력이 과거에 없지 않았을 것이나, 더 이상 차별과 성폭력에 침묵하지 않고 적극적으로 문제를 제기하고 소리를 높이는 여/학생들이 하나둘 늘어나고 있었다. 학생들의 고민과 활동에 예민하게 공감하는 교육자이며 조력자이자 연대자였던 장춘익 선생님은 잘 알고 계셨을 것이다. 소수자에게 필요한 것은 '언어'라는 것을 말이다. 이 사회를 여성주의적으로 해석할 수 있는 시선, 일상의 차별을 분석할 수 있는 이론, 사상적 체계를 갖는 것의 중요성을 고민하지 않으셨을까. 교수로서 가장 적극적으로 현실에 개입하고 연대할 수 있는 방법은 여성주의 수업의 개설이라고 생각하셨을지도 모른다. 〈여성주의철학〉 수업은 여러 책을 두서없이 읽어온 내가 페미니즘을 체계적으로 이해할 수 있는 기회였고, 나의 사유를 점검하고 훈련할 수 있는 장이었다.

낯모르는 페미니스트 '선배'들의 씨앗

〈여성주의철학〉 수업 이전에, 여러 페미니즘 책을 접할 수 있었던 것은 순전히 우연이었다. 중학생 때부터 큰언니의 책장에 꽂혀있던 책들을 몰래 꺼내 읽곤 했다. 큰언니는 80년대 학번이지만 여대를 다녔기 때문인지, 페미니즘 서적이 제법 있었다. '또하나의문화'에서 나온 『삶의 여성학』『여성 해방의 문학』, '여성을 위한 모임'에서 나온 『일곱 가지 여성 콤플렉스』, 그 외에도 마거릿 미드나 여성 소설가들의 책을 읽었다. 그리고 중고등학교 시절 등교하며 구입했던 「한겨레신문」에서 성폭력 가해 의붓아버지를 살해한 사건, 서울대 신정휴 교수 성희롱 사건에 대한 대응 활동과 「성폭력 특별법」 제정 운동을 구체적으로 볼 수 있었다.

내가 페미니즘 책을 접한 건 우연이었으나, 80~90년대 수많은 페미니즘 책이 나오고 진보적 여성운동이 진행된 것은 우연이 아니었다. 한국의 여성운동 흐름에서 보자면 80년대 중반과 90년대 초반은 여성 지식인과 여성 사회운동 활동가들을 중심으로 독자적 움직임이 생기던 때이기도 하다. '또하나의문화'는 1984년 남성주의적 가부장

문화 속에서 대안적 페미니즘 운동을 지향하며 동인 형태로 출범했고, 1983년에 출범한 '여성평우회'는 기존의 진보적 운동조직과 별도로 여성운동의 필요성을 강조하며 출범한 대중조직이었다. 나는 그 낯모르는 페미니스트 '선배'들의 사유와 활동을 책과 신문을 통해 일찍 접할 수 있었고, 내가 태어날 때부터 경험한 성차별과 가족의 한숨을 해석할 수 있는 단서를 찾을 수 있었다. 아들이 아니라며 내게 자주 화를 내던 할머니에 대한 막연한 원망이 아니라, '우리'의 억울함과 분노를 설명할 언어를 조금씩 배울 수 있었다. 결국 내가 페미니스트로 처음 씨앗을 틔울 수 있었던 것도, 한국 사회에서 90년대 대학가 영페미니스트의 탄생도 모두 앞선 페미니스트 '선배'들이 있었기에 가능했다.

여성은 균질하지 않다—내가 모르는 여성들

대학을 졸업하고 여성민우회에서 활동을 시작했다. 내가 맡은 주요 업무 중 하나가 직장 내 성희롱을 비롯한 여성노동 상담이었는데, 다양한 성차별과 성폭력 현실을 마주하고 투쟁하는 시간이었다. IMF 외환위기 직후였던 만큼, 여성우선 해고나 임신해고 등의 사례가 수두룩했다. 또한 공장의 라인에는 중년 여성들을 세우고 관리자는 남성으로 두어서, 성희롱을 노동 관리와 통제의 한 방법으로 사용하기도 했다. 매번 사건에 깊이 개입하고 싸우는 일은 쉽지 않았지만, 하나의 작은 승리가 조금씩 변화를 만들어갈 거라는 믿음은 큰 힘을 주었다. 동시에 민우회 활동을 통해, 여성은 균질하지 않은 집단임을 깨닫게 되었다. 블루칼라 여성과 화이트칼라 여성의 삶은 달랐다. 공장에서 일하는 중년 여성의 고단함에 대해, 어떤 엘리트 여성들은 '구원'의 시선으로 볼지언정 결코 평등한 연대의 시선으로는 보지 않았다. 지역의 중산층 중심의 목소리들이 불편했고, 몰계급성, 이성애중심성, 비장애인 중심성에 한계를 느꼈다. 여성 내부의 확연한 차이를 목격하고서야, 나의 무지에 당황했다. 우리의 혁명에 여성이 없었음을 알았던 순간처럼, 여성 내부의 차이를 인지한 순간 당혹감과 허탈함에 사로잡혔다. 다시 뿌연 현실에 놓인 느낌이었다. 나도 다른 여성들을 대상화하거나 한계적 시선으로 보고 있지는 않은지 돌아보게 됐다. 스피박이 말한 '무지할 수 있는 특권'을 내가 누리고 있는 것 같아서, 조금 겁이 났다.

그리고 장춘익 선생님의 권유를 다시 떠올렸다. 졸업을 앞뒀을 무렵부터 선생님은 내게 대학원에 진학해 여성학을 공부하길 권하셨다. 4학년 때 〈여성주의철학〉 수업을 들으며 선생님의 배려로 대학원에 개설된 여성학 수업도 들을 수 있었는데, 선생님은 아직 여성학의 향기만 맡은 정도이니 공부를 본격적으로 했으면 좋겠다고 하셨다. 그리고 다소 파격적인 제안도 하셨는데, 석사과정에 진학해 공부를 하며 학부 〈여성주의철학〉 수업을 함께 진행하자는 것이었다. 고마운 일이었고, 민우회 활동을 통해 무지와 한계를 깨닫기도 했으니 확실히 여성학 공부가 더 필요했다. 그러나 나는 몇 년간 이어진 선생님의 권유와 제안을 끝내 거절했다. 나는 책 속의 이론보다 생생한 현장을 통해 사회를 배우고 싶었다.

민우회 활동을 통해 나의 무지함을 단단히 깨달은 이후, 내가 가장 모르는 게 '어떤 여성'일지 스스로에게 물었다. 베일에 싸여 가부장제에 억눌린 여성들로 재현되는 중동의 '무슬림' 여성들이 떠올랐다. 장애여성 단체의 활동가들을 지원하는 일을 잠시 하면서, 중동으로 갈 준비를 했다. 당시 그런 고민을 하게 된 배경에는 2003년 이라크 파병이 작용했다. 주말마다 이라크 파병 반대 집회에 나갔지만 끝내 파병이 이루어지는 것을 보며, 한국이 식민지와 전쟁 피해 국가일 뿐 아니라, 베트남에서는 가해 국가였듯,[110] 이라크를 침략하는 국가가 된 현실을 인정하기 힘들었다. 물론 정부와 시민을 동일시하는 것은 아니지만, 그것을 끝내 저지하지 못한 것에 대한 책임을 피할 수는 없었다. 게다가 미국 부시 정권은 이라크 침공의 이유로 이라크 여성의 해방을 말하고 있었고, 미국의 일부 페미니스트들이 이라크 여성의 해방을 위해 침공을 지지하는 현실은 혼란과 자괴감을 더했다.

2004년 터키로 날아가서 이란, 시리아, 요르단, 팔레스타인 지역을 육로로 이동하며, 그 현실로부터 배우기 시작했다. 여성단체를 방문해서 여성의 현실과 과제에 대한 이야기를 듣고, 민주화운동 조직을 만나서 시민과 괴리된 부패한 정권을 비판하고, 대학과 시장에서 고군분투하는 평범한 여성들까지 다양하게 만났다. 그들은 미디어에서 흔히 재현하듯, 베일을 온몸에 두른 신비롭고 수동적인 여성들이 아니었다. 적지 않은 이들이 조혼과 일부다처제, 여성살해(명예살인) 현실에 대한 두꺼운 슬픔을 넘어서는 분노를 온몸에 두르고 저항하는 존재임을 확인할 수 있었다. 그리고 체류했던 나라들 중에서, 이

스라엘 점령으로 식민지 상태에 놓인 팔레스타인에 각별히 더 마음이 갔다. 일종의 전쟁지역인 만큼 안전에 대한 위험부터 이스라엘 군인에 의한 위협이나 연행이 반복됐으나, 복합적인 현실 속에서 많은 것을 볼 수 있었다. 특히 2004년 팔레스타인은 인티파다[111] 열기가 남아있던 때라 거리의 집회에서도 여성들을 심심치 않게 만날 수 있었는데, 그곳의 운동 진영에서도 페미니즘은 공격받고 있음을 알 수 있었다. '팔레스타인 민족해방 이후에 여성해방을 말할 수 있다거나, 페미니즘은 서구 열강 부르주아 여성들의 담론'이라는 주장이었다. 팔레스타인을 한국으로 바꾸면, 내가 대학 때 운동사회 선배들로부터 들었던 말과 정확히 일치하는 내용이었다. 팔레스타인에서 몇 달간 연대 활동을 하면서, 목숨을 걸고 독립운동을 하지만 페미니즘이나 빈곤, 자본주의와 같은 문제에서는 그야말로 문제적 관점을 견지한 이들도 수없이 보았다. 당시로서는 큰 충격이었고, 나 또한 그런 한계에 갇히지 않으려면 어떻게 나아가야 할지 고민이 깊어졌다.

넓고 깊게 횡단하는 운동의 길

이후 한국에 돌아와 팔레스타인 연대 활동을 꾸준히 해왔지만, 팔레스타인 현장에 대한 갈증은 늘 남아있었다. 2009년, 다시 현장 활동을 떠났다. 2009년에는 팔레스타인 내부의 난민 가족들과 지내며, 그 삶을 기록하는 활동을 주로 했다. 그러나 3개월간의 현장 활동 과정 중에 건강이 손상됐고, 한국에 돌아와 짧지 않은 투병 생활에 들어가야 했다.

여러 해에 걸친 투병 생활은 마쳤지만 몸이 아직 사회생활을 할 만큼 회복되지 않았을 때였는데, 진보/운동사회 성폭력 대책위 활동을 요청받았다. 당시는 웬만한 제안을 모두 거절할 수밖에 없는 상황이었음에도, 성폭력 대책위라는 말에 거절하지 못했다. 피해자도 가해자도 모두 아는 사람이었고, 내가 속한 조직 중 한 곳과 연결된 사건이었다. 일주일에 겨우 하루 이틀 외출을 하던 때였는데, 성폭력 대책위에 체력을 많이 쏟았다. 진보/운동사회 성폭력 사건에 대한 내 안의 풀리지 않은 여러 응어리들이 기어이 대책위 활동에 마음을 쏟게 한 것 같다. 그리고 몇 년 뒤 서울시장 성폭력 사건과 자살 소식이 들려왔을 때 다시 절망스러운 감정에 휩쓸렸다. 그가 인권변호사 박원순이어서가 아니다. 피해자가 어렵게 문제 제기를 본격화했을 때, 한국에서 가장 오래된 여성운동 연합 조직인 여성단체연합 대표와 역시 그 단체 출신인 남인순 국회의원이 사건의 정의로운 해결에 걸림돌로 자리했기 때문이다.[112] 더불어 일부 진보인사들을 중심으로 2차 가해가 이어졌다. 지난 20여 년 동안 여러 진보/운동사회 성폭력 사건 대책위를 했던 터라, 그 사건을 둘러싼 2차 가해 현실이 크게 놀랍지는 않았지만 하고 싶은 말은 많았다. 어떻게 그 사건이 흘러가고 평가되어야 할지에 대해서도 말하고 싶었지만, 더 중요한 것은 성폭력 사건을 일부 페미니스트들이 풀어가야 할 문제로 볼 뿐 진보/운동사회 전체 의제로 여전히 제대로 다루지 못하고 있다는 문제의식이었다. 나는 한 언론사의 간곡한 요청으로, 진보/운동사회 성폭력에 대한 인터뷰에 응했다.[113] 기자는 진보/운동사회 성폭력이 왜 반복되는지 물었다. 나는 어떤 사회도 성폭력으로부터 완전히 안전한 곳은 없으며, 무엇보다 진보/운동사회도 성폭력 예외 공간이 아님을 분명히 인식하는 게 중요하다는 답변을 했다. 성폭력이 발생하지 않아야 하는 진보/운동사회라는 전제를 두지 말고, 성폭력이 발생했을 때 정의롭게 대응하는 집단인가 아닌가로 사회적 평가가 전환되어야 한다는 내용도 강조했다.

계속해서 갱신되어야 할, '페미니스트 되기'

오래전 여성민우회 활동을 마무리하면서, 페미니스트들이 여성단체 뿐 아니라 여러 사회단체나 다양한 운동영역에서 활동하는 게 중요하다는 생각을 했다. 페미니즘이라는 렌즈로 수많은 사회현상을 다시 읽고, '정상'과 '보편'을 다시 질문하며, 새롭게 개척해야 하는 영역이 아직 너무 많기 때문이다. 그런 점에서 투병 생활 이후, 페미니스트로서 운동영역을 다시 한번 확장하고 있는 것이 우연은 아닌 것 같다.

건강이 손상되면서, 우리 사회를 '아픈 몸'의 시선으로 다시 읽게 되었다. 나를 '여성'으로 자각하며 세상을 다시 읽기 시작했을 때 따끔거리는 눈부신 경험을 했던 것처럼, 낯설고 놀라운 세상을 보고 있다. 나는 우리 사회가 남성 중심 사회, 비장애인 중심 사회, 선주민 중심 사회일 뿐 아니라 건강 중심 사회라고 규정하게 됐다. 건강한 사람만을 '정상'으로 규정하고, 아픈 몸들은 몸 둘 곳 없게 만든 사회. 코로나19 초기에 확진자들을 비난하고 낙인찍었던 현상에서도 볼 수 있듯, 질병을 개인화하고 자기관리 실패로 규정하는 사회. 나는 몇 년 전부터 질병권(잘아플권리)[114]이라는 개념을 제안하고, 질병권 운동을 개척해보고 있다. 질병(건강)을 운동 의제로 삼는다는 것은 정상성과 표준의 몸을 질문하는 것이며, 너무나 성차별적 영역이지만 여전히 페미니즘 시선으로 충분히 읽어내지 못하고 있는 질병(건강)의 영역 전반을 다시 해석해내는 작업이다.

아이가 아플 때 비난의 눈길은 엄마를 향하고, 가족들이 아플 때 여성은 돌봄의 주체로 호명되는 반면 정작 여성 본인이 아플 때는 셀프간병을 하는 비율이 높다. 여성의 질병 호소는 여전히 히스테리로 치부되는 경향이 있어서 진단과 치료가 남성보다 늦으며,[115] 그에 따라 여성 환자는 여성 의사가 진료할 때 치료율과 생존률이 더 높다는 보고[116]가 흔하다. 질병에 대한 페미니즘적 개입은 어느 운동보다 급진적 주제이며, 더 이상 미룰 수 없는 의제라고 생각한다. 그러나 질병은 역사적으로 탈젠더적 영역으로 이해되어 왔다. 물론 세계적으로 여성 건강권 운동이 있어왔고 한국에서도 그 흐름이 존재했지만, 주로 생리대 위험물질이나 여성질환 혹은 임신출산과 같은 제한된 영역이었던 것으로 보인다. 게다가 표준적 건강 개념 자체에 대한 페미니즘적 개입과 관점은 사실상 거의 없었다. 샌드라 하딩이 말했듯 '누구의 지식이며, 어떤 과학인가'와 같은 근원적인 질문을 할 수 있는 힘을 더 많이 기르기 위해 분투 중이다. 그리고 건강하기 어려운 사회구조에서 상당수 시민이 만성질환자로 살아가고 있으며 저출생 초고령화 사회에 놓인 지금, 아프고 돌보고 죽는다는 것을 페미니즘적으로 사유한다는 것은 무엇인지 질문을 계속 확장해보고 있는 중이다.

페미니스트로서 그리고 사회운동을 하는 활동가로서 살아온 시간이 쌓이다 보니, 운동 내용뿐 아니라 방식이나 형식에 대해서 고민과 책임감을 느끼기도 한다. 역사적 한계와 스스로의 한계에 붙들려, 관성적으로 활동하고 있는 건 아닐까 자주 묻기도 한다. 사회운동은 결국 대중과의 소통을 통한 변화이기도 한데, 한국의 시민사회 운동 역사가 짧지 않고, 사회와 대중들의 정서도 빠르게 변화하는 것에 비해, 여전히 낡은 방식을 성찰 없이 반복한다는 지적도 새겨듣고 있다. 대안을 모색하기보다 당위적 선언만이 과도하게 넘실거린다는 비판들에 대해서도 아프게 인정한다. 제도 변화를 중시하지만 법이나 정책 변화에 갇히는 것을 견제한다. 그런 점에서 질병권 운동을 개척하며, 운동 방식에 대한 고민도 많이 했다. 질병이나 건강 영역은 의사나 보건의료정책의 전문가주의가 매우 강한 영역이고, 그에 따라 당사자들의 목소리가 상당히 지워져있다. 그런 점에서 아픈 몸으로 살아가는 시민들을 주체로 호명하고, 질병으로 인한 차별과 배제가 어떻게 젠더, 계급, 빈곤 등과 교차하는지 목소리를 내는 작업을 집중적으로 시도해보고 있다. 성명서를 쓰고 거리 시위를 준비하기도 하지만, 당사자들의 목소리를 모아 인권연극을 제작하거나 함께 책을 쓰기도 한다.[117] 활동가들만의 운동이 되지 않기 위해, 언제나 당사자들을 만나고 그들이자 우리들의 목소리로 운동을 만들어가는 것을 중시하고 있다.

페미니즘적 운동 방식이라는 것이 있다면, 나는 기존의 영역과 형식을 넘나들며 엮고 횡단하는 모습일 것이라고 상상한다. 페미니스트로서 어떻게 변화를 추동해내야 할지, 여전히 묻고 묻는다. 최근 장춘익 선생님 유고 논문집에서 이 문장을 마주했다. "좌절된 자들이 소통의 장으로 들어올 용기를 갖도록" "환대의 윤리가 절실히 필요하다."[118] 대학 시절 수없이 좌절하고 분노에 차 있던 나를 언제나 환대하며, 토론의 장으로 지속적으로 소환했던 선생님의 모습이 떠올랐다. 오랫동안 목울대가 뜨거웠고, 동시에 시야가 맑아지는 기분이었다. 여성운동을 포함한 사회운동이라는 것 혹은 평등하고 정의로운 사회를 만들어간다는 것은 결국, '소외되고 배제되어 좌절한 자들을 소통의 장으로 불러들여, 환대 속에서 한 주체로 함께 서는 과정'이어야 하는 것 아닐까.

★

강의실에서 광장으로, 멈춘 곳에서 새 길을 만드는 페미니즘

나영정

장춘익 선생님의 페미니즘 강의실이 닫혔다. 예고 없이 닫힌 그 강의실의 문 앞에서 나는 끝 모르게 황망하다. 페미니스트로서, 인권활동가로서 20여 년간 걸어온 나의 길, 그 길이 시작된 출발점은 아마도 그 강의실이었는지 모르겠다는 것을 이제야 자각한다. 지난 길은 좁고, 위험했지만 동시에 그 길은 내가 〈여성주의철학〉 강의실에서 느꼈던 지지와 연대, 더할 나위 없는 희망과 자부심을 발견한 곳이기도 했다.

87년 민주화 이후에 탄생했던 여성운동의 성과 속에서 새로운 소수자여성운동의 길을 찾으려고 했고, 진보적인 시민사회 영역에서 다른 목소리를 내기 위해 노력했던 과정 속에서 페미니즘 실천을 해왔다. 현재는 페미니즘 대중화의 시대를 살고 있다. 이제는 비판하는 위치에서, 지난 20년간 해왔던 결과물에 대해서 내외부적으로 평가하고 평가받는 위치에 있다. 20여 년 전에는 진보든 보수든 지속가능한 성장을 바라며 경쟁했지만, 지금은 이대로 성장하다가는 인류가 멸종할 것이라는 경고 속에서 살고 있다. 지난 시간을 돌아볼 기회를 갖게 된 지금, 내가 출발했던 곳에서부터 내가 떠난 곳과 일구고 있는 곳을 돌아보고, 나의 조건과 위치에서 무엇을 해야 하는지 다시 한번 가늠하고 싶다.

나의 철학과, 그리고 여성주의철학

내가 철학과를 선택한 것은 인생의 계획이 없었기 때문이다. 중고등학교 내내 입시를 위한 공부를 하면서 왜 해야 하는가에 대한 의문이 떠나지 않았다. 어머니에게 갑자기 특차전형 마감날 전화를 걸어 춘천에 있는 한 대학의 철학과에 지원하겠다고 하자 무방비 상태에서 그러라고 하셨다. 그리고 합격이 되어 나는 서울에 있었던 부모의 집을 떠났다. 어머니가 거의 혼자 가족의 생계 부양을 책임지고 있었지만, 교사였던 덕분에 교직원 공제회를 통해서 등록금이 해결되었고, 월세와 용돈까지 지원받으면서 아르바이트를 하지 않고 생활할 수 있었다. 당시에는 본인 이름으로 학자금 대출을 받거나 아르바이트를 하지 않고 학교에 다니던 학생들이 꽤 있었는데, 나는 IMF 이전 그렇게 대학을 다닐 수 있던 마지막 세대였을 것 같다.

나는 춘천에서 24시간을 온전히 누리며 수업을 들었고, 학생운동에 원 없이 참여했고, 선후배나 동기들과 술자리를 가졌고, 연애를 했고, 소양강의 새벽 물안개를 즐겼다. 철학과 수업을 들으면서, 내가 선택한 공부를 한다는 만족감이 있었다. 1학년 1학기에는 〈서양고대중세철학〉과 〈논리학〉을 들었고 2학기에는 장춘익 선생님의 〈서양근세철학〉을 배우며 칸트와 헤겔, 막스 베버와 마르크스를 배웠다. 동양철학을 비판적으로 다루는 수업을 만나지 못했기 때문인지 동양철학은 자연스럽게 관심에서 멀어졌다. 학과 내에서는 직업을 위한 기능적인 학습이 아니라 사람과 세상에 대한 관점을 만들어나가고 생각하는 공부를 한다는 자부심을 자연스럽게 가질 수 있었다. 그리고 그런 학과 분위기는 학생운동에 대한 존중과도 연결된다고 느꼈다. '안다는 것'은 '실천한다는 것'이라는 명제가 여성주의철학에서 더더욱 강조되었지만, 그걸 알기 이전에도 나는 철학의 특별한 학문성을 깨닫고 있었다. 특히 장춘익 선생님의 〈서양근세철학사〉 〈사회정치철학〉 〈사회사상사〉 〈여성주의철학〉으로 이어지는 수업을 들으면서 이런 생각을 더욱 굳힐 수 있었다.

존 롤스의 정치적 자유주의를 한 학기 동안 배우면서, 자유주의 사상을 비판적으로 생각할 수 있게 되고 또 이것을 바탕으로 여성주의철학을 배우게 된 것은 행운과도 같았다. 자유주의적 제도가 가진 힘과 한계를 동시에 생각한다는 것은, 여성 억압의 원인과 해결 방안을 모색하는 데 있어서 기존의 중요한 틀을 의심해볼 수 있는 더없는 지적 자원이 되었다. 제도가 상정하고 있는 정상성이 무엇인지 의심하지 않고 남녀평등을 말하는 것이 얼마나 제한적인지 배웠고, 마르크스의 '입장이론'[119]을 통해 당파성을 택하고 지배세력과 적대할 수밖에 없다는 것을 알게 되면서 용기를 얻을 수 있었다. 이러한 철학 수업들에서 배운 지식은 여성주의철학을 통해 통합적인 앎으로 나아갔다. 이런 점에서 당시의 나에게 페미니즘은 이미 철학의 한 분과가 아니라 통합적인 세계관으로 다가왔다. 여성주의철학을 통해서 나는 기존의 철학적 사유들을 계승하면서도 그것을 젠더/퀴어 관점으로 재구성하고 변증법적으로 나아가는 것을 배울 수 있었기 때문이다.

4학년 2학기 때 처음으로 대학원에 개설된 〈여성주의철학〉 수업을 청강하면서 페미니즘 이론에 대해 배울 기회가 있었다. 1학기 학부 수업이었는지, 2학기 대학원 수업이었는지 정확히 기억나지 않지만, 그때 장춘익 선생님은 실업률처럼 강간율이 일정 부분 유지되는 것은 가부장적 남성지배를 영속하고 정상화하기 위한 통치기술과 연관된다고 설명했다. 그것은 나에게 중요한 각성의 순간이었다. 정확한 기억이라고 확신할 수 없지만, 강간율이 실업률만큼이나 통치기술과 연관되는 측면이 있고, 누구를 보호하고 누구를 보호하지 않을 것인가에 대해 국가의 의지와 의도가 개입된다는 것이다. 이러한 규범을 간파하지 않는다면 개인이나 시민사회가 국가와의 관계 설정을 순진하게 할 수도 있다는 지적은 내게 얼음장 같은 경고로 다가왔다. 성별 간의 폭력과 차별이 개인 간의 문제만이 아니라 구조와 연관되며, 이는 상부구조와 같은 이데올로기적 장치와 물적 토대를 동시에 고민해야 함을 알 수 있었다. 고전적인 이론이 피부에 닿는 문제와 긴밀히 이어져있음을 실감하게 되었던 것이다.

민족해방의 운동과 부재하는 '여성'

대학에 입학하자마자 나는 'SCA'라는 기독학생회 동아리에서 운동을 시작했는데, 얼마 지나지 않아 학생운동에는 내가 속한 통일운동을 주로 하는 민족해방계열(NL)과 반자본주의 운동을 주로 하는 좌파계열(PD), 이렇게 두 가지 계열이 있다는 것을 알게 되었다. 이러한 정보를 알기 전에 조직을 선택한 것이 어쩐지 조금 억울하고 불합리하게 느껴지기도 했다. 내가 속한 조직에서는 좌파계열에 대한 험담과 비난, 조롱과 비하를 일삼는 선배들이 있었다. 학생회 선거철마다 대결 구도가 만들어졌다. 특히 한림대 인문대학과 철학과에는 좌파계열에 속한 사람이 거의 없어서 조직을 바꾼다는 것은 상상하기 어려웠다.

나는 1학년 여름방학 때 통일선봉대[120]에 참가할 정도로 각성된 후배로 평가받으며 소위 '희망'이라고 불렸다. 민족의 운명을 개척하는 자주성, 미 제국주의에 반대해 자주적인 나라를 만들어야 한다는 당위, 여전히 일제와 미제의 식민잔재를 청산하지 못했다는 부채의식, 여전히 냉전 질서의 후과 아래 한미연합 군사훈련을 하며 우리 민족에게 총부리를 겨누고 있다는 '상상된 민족의식'이 운동을 지속하게 만들었다. 1학년 가을 학생회 선거철에 정책을 만드는 팀에 들어가 며칠 밤을 새면서 문건을 쓰고, 율동을 배워 열심히 유세를 다녔다. 옳은 방향이라고 믿는 변화를 위해서 내용을 만들고, 누군가를 설득하는 활동을 하면서 스스로를 매우 생산적인 존재로 느낄 수 있었다.[121]

2학년이 되자 한총련이 위기에 처했다면서 투쟁본부로 전환해서 비상상황처럼 지내라는 지침이 내려왔다. 1996년 연세대 사태[122]를 거치면서 한총련으로 대표되는 학생운동에 대한 학생들의 여론이 악화되었고, 국가보안법상 이적단체라는 규정을 통해서 공안탄압 또한 심각해졌기 때문이었다. 나는 한림대 투쟁본부에서 본부장 비서를 하며 일과를 챙겼다. 아직도 당혹스럽게 떠오르는 기억은 본부장과 체육행사에 가면서 갈아입은 옷을 나에게 맡긴 것이었다. 예전에는 여학우들이 선출직 남성을 보위하기 위해서 애인 행세를 했다는 것을 학습 받으며 그렇게 '여성' 역할을 수행했다. 2학년 여름방학 때는 졸업한 선배가 아무에게도 알리지 말라고 해서, 비밀리에 그 선배와 단둘이 한림대학교 근처 동굴 유적 앞에서 김일성이 썼다고 알려진 『주체사상에 대하여』를 학습하기도 했다. 실제로 읽어본 그 책은 무협지와 비슷하다고 느꼈는데, 결국 끝까지 읽지 못하고 중단했던 것 같다. "너는 동지지만 어쩔 수 없는 여자야, 하지만 다른 여자와 달리 각성되어 있으니 특별히 대우를 하겠어"라는 전형적인 미소지니[123] 논리였지만 그 당시에는 일말의 선민의식과 책임감 속에서 혼란스러웠다. 학습이 무슨 '특권'이라도 누리는 양 비밀리에 학습을 하는 것은 원하던 바가 아니었다. 돌아보면 그 학습은 나를 주체사상에서 떠나게 했고 내 또래의 동지들과의 관계를 끊어놓았을 뿐이었다.[124]

98년 말, 기독학생회 소속의 고학번 남자 선배가 한방에서 단체로 잠을 잘 때 여자 후배들의 몸을 더듬었다는 이야기가 나오기 시작했다. 처음 이야기를 꺼낸 사람은 자주 만나서 함께 활동하던 춘천교대 여자 선배였던 것으로 기억한다. 그 이야기가 나오자 너도나도 당했다는 증언들이 여러 건 이어졌다. 나도 피해자 중 한 사람이었다. 그 이야기가 나오기 전까지 나 역시 '왜 내가 옆에서 잠을 잤을까, 왜 바로 뿌리치고 뛰쳐나오지 못했을까, 왜 다음 날 항의하지 못했을까' 자책하고 끙끙거리면서도 아무렇지 않은 척 동아리 생활을 하던 와중이었다. 서너 명의 피해자가 처음으로 함께 모여서 이야기를 하고, 그 사실을 동아리 전체에 알리고, 대책을 논의했다.

드디어 터져 나온 목소리들

당시 서울에 있는 몇몇 대학에서는 가해자 실명을 공개하는 대자보가 붙기 시작해서 큰 이슈가 되고 있었지만, 우리는 가해자를 익명으로 처리하는 대신 피해자의 실명을 공개하기로 했다. 그래야 우리의 진정성을 알아주리라 생각했다. 분명히 수세적인 전략이었지만, 우리는 우리가 수치스럽지 않다는 것을 드러내고, 가해자 개인이 누구인지보다 조직 전체, 학교 전체의 변화를 촉구하고자 했다. 실행하기 위한 준비가 시작되자 운동사회 내 다른 동아리 활동을 하는 여자 선배들로부터 긴밀한 연락이 왔다. 우리 동아리에서도 오래전부터 이런 문제가 있었지만 문제 제기를 하지 못했다는 것이다. 부끄럽고 미안하다며 힘을 보태고 싶다고 했다. 대자보를 여러 곳에 붙이기 위해서 학교 복사실에 갔는데, 복사실을 운영하고 있던 운동권 선배 A가 그것을 보더니 비상 연락을 돌렸고, 대자보는 게시되자마자 조직 내 남자 선배들에 의해서 찢기고 철거되었다. A는 조직원 전체를 강당으로 소집했다. 그는 대자보를 붙인 여자 후배들에게 조직과 선배들에 대한 존중이 결여되어 있다고 비판하며 사과를 요구했다. 가해자로 지목된 이에게는 방학 기간 동안 동아리방 청소를 하면서 자아비판을 하도록 했다.

사건 이후에 벌어진 이 '진짜 사건'을 겪으면서 성폭력 사건과 관련해 문제를 제기했던 피해자와 지지자들은 조직 내에서 운동을 계속 해나갈 이유가 없다고 판단했다. 그리하여 독립적으로 '아름드리'라는 여성소모임을 만들어 가해자가 성평등 교육과 상담을 받을 것,

공개 사과문을 쓸 것을 요구했다. 또한 자주대오 내 동아리와 조직이 성평등 교육을 받도록 제안하고 이를 강력히 요구했다. 가해자에 대한 처분이 어느 정도 마무리된 이후에는 계속 독자적인 여성주의 운동을 진행해나갔다. 이 모임은 처음에 사회과학 동아리 내에서 준비기를 거치다가 2001년 여성주의 동아리 '날'이라는 이름으로 중앙동아리 등록을 했다.

'아름드리'라는 이름으로 학내에서 여성주의 활동을 시작하면서, 우리가 제일 먼저 했던 일은 대동제에서 일본군 위안부 문제와 기지촌 여성인권 문제를 알리는 것이었다. 1992년 미군에 의한 윤금이 씨 강간살해 사건 이후로 주한미군지위협정(SOFA) 개정의 필요성이 계속 제기되어 왔다. 우리는 이 문제를 '여성인권' 문제로 알리는 것에 초점을 두었다. 2000년 서울에서 열린 '일본군 성노예 전범 여성국제법정 학생법정' 행사에 참여하면서 우리는 보다 명확하게 이 사건이 민족모순, 계급모순, 성모순이 중첩적으로 얽힌 문제라는 것을 이해할 수 있었다. 여성주의적 인식이 제대로 작동하기 위해서는, 이 세 가지 거시적 모순을 복합적으로 이해하는 것이 필요하다는 점을 깨닫는 계기가 되었던 것이다. 말하자면 '교차성'이라는 개념을 접하기 이전에 '억압의 교차성'을 배운 셈이었다.

아름드리 구성원들은 여름방학을 이용해 서울에서 열리는 여성주의 세미나와 영페미니스트들이 여는 캠프 등 페미니즘 관련 행사에 함께하며 춘천과 동두천, 서울에 위치한 여성단체를 방문하고 관계를 맺었다. 가을에 캠퍼스 대동제에서는 기지촌 여성들이 만든 물품을 판매하기도 하고, 호주제 폐지 서명운동을 하기도 했는데, '여성주의'가 '주의'일 수 있느냐, 부모 성(姓) 함께 쓰기를 하다가 아이를 낳으면 성이 네 개가 되느냐 등의 진부하고 유치한 질문과 함께 학우들의 공격을 받기도 했다. '날'을 중심으로 대학 여성주의 운동권에서 활동하면서, 선배 없는 활동, 중앙조직으로부터 지침 없는 활동을 해나간다는 해방감이 있었다. 동시에 캠퍼스를 넘어 사회의 여성단체와 관계를 맺고 연대하면서 우리의 여성주의 문제의식은 더 크고 단단해져 갔다. 이 과정에서 〈여성주의철학〉 수업과 장춘익 선생님의 지지는 우리의 활동에 적지 않은 힘이 되었다. 또한 2000년 '운동사회 성폭력 뿌리뽑기 100인 위원회'가 성폭력 가해 진보인사 명단을 공개하고 운동사회 여성 성폭력 처벌과 각성을 요구한 사건은 성폭력 사건 공론화를 비롯한 우리의 여성주의 활동이 보다 거시적인 역사의 흐름 속에 있다는 감각을 일깨워주었다.

소수자가 출현하고 목소리와 몫을 갖는 현장 일구기

대학을 졸업한 지 20여 년이 지난 지금, 나의 삶을 모양 지은 여러 가지 조건에서 대학 시절을 돌아본다. 사실 가장 선명하게 몸에 각인되어 있는 것은 철학과 학생회장을 할 때 인문대를 학부제로 바꾸겠다는 대학 당국에 맞서 학부제 철폐 투쟁을 하다가 혈서를 썼던 자국이다. 그때 왼쪽 가운데 손가락을 칼로 너무 깊게 그어 여덟 바늘로 꿰맸는데 지금도 선명하게 살에 남은 흔적이 만져진다. 하지만 이렇게 눈에 보이고 만져지는 것보다 보이지 않는 것이 더 많은 영향을 끼쳤을 것이다.

지난 20년간 심화된 경제적인 불평등, 능력주의와 경쟁으로 인해서 파괴된 대학교육, 여성과 소수자에 대한 혐오가 노골화된 문화를 보면서 나의 대학 시절을 단지 낭만적으로 추억하지 않도록 주의하면서 돌아봐야 한다. 20대 초반 집을 떠나서 자율적으로 하루의 일정을 짜고, 무엇을 공부하고 무엇을 먹을지, 누구를 만날지 정하면서 만족하고 성취감을 느끼고, 동시에 실패하고 좌절했던 시간들은 분명 그 이후의 삶을 살아가는 데 큰 자원이 되었다. 학벌 서열에서 높지 않은 지방대학이었기 때문에 그에 기반한 인정과 성공을 가져다주지 않지만, 지금에 와서는 그것이 나의 삶에 미칠 수 있는 영향은 오히려 적다고 평가한다.

그렇다면 그런 시간을 그 시절 대학생만이 아니라 가능한 많은 사람에게 확대하고 지금을 살아가는 청소년, 청년들과 공유할 수 있는 방법은 무엇일까? 아예 공교육에서 제외된 장애인이 그런 시간을 가질 수 있는 방법은 무엇일까? 젊은 시기든 나이가 든 시기든 인생에서 자신이 선택한 순간에 생계노동으로부터 자유로운 시간을 확보하고 타인과 서로 배우고, 정치적인 의견을 교환할 수 있는 관계를 맺을 수 있는 장소는 어디일까? 이러한 질문을 통해서 나를 성장시켰고 주체의 감각을 갖게 했던 그 시공간을 더 공공재로 만들고 공유지로 만드는 실천이 필요하다는 것을 자각한다. 그리고 이러한 실천은 그동안 여성과 소수자들에게 필요하다고 여겼던 공론의 장을 만들고, 그곳을 최대한 차별과 폭력에 대해서 명확한 입장을 밝힐 수 있는 '안전한 장소'로 만들기 위해서 노력하며, 누구도 생존의 위협없이, 정치적인 주체가 될 시간과 기회를 제공받아야 한다고 주장해왔던 내 운동의 경험과 새삼 만난다.

대학을 졸업한 이후 제3회 월경페스티벌 기획단에 들어가 행사를 준비하면서 '장애여성공감'이라는 단체를 처음으로 찾아갔다. 장애를 가졌다는 이유로 적극적으로 부정받는 월경 경험에 대해서 처음 듣고 배우면서 여성에 대한 억압이 단일하지 않게 작동한다는 것을 생생하게 배웠다. 그즈음에 장애여성공감은 제1회 회원캠프를 열면서 월경페스티벌 기획단을 초대했다. 비장애여성들의 일손이 필요한데 관심 있으면 와서 함께 2박 3일을 보내자고 제안한 것이다. 서울 우이동 봉도수련원에서 열렸던 캠프에 참여했던 기억은 아직도 선명하다. 발로 숟가락을 들어 밥을 먹고, 붓을 들어서 그림을 그리는 장애여성과 함께하고, 언어장애가 있어서 여러 번 다시 묻고 온 정신을 집중해서 대화를 하며 진땀을 흘렸다. 휠체어를 사용할 때는 나와 눈높이가 달라서 칠판이나 거울 등 모든 것을 조정해야 했지만, 방바닥에 다 같이 내려와있을 때는 같았다.

그날 이후 나는 집이 장애여성공감 사무실과 가깝다는 이유로 놀러 가고, 회원이 되고, 정기적인 모임에 참여하면서 서서히 멤버가 되었다. 대학원을 수료한 이후에 2003년부터 2006년까지 상근활동을 하며 성폭력 피해자 상담을 하고 장애인 이동권 투쟁에도 참여하고, 인권운동과 연대활동도 했다. 석사논문을 쓰기 위해서 학교로 돌아갔다가 졸업한 이후에는 진보정당과 성소수자 관련 연구회에서 일하다가 2014년부터 2020년까지 다시 반상근을 하면서 연구정책팀 활동을 했다. 장애여성공감은 장애여성 인권옹호에 참여하고자 하며, 자신을 여성으로 인식하는 누구나 회원이 될 수 있다. 초기에는 소아마비장애 등 지체장애여성이 주된 회원이었는데 시설에서 살다가 나온 회원들이 늘어나면서 언어장애, 뇌병변장애를 가진 회원들이 늘었고, 현재는 발달장애를 가진 회원들이 가장 활발하게 참여하고 있다.

신체장애와 언어장애, 청각장애와 발달장애 등 장애를 복합적으로 가질수록 교육의 기회, 노동의 기회, 독립의 기회가 현저하게 줄어들고 의사소통에서 배제당하며 시설에 수용되어 평생을 살아갈 가능성이 커진다. 경제활동을 하지 못하는 인구를 시설에 수용하도록 만들었던 국가의 억압에 맞서 탈시설 운동이 벌어지고, 모든 사람은 자신이 원하는 곳에서 살 권리가 있다는 외침을 통해서 비로소 만나게 된 사람들이다. 시설에 수용되지 않았다고 하더라도 타인과의 관계가 단절된 집안에서 시설화된 삶[125]을 강요당하면서 살아왔던 장애여성들을 만나는 것도 쉽지 않았지만 다시 사라지지 않도록 안간힘을 쓴다.

장애여성공감은 25년의 역사를 일구어오면서 구성원의 삶과 관계가 변모하는 과정을 함께 겪고 있다. 성폭력 피해 상담을 했던 내담자가 연극팀 배우로, 탈시설한 당사자 회원이 활동가로 이동하는 과정은 함께하는 동료 전체가 변화하는 과정이었다. 동료적인 관계를 맺는 일상을 만들고 정치적인 의견을 나눌 수 있는 시공간을 만들기 위해서 활동가들과 회원들은 때로 갈등을 겪기도 하면서 동등한 관계를 지향하는 실험을 멈추지 않는다.[126] 내가 대학을 졸업한 이후에 성장한 장소가 바로 이곳이었다고 해도 과언이 아니다. 이곳의 성장은 주류사회의 발전주의적 성장과는 거리가 멀었다. 사회구조 안에서 은폐되어서, 자신의 목소리를 내거나, 자신의 정당한 몫을 요구하기 어려운 사람들이 모여서 자신들의 삶의 속도를 통해 서로의 삶을 변화시키면서도 동시에 제도를 바꾸기 위해서 투쟁하고, 다른 사회운동에도 변화를 위해서 무언가를 함께 하자고 제안하는 공간이었다. 장애여성운동이 견지하고 스스로 만들어왔던 페미니즘은 차별에 반대하는 운동의 방법이었고, 여성억압이 단일하지 않다는 것을 온몸으로 체험하고 위계화된 억압에 저항하는 과정이었으며, 장애를 가진 사람들의 몸과 권리를 통제함으로써 미래를 박탈했던 국가에 저항하는 운동이었다. 나는 여기에서 자유주의적인 권리담론에 기반한 페미니즘의 한계를 체감하면서, 힘없는 자들이 지배 질서에 도전하고 세계의 작동방식을 바꾸는 페미니즘 실천을 배웠다.

모두의 해방에 기여하는 페미니즘을!

나는 장애여성, 성소수자, HIV 감염인, 소수자 난민, 약물사용자 등 사회적으로 주변부에 위치해 있고, 동등한 시민권을 부정당한 사람들의 권리를 위해 당사자로서, 동료로서 인권운동을 해왔다. 또한 성과 재생산의 권리, 가족구성의 권리와 같이 아직 인권의 목록 속에서 주변화된 이슈를 통해서 인권을 확장하는 노력에 참여해왔다. 나는 너무나 여러 가지 문제가 복합적으로 얽혀있어서 당장 어떤 것부터 해야 할지 막막한 문제들과 만나면서 '여성의 목소리를 대변하고 여성에게 권력을 주고 여성들을 우선적으로 챙기면 된다'는 페미니즘과 결별했다. 교차적인 억압을 제대로 해결하기 위해서 페미니즘 또한 도전받고 갱신하며 모두의 해방을 위한 정치적인 비전으로 재구성되지 않으면 실제로 문제를 해결할 수가 없기 때문이다.

점점 더 정치인에 의해서 페미니즘이 불온한 것이 되어가고 큰 백래시에 직면하고 있는 현재를 어떻게 살아갈 것인가에 대한 고민이 깊어진다. 대학 시절 총학생회장이었던 이는 청와대 비서관이 되었고, 90년대 학생운동의 문법과 방식을 만들었던 586세대 주류는 '미투'의 대상이 되었으며 그들이 이야기하는 진보에는 노동에 대한 존중도, 차별금지법조차 없다. 장애여성들이, 성소수자들이, 이주민들이 증언해왔던 것처럼 차별받는 존재들이 동료시민이 되기 위해서는 자신의 생각을 가다듬고 정치적인 입장에 대해서 생각하고 토론할 수 있는 시공간이 절실하다. 점차 이런 시간이 사치가 되고, 자원이 부족한 사람은 조금만 삐끗해도 나락으로 떨어질 것 같은 두려움에 떨게 만드는 사회가 지금의 능력주의 사회다. 일자리와 주거가 불안정해지면서 공론장으로 들어오지 못하고 좌절된 삶을 사는 이들은 청년층으로 확대되는 모양새다. 장애인 자립생활 운동의 이념에는 '실패의 존엄성'이 있다. 실패할 기회, 그것을 감수하면서 도전해볼 기회, 실패 이후에 다시 회복할 수 있는 기회가 부정된 사회에서 스스로를, 타인을 존중한다는 것은 불가능하다. 내가 대학 강의실에서, 학생운동에서, 사회운동에서 경험하고 배웠던 것을 어떻게 공공재로 만들고 확대해나갈 것인가에 대해 고민하는 것이 현재 나의 페미니즘이다. 삶의 터전을 잃은, 사회 밖으로 떨어져나간, 자격으로부터 탈락해버린, 차별과 낙인 속에서 경제위기와 기후위기의 영향을 온몸으로 받는 힘없는 자들이 다시 살아갈 힘을 얻는 장소를 함께 일구고 광장에 나가 외치겠다. 존중하는 대화를 통해서 배우고, 그것을 실천하는 그 평범하고도 지극한 행위를 포기하지 않는 것이 모두를 위한 페미니즘 방법론이라는 것을 잊지 않겠다.

1   이 내용은 여성가족부 공식사이트의 '연혁'란의 서술을 참조해 정
    리했다. http://www.mogef.go.kr/mi/amo/mi_amo_f003.do

2   이런 권고의 결과, 서울대학교에서는 2000년 6월「서울대학교 성
    희롱성폭력예방과 처리에 관한 규정」이 공포되고, 같은 해 12월 성
    희롱상담소가 개소했다. 한양대학교에서는 2000년 12월「한양대
    학교 성희롱·성폭력 방지 및 처리에 관한 규정」이 제정되었고, 다
    음 해 5월 한양대학교 성폭력상담소가 설치되었다. 숙명여자대
    학교에서도「성폭력·성희롱 예방 및 처리에 관한 규정」이 2001년
    12월 제정되고 그에 근거해 성평등상담소가 개설되었다. 한림대학
    교는 2000년 6월「성폭력예방 및 처리에 관한 규정」을 제정하고
    학생생활상담센터 내에 양성평등상담실을 운영한다(이 내용은 각
    대학의 관련 사이트에서 소개된 내용을 토대로 정리했다). 이 4개
    대학의 학칙 제정 및 실무기구 개설 시기의 일치가 보여주듯이 한

국 대학의 성평등 정책은 국가의 여성인권 정책이 톱다운 방식으로 주도하면서 시작되었다. 따라서 그 운영의 실제 모습은 대학 최고운영자의 문제의식과 의지에 따라 천차만별이었다. 서울대, 한양대, 숙명여대의 경우는 성고충과 성폭력 대처기구가 독립적인 기구로 출발했고, 2018년을 전후하여 모두 인권센터로 확장, 개편된 상태다. 한림대의 경우 현재까지도 학생상담센터 내에 병합되어 운영되고 있다. 일반적으로 독립된 기구로 운영되는 것에 비해 상담센터에 병합된 방식으로 성평등센터를 운영할 경우, 전문인력의 확충 및 예산 배정 등에서 불리한 것이 사실이다. 이에 대해서는 다음 연구를 참조: 신상숙(2016), 대학교 성희롱·성폭력 피해구제의 현황과 쟁점 - 실태조사 결과를 중심으로, 「대학 캠퍼스의 권력형 성희롱성폭력, 무엇이 문제인가, 학술대회자료집」, 서울대학교 여성연구소·인권센터 학술포럼, 1~25, 16 이하.

3 이 사건의 진행과 결과에 대한 자세한 보고는 당시의 서울대 조교 성희롱 사건 공동대책위원회(성폭력특별법 제정추진특별위원회, 서울대 총학생회, 대학원자치회 협의회)가 1994년과 2002년 각각 두 권으로 발행한 보고서를 참조할 수 있다. 본문의 간략한 사건 개관은 위키백과 한국어판 '서울대 신 교수 성희롱 사건' 항목을 참조했다.

4 1975년 MIT 여성노동상담관인 메리 로우(Mary Rowe)가 직장 내 여성들이 원치 않는 성적 언동에 시달리는 상황이 만연하다는 것을 지적하며 도입한 개념이며, 법학자이자 페미니스트인 캐서린 매키넌(Catharine MacKinnon)의 『Sexual Harassment of Working Women』(1979)을 통해 널리 알려진다.

5 신상숙(2001), 성폭력의 의미구성과 '성적 자기결정권'의 딜레마, 「여성과 사회」, 13호, 6~43, 7 이하.

6 한국 대학에서 유신독재 시기 금지되었던 공식 학생자치조직이 부
활한 것은 1983년 12월 학원자율화조치 시행을 통해서다. 1980년
대 민족·민중해방 이념을 추구했던 정치적 학생운동은 동구권 몰
락과 한국 사회 민주화 이후 방향의 혼란을 겪으며 1996년 연세
대 한총련 사태 이후 그 명맥이 실질적으로 끊어졌다. 총여학생회
는 학생조직의 부활과 함께 그 일부로 정비되었지만, 1990년대 들
어서 기존 학생운동의 남성중심주의와 성차별, 성폭력을 고발하며
고유한 운동조직으로 분리해 나오게 된다. 이들은 계급투쟁과 민
족투쟁의 패러다임을 벗어나 일상의 성차별과 남성중심주의 문화
비판을 전면에 내세웠다. 영페미니스트로 지칭되는 이 신세대 여
성운동가들은 '개인적인 것이 정치적이다'라는 서구 2차 여성운동
의 이념에 따라 대학 내 반성폭력학칙제정 운동을 주도하고 여성
고유의 경험과 가치를 강조하는 다양한 문화운동을 주도했다. 이
에 대해서는 다음을 참조: 정다울(2020), 총여학생회 폐지와 민주
주의의 역설: 민주주의와 페미니즘의 긴장관계, [중앙대 사회학과
석사학위논문], 38 ~ 54.

7 '한국학술지인용색인정보' 포털을 통해 조사한 바에 따르면,
2021년 7월 현재 여성, 또는 여성주의 지향점을 표방하는 학술지
는 인문학 학문 분야에서는 「영미문학페미니즘」(1995년 창간, 총
논문 505건, 영향력 지수 0.06, 지난 2년간 7호 기준 총 36편 중 영
어, 한국어 논문 각 18편), 「여성문학연구」(1999년 7월 창간, 총 논
문 616건, 영향력 지수 0.68), 「한국고전여성문학연구」(2000년 창
간, 총 논문 424건, 영향력 지수 0.75), 「한국여성철학」(2001년 창
간, 총 논문 166건, 영향력 지수 0.92), 「여성과 역사」(2004년 12월
창간, 총 논문 263건, 영향력 지수 1.03) 5종이 확인된다. 사회과학
분야에서는 총 4종이, 복합학문 분야로는 총 8종이 확인된다. 전자

의 경우 「미디어, 젠더&문화」(2004년 창간, 총 논문 237건, 영향력 지수 2.56)와 「이화젠더법학」(2010년 창간, 총 논문 127건, 영향력 지수 1.55)의 영향력이 돋보인다. 후자의 경우 한국여성학회의 「한국여성학」(1985년 창간, 총 논문 450건, 영향력 지수 1.51), 한국여성연구소의 「페미니즘연구」(2001년 11월 창간, 총 논문 210건, 영향력 지수 2.07), 한국여성정책연구원의 「여성연구」(1983년 창간, 총 논문 301건, 영향력 지수 1.41)가 돋보인다. 그 외 지역을 토대로 성장한 계명대학교 여성학연구소의 「젠더와 문화」(2008년 창간, 총 논문 153건, 영향력 지수 1.55)와 부산대학교 여성연구소의 「여성학연구」(1989년 창간, 총 논문 164건, 영향력 지수 0.9)도 주목할 만한 영향력 지수를 보인다.

8   장춘익의 「여성학 협동전공과정 프로그램 개발 제안서」(2000년 9월) 중 '설치의 필요성' 부분. 장춘익 유고 서류로 탁선미가 확인했고 보유 중이다.

9   이예담(2018). 대학 내 여성학의 현황―교과목에 대한 양적분석을 중심으로, 「대학 페미니즘 이어달리기 발표집」. 재인용: 김민정(2019), '페미니즘 리부트' 이후 대학 내 '성(性)' 강의 지형 탐색, 「한국여성철학」, 33권, 141~181, 156.

10 한양대의 경우 교양교과목 〈성의 생물학적 이해〉는 매 학기 약 100여 명이 수강한다. 그에 반해 2000년대 여성학 연계과정 개설을 시도했던 사회학과 심영희 교수가 2012년 퇴직한 후, 사회과학 분야 여성연구는 거의 사라졌다. 인권센터(구양성평등센터)의 책임연구원이 관장하던 성평등 교육 교양교과목도 새로운 교양 운영 프로그램에 의해 약 5년 전 폐지되었고, 현재는 인문대학에서 관장하는 몇몇 여성주의 교과목이 운영 중이다.

11 수전 팔루디, 『백래시-누가 페미니즘을 두려워하는가』(2017), 황

성원 역, 아르테, 특히 361~502.

12 강준만(2018), 소통하는 페미니즘. 한국 페미니즘 논쟁사, *2008~ 2018*, 「인물과 사상」, 242호, 44~83, 46.

13 노중기(2016), 박근혜정부 대학구조조정의 정치사회학, 「경제와 사회」, 111호, 80~107, 82 이하.

14 2005년 11월 한 인터뷰에서 당시 이경숙 총장은 '세계 속의 한국여성 만들기'라는 포괄적 목표 아래 2020년까지 대한민국 여성 리더 10%를 양성하겠다는 구체적인 양적 목표를 제시한다. "앞으로 숙명여대는 역량은 물론 품성도 교육과 훈련을 통해 계발 가능하다는 믿음으로 리더십 교양학부의 정규교과과정을 개편하고 (…) 당장 내년부터 전공 교과과정 및 교육방식을 실용성에 바탕을 둔 '문제해결 위주의 학습(PBL-Problem Based Learning)' 기반으로 단계별로 개편할 계획"이라고 밝힌다. 어떤 사회를 지향할 것인가 하는 가치와 규범에 대한 논의를 생략하고 인간 능력을 계발한다는 목표를 추구한다는 점에서, 이러한 여성교육 프로그램은 경영학의 '인적자원개발(Human Resource Development)'에서의 (도구적) 자아계발과 유사하게 흐를 수 있다. 신자유주의 교육개혁의 요구 앞에서 당시 숙명여대가 선택한 이러한 교육 비전의 전환은 여성학 전공 교과과정이 직업적 역량과 비판적 인문사회과학으로서의 정체성을 어떻게 동시에 키워나갈지 보다 치밀하게 고민할 필요가 있음을 반증한다. (채향란 기자, 2005.11.14. '대학순례-창학 100주년 맞는 숙명여자대학교', 「세계일보」 https://news.naver.com/main/read.naver?mode=LSD&mid=sec&sid1=102&oid=022&aid=0000130305)

15 이에 대해서는 다음을 참조: 장춘익, 『근대성과 계몽-모더니티의 미래』(2022), 21세기북스, 191~225.

16 〈사회정치철학〉의 이러한 수업목표는 2001년 2학기 수업계획서
에서부터 한결같이 대변되고 있다. 교재 자체는 학기별로 변화했
는데, 어떤 학기에는 아리스토텔레스의『정치학』이, 어떤 학기에
는 존 롤스의『사회정의론』이, 어떤 학기에는 위르겐 하버마스의
『의사소통행위이론』이, 또 어떤 학기는 마이클 샌델의『정의란 무
엇인가』가 추천 교재였다. 장춘익 교수의 마지막 강의인 2020년
2학기 〈사회정치철학〉의 주제는 '민주주의'였다(주 교재: 테렌스
볼 외,『현대 정치사상의 파노라마-민주주의의 이상과 정치 이념』
(2019), 정승현 외 역, 아카넷). 그리고 강의의 목적은 "건강한 민
주주의에 대한 안목과 민주주의의 현실에 대한 수준 높은 판단력
을 갖출 수 있게" 하는 것이라고 수업계획서는 밝히고 있다.

17 나는 한국 사회의 여성주의 운동의 이러한 모습이 식민지 조건
에서 근대적 국가체제로 들어선 포스트식민지 사회의 지식인집
단과 그 진보운동의 상황과 유사하다고 생각한다. 베네딕트 앤더
슨은 그의『상상된 공동체-민족주의의 기원과 보급에 대한 고찰
Imagined Communities: Reflections on the Origin and Spread of
Nationalism』(도서출판길 1991/London 1983)에서 서구 봉건신분
사회가 근대적 국민국가로 이행하는 과정에서 출판자본주의가 언
어공동체로서 민족이라는 집단주체를 상상 가능하게 만들었고, 이
것이 계몽주의 이념과 만나면서 정치적으로 평등한 국민집단이라
는 표상으로 이어질 수 있었다고 생각한다. 언어와 문화로 결속된
민족이라는 이 집단주체의 표상은 이후 국가를 통치하려는 모든
근대적 권력집단이 다양한 방식으로 모방하고 변용하며, 재생산한
다. 앤더슨에 따르면 식민지 민족주의는 근본적 자기모순을 내재
하고 있다. 근대 식민지 국가권력이 하급 행정기술관료를 양성하
고자 도입한 근대적 중앙집중적 교육과정을 거치며 피식민지 엘리

트 집단주체가 형성되고 그들은 민족주체 표상을 획득한다. 정치적 주권이 박탈당한 피식민지 지식인들에게 모국어 저널리즘과 문헌학은 정치적 저항의식을 고양하는 대체 공간이 되지만, 그들의 사회적 주체성은 불가피하게 식민지 통치권력의 도구적 기능에 연결되어 있다. 근대국가의 형성을 식민지 과정으로 경험한 국가의 지식인집단은 포스트식민지 시기에도 국가권력에 대해 '저항하면서 동시에 동화하는' 분열된 의식을 계승하는 경향을 보인다. 이러한 포스트식민지 집단의식을 벗어나는 제1조건은, 사회의 도덕적 정치적 가치와 규범들을 자율적이고 합리적으로 토론하고 성찰하는, 책임감 있는 시민사회 공론장이 국가권력을 정당화하고 상호적으로 매개하는 민주적 역량의 자생화일 것이다.

18 2002년 9월 12일 이화여자대학교 한국여성연구원과 독어독문학과가 주최한 〈지구화 시대의 젠더, 민족국가, 그리고 재현의 정치학〉 국제학술대회에서 베를린 훔볼트대학교 잉에 슈테판(Inge Stephan) 교수는 영화 〈수쥬 Suzhou River〉(2000)와 김기덕 감독의 〈섬〉(2000)의 예를 토대로 논문 「신화의 복귀-지구화 시대의 남성판타지 Wiederkehr des Mythischen-Männerphantasien im Zeitalter der Globalisierung」를 발표했다. 이에 대해 장춘익 교수는 '여성의 신비화와 비밀의 변증법'이라는 제목의 논평을 하는데, 그 핵심 주장은 다음의 세 가지 정도로 요약된다. 첫째, '물요정(Wasserfrau)'이라는 서구의 신화적 여성성 이미지가 아시아로 유입된 것은 후기산업사회의 지구화 시대 훨씬 이전이다. 그것은 19세기 말 서구의 제국주의적 팽창 과정에서 이미 배태된 아시아인들의 서구문화 선망과 상관이 있다. 한국인들이 오래전부터 학교 음악시간에 〈로렐라이〉를 즐겨 노래했음을 상기해보라. 둘째, "가부장 문화는 여성에게 자신의 필요와 욕구를 정확히 표명하고

자신의 삶을 선택할 수 있는 기회를 금지하고는, 그렇게 만들어진 여성을 본질적으로 그러한 것으로서 존재화하였다. 이제 여성은 말을 통해서 자신을 표현하지 않는 존재이고, 본질적으로 수수께끼 같은 존재가 된다. (…) 여성성의 신비화는 바로 남성들이 여성을 분절된 대화를 통한 의사소통의 상대로 여기지 않는 데서 비롯"된다. 셋째, 그 불투명성은 여성을 욕망하는 남성들이 여성에게 접근하는 것을 어렵게 만들기 때문에, 가부장 사회에 사는 여성에게는 드문 권력자원이 되기도 하며, 그래서 여성 스스로 신비화를 원하기도 한다. 하지만 이 신비화 전략은 여성이라는 "비밀이 부과하는 긴장을 해소하기 위하여 폭력적인 방법을 사용"하도록 남성들을 호도할 수 있다. 장춘익의 생각에 따르면, 여성의 신비화가 유지되는 가부장 지배 사회에서 "포르노그래피는 폭력적인 방법으로 비밀을 풀어헤치는 방법"으로 일상의 행위규범 목록에 허용된다 (이 논평문은 유고로 탁선미가 소장하고 있다).

19 "젠더연구는 문화와 사회와 학문에서 성이 어떤 의미가 있는지를 묻는다. 젠더연구는 어떤 확정된 성개념을 전제하지 않는다. 젠더연구의 관심은 오히려 뒤집어 보는 데 있다. 즉, 성의 개념이 어떻게 생겨나고 또 만들어지는가를 추적하는 것이다. 성의 개념에 도대체 어떤 의미들이 부여되는지, 그리고 정치적 권력의 분배과정에, 사회구조에, 또 지식과 문화와 예술의 생산에 성개념이 어떤 영향을 미치는가 묻는 것이다."(크리스티나 폰 브라운·잉에 슈테판, 『젠더연구-성 평등을 위한 비판적 학문』(2002) 탁선미 외 역, 나남출판, 19.)

20 앞의 책, 91 ~ 146.

21 남겨진 '나의 젠더 일대기' 에세이 과제들을 검토해보면, 여학생들의 경우 자신이 어떻게 지금과 같은 '여성'의 태도를 획득하게 되었

는지, '여성되기' 중 무엇이 자신을 힘들게 했는지, 그러면서 동시에 어떻게 스스로도 성차별적 시선으로 자신과 타인을 바라보았는지, 이제 어떤 점에서 집단적 젠더성과 젠더 역할로부터 자유롭고 싶은지, 또 이성에 대한 자신의 친밀성과 사랑의 욕구는 어떻게 실천하고 싶은지를 주로 이야기한다. 남학생들의 경우 성장기 가족에 의해 금지된 여성적 역할(요리, 부엌살림)에 대한 실망을 고백하기도 하고, 부모님이 물려준 남성성의 긍정적 가치를 대변하기도 한다. 또 자신이 지금까지 가졌던 여성차별적 태도를 반성하기도 하고, 〈여성주의철학〉 수업을 통해 달라진 시선을 발견하고 스스로 놀라기도 한다. 동시에 여성에 대한 긴장감과 불안을 '역차별' 논리로 은폐하기도 하고, 또 다른 경우는 남성으로서보다 인간으로서 정체성을 주체적 태도로 찾을 것을 다짐하기도 한다.

22 권율수는 필자와의 한 인터뷰(2021.07.15.)에서 이러한 취지로 2010년대 중후반의 수업 분위기를 서술했다.

23 젠더를 '슈퍼코드'로 지칭한 장춘익 교수의 필적을 남겨진 교재의 여백에서 확인했다. 체계이론 연구자인 정성훈은 이것이 루만의 체계이론에서 빌려온 개념이라는 것을 지적했다. 경제체계의 교환 과정 전체를 조직하는 가장 보편적이고 추상적인 매체인 화폐와 유사하게, 젠더는 가부장제 체제에서 사회적 관계 전체를 조직하는 가장 보편적이고 추상적인 매체라는 장춘익 교수의 생각을 엿볼 수 있는 대목이다.

24 한국여성연구소, 『젠더와 사회-15개의 시선으로 읽는 여성과 남성』(2014), 동녘, 9.

25 예를 들면 '여성적' 외모와 태도에 대한 관습적 사유와 표현물들, 다르게 표현하면 젠더의미화의 상징 실천들은 그 외모와 태도에 기꺼이 부합하는 여성에게는 칭찬이자 자부심의 근거가 될 수 있

다. 그러나 그에 부합하기 원하지 않는 여성에게는 억압이자 처벌의 근거가 된다. 흑인여권운동가 소저너 트루스(Sojourner Truth)와 같이 강한 여성의 신체는 '남자 같다'는 규정으로 그 여성의 것이 아닌 어떤 것으로 부정된다. 이러한 '여성성 규정'으로 인해 '여자가 남자보다 신체적으로 약한 것은 사실'이라는 명제가, 그리고 여성집단에 대한 남성집단의 '자연적 우위' 주장이 유지된다. 다음 장에서 다루게 될 집단 설문조사에서 한 응답자는 〈여성주의철학〉 중 실제로 벌어진 이런 논쟁의 사례를 보고하고 있다. 장춘익 교수의 대답은 "세계 1등의 육상선수가 남성이라는 게 도대체 남성일반과 무슨 상관이 있는가? 어쨌든 달리기를 잘하는 여성은 넘쳐나고, 일반적인 남성들은 그들보다 느릴 거라는 게 사실이다. 그 사실이 세계신기록 선수가 남성이라는 사실로 상쇄되는 것이 아니다"라는 것이었다. (9번 문항에 대한 응답 중, 1995년생/2017년 수강, 여)

26 2017년 한림대 〈좋은 수업 에세이〉 경연대회에서 강도연(철학과)은 〈여성주의철학〉 수업에서 토론이 주었던 지적, 해방적 경험에 대해 다음과 같이 보고한다. "2016년 5월. 강남역의 한 화장실에서 한 살인사건이 일어났다. 이 사건은 가해자의 '여성혐오'적인 면이 드러나며 단순한 살인사건이 아닌 피해자가 여성이기에 생긴 범죄로서 '만약 피해자가 남성이었다면 이런 범행이 일어날 수 있었을까?'. '나는 한국 사회에서 여자로 살아가기 때문에 이런 범행에 노출될 수밖에 없다'라는 생각들이 사회의 수면 위로 드러나게 했다. 뒤이어 '여성혐오' '페미니즘' '한남'이라는 단어들이 등장한다. 이러한 것들은 사회를 여성과 남성의 편을 갈라 각자의 성별 뒤에 숨어 혐오를 조성해나갔다. 갈등의 시대를 살아가는 나는 어떤 삶의 태도를 취해야 하는가. '여성'으로서 나는 이 사회를 어떻게 바라봐야 하는가. 그런 생각이 들었고 2017년 1학기 나는 〈여성주의철학〉

을 수강하게 된다. 사실 이 수업을 듣기 전에 나는 2016년 교양으로 〈○○○와 여성〉을 수강했었다. 하지만 이 수업은 단순히 '페미니즘이나 여성혐오의 정의' 등을 교수님이 설명해주실 뿐이었다. 그 때문에 그것들의 정의나 역사를 알게 되었으나 무엇인가가 부족했다. 나는 이에 설명적인 부분에서 벗어나 다양한 주제들로 다양한 학우들과 대화를 나누고 싶었다. 페미니즘을 말하는 것이 왜인지 모르겠으나 말하는 주체로서 조심스러워져 당당하게 말할 기회가, 남들과 이에 대해 토론할 기회가 필요했다. 내가 이 수업을 추천하는 이유가 수업방식이 청강이 아닌 발표와 토론이기 때문이다. (…) 가장 기억에 남는 주제는 '여성혐오(mysogyny)'와 '여자는 왜 군대를 가지 않는가?'이다. 나는 '여성'으로서 수많은 '여성혐오' 속에서 살아왔다. (…) 어릴 때 텔레비전을 켜면 (…) '된장녀' '김치녀' '개념녀' 등의 여성이 그려졌다. 나는 그런 프로를 보며 '나중에 크면 허영심이 많은 속물인 여자가 되지 말아야지, 개념 있는 여성이 되어야지'(…)라는 생각을 가졌었다. 이 모든 게 '여성혐오'라는 사실을 나는 2016~2017년에 깨달았다. 깨닫고 보니 우리 사회 속은 '여성혐오'로 범벅되어 있었다. 남자만 여성혐오를 하는 것이 아닌 여성도 스스로도 여성혐오를 하고 있었다. (…) 군대의 문제도 그 근본은 '여성혐오'에서 온다. 여성을 남성들이 지켜줘야 하는 존재, 집에서 아이들을 보고 집안일을 하는 존재라 생각하고 (…) 남성들만 군대를 가야 한다고 정한 것이다. 이 주제로 발표했던 한 학우가 있었는데 오히려 군대 문제가 자신을 남성이라 역차별을 당한다는 주장을 했던 것이 기억에 남는다. 수업에서 다양한 주제에 대해 발표했는데 그때마다 그에 대해 성별 이분법적으로 진행되었었다. 그래서 더 재밌었고 더 많은 생각을 할 수 있었다."(우리 과의 수업을 소개합니다 - 〈여성주의철학〉, 철학과 강도연, 한림대 사이

트 관련 자료란)

27 나는 노성숙과의 대화를 통해서 이러한 연관성에 처음 주목했다.

28 김동광(2007), 소크라테스문답법의 교육적 의미, 「교육사상연구」,
제21권 제1호, 67~88, 68.

29 이 내용은 우드러프의 설명으로 김동광(2007)의 앞의 글에서
참조한 것이다. Paul Woodruff(1987), *Expert Knowledge in the
Apology and Laches: What a General Need to Know* (Boston Area
Colloquium in Ancient Pilosophy. Vol. 8. ed. Cleary). 출처: 김동광
(2007), 앞의 글, 71 이하.

30 에밀은 유아기(0~3세), 아동기(4~11세), 소년기(12~15세)의 발
달 단계에 따라 보호와 정서적 안정, 신체능력, 사물판단력을 키우
도록 교육받는데, 제2의 탄생기라고 할 수 있는 청년기(16세~)에
이르러 비로소 형이상학적 사유와 도덕적 의지를 키우는 교육단계
에 들어가게 된다.

31 이런 논지를 전반적으로 이해하기 위해서는 다음을 참고할 수 있
다. 폴-앙투안 미켈(2020), 루소, 인간학과 정치학 사이에서: 『에
밀』의 교육론, 「근대철학」 15집, 79~99.

32 장 자크 루소, 『에밀 또는 교육론 2』(2007), 이용철·문경자 역, 한
길사, 85 이하.

33 앞의 책, 254.

34 소년기까지 에밀과 장 자크의 의사소통은 주로 문답법이다. 소년
기에 필요한 교육은 지식전달이 아니라 학생의 자율적 판단력 고
양이다. 장 자크는 이를 위해 에밀을 혼란스럽게 만드는 질문을 던
지고 당혹감에서 다시 스스로 새로운 답을 찾도록 자극한다. 전숙
경은 소년기의 이러한 의사소통 방식이 소크라테스의 문답과 유사
하다고 말한다. 그런데 영혼이 탄생하는 제2의 탄생기인 청년기에

는 교육화행이 고백적 의사소통으로 넘어간다고 지적한다. (전숙경(2016), 『에밀』의 대화를 통해 본 루소의 교육적 의사소통, 「교육철학 연구」, 39권 2호, 139~164, 특히 149~151.)

35 앞의 책, 150.

36 앞의 책, 151.

37 한승일은 1988년 입학해서, 1992년 2학기 장춘익 교수의 한림대 첫 수업을 수강하게 된다. 그는 학부 졸업 후 대학원 석사과정에 입학했고, 장춘익 교수의 지도 아래 니체에 관한 논문으로 1995년 석사학위를 취득한다. 현재는 기업을 운영하며, 한림대 철학과 학술제를 위해 매년 기부금을 출연하고 있다(본문의 인용문은 2021년에 운영되었던 장춘익 선생님 구글 추모사이트에 게재된 것으로, 조한진희가 정리한 추모문집의 2판에 포함되어 있다).

38 "1학년 1학기, 팀별 발표 방식이었던 장쌤 수업에서 ppt 제작을 맡았다. 내 ppt는 평범하기 그지없었지만 장쌤은 수업을 마치고 내게 디자인에 소질이 있는 것 같다며 칭찬을 해주셨다. 교수님은 그 후로 내가 만든 ppt나 포스터를 항상 유심히 보시곤 역시나 잘한다며 칭찬을 아끼지 않으셨다. 그 정도는 아니라고 생각했지만 교수님의 말씀은 복수전공을 선택할 때 큰 영향을 미쳤다. 그리곤 해당 수업에서 C⁺을 받았다. ㅎㅎ 사실 난 괜찮았는데 교수님은 좋은 점수를 주지 못해 마음에 걸리셨는지 나에게 관심을 많이 가지셨고 내가 받을 수 있는 장학금을 알아봐주셨다. 교직이수를 하면서 교수님과 더 많은 이야기를 나눴다. 교수님은 언제나 나의 말에 귀 기울이셨고 나의 선택을 응원해주셨다. 학년이 올라갔을 땐 학과 운영이나 교직 수업 관련하여 함께 논의를 하기도 했는데, 돌이켜보니 나를 얼마나 존중해주셨던 건지 그땐 미처 몰랐던 것 같다. 장춘익 교수님은 섬세하셨다. 그 섬세하신 성격으로 학생들의 작은 이

야기에도 집중하셨다. 강의식 수업보다 학생들의 의견을 자유롭게 듣기를 좋아하셨다. 둥그렇게 앉아서 대화하듯 수업하실 때는 한 사람으로서 존중받는 느낌을 받았다. 성적을 내야 할 때가 오면 매번 가위바위보를 해서 채점을 하고 싶다고 장난인 듯, 진심인 듯 말씀하셨다."(윤유미(철학과 15학번), 『그리운 장춘익 선생님 추모문집』(2020), 178. 이하 『추모문집』), "철학과 학생도 아닌 그저 스쳐 지나가는, 특별할 것 없는 비전공 학생일 뿐이었는데도 교수님께서는 그런 한 명의 학생에게조차 수업이 어렵진 않은지, 사소하게나마 궁금한 것은 없는지 종종 물어봐주셨습니다. 수업시간에는 얼굴에 궁금점이 드러나 있지는 않은지, 어려워하고 있지는 않은지 한 명 한 명 얼굴을 바라보며 강의하셨고, 학생들과 차분하지만 치열하게 질문과 답변을 주고받으셨습니다. 학기가 끝나갈수록 저의 전공교수님이 아니시라는 게 아쉬웠고, 철학과 학생들은 질문에 거리낌 없는 이런 자유로운 수업을 받는구나 싶어 부러웠습니다. (…) 권위가 있는 위치에 있으면서 수평적임을 추구한다는 것, 타인에게 먼저 따뜻한 말을 건넨다는 것이 쉽지 않다는 것을 너무 잘 알고 있습니다. 그렇기 때문에 여전히 교수님을 존경하지 않을 수 없습니다."(익명, 타전공 학생, 2017~2018년 장춘익 교수 수업 수강추정, 『추모문집』, 148.)

39 2019년 2학기~2021년 1학기 4개 학기 기준 전국 46개 철학과 중에서 여성(주의) 관련 전공교과목을 개설한 경우는 총 6개 학과(서울시립대, 서울대(미학과), 이화여대, 전북대, 제주대, 한림대). 이 중 2015년 이전부터 해당 교과목을 운영한 학과는 서울시립대, 전북대, 한림대 철학과 3개 학과이며, 교과목의 안정적 운영을 가능하게 하는 조건인 전임교원의 교과목 담당은 한림대와 제주대 철학과 단 2개 학과뿐이다. 제주대의 〈여성철학〉 담당교원은 2018년

신규 부임했으니, 결과적으로 전임교수가 2015년 이전부터 여성
주의 강의를 철학과 전공교과목으로 개발, 운영한 경우는 한림
대 철학과가 유일하다. 유감스럽게도 이 6개 철학과 중 두 군데는
2021년 이후 여성(주의) 전공교과목의 유지가 불투명해졌다. 한림
대 철학과 〈여성주의철학〉의 경우 교과목을 담당할 전임교원이 불
확실해졌고, 전북대 철학과에서는 10년 넘게 비전임교원이 개설해
오던 〈여성철학〉이 전공교과목 축소 정책에 따라 2022년부터 폐지
가 유력하다.

40 이 설문조사 14개 문항은 이 책의 2장 끝에 첨부되었다.

41 다음 인용은 그 구체적 내용이다. 괄호 안 앞의 숫자는 응답자의 출
생 연도이며, 뒤의 숫자는 〈여성주의철학〉 수강 연도이다: 강의 수
강 직후 여성운동 관련 동아리(?)가 과 내에 생기면서 예비역 연합
회와 갈등이 있었던 것으로 기억함(75/00 여). 학내 여성주의운동
을 하고 있었음. 운동사회 내 성폭력 사건 공개, 반성폭력 문화제
진행, 호주제 폐지 운동, 지역 여성단체 연대 활동(77/00 여). 당시
인터넷이 보편화되면서 온라인에 여성주의 커뮤니티가 활발히 생
성되기 시작해 오프라인에서의 수업과 함께 삶에 영향을 주었고,
학교에서 여성주의 동아리와 철학과 토론 동아리에 참여하며 여성
주의에 대한 관심과 공부가 더 깊어질 수 있었다(80/00 여). 동아
리 내에서 성추행 사건이 있었는데 가까운 사이에서 더 자주 발생
한다는 걸 체감했습니다(79/00 여). 학과 내에서 성희롱 사건이 있
었다(81/01 여). 대학 내 성폭력 문제 및 최초 여총학생 회장 당선
(81/03 여). 2004년에는 성매매방지특별법이 제정(83/04 여).

42 차별금지법이 당해에 시행령 혹은 입법 예고하였을 것임(80/07
남). 여성주의 수강 후 그다음 해인 2012년에 메르스가 발생, '메갈
리아'가 탄생(91/11 여).

43 ISIL에 가담한 한국 청소년이 트위터에 올린 "나는 페미니스트가 싫다"에 반발하며 '#나는_페미니스트다' 해시태그 운동이 활발해지고 모 방송에서 코미디언 장동민의 여성 비하 발언이 기름을 부으며 젠더 이슈가 폭발적으로 일어났었다(87/15 여). 2016 강남역 살인사건(10명 이상 응답). 주변 친구들에게 제가 게이임을 밝히게 되던 시기와 비슷했던 것 같습니다(95/17 게이). n번방과 사건(98/18 여). 미투 운동이 활발(93/18 젠더, 섹스 남 지향성 이성애, 벗 오픈마인드). 페미니즘의 급진적인 형태의 활성화와 그로 인한 반발(페미니스트에 대한 적대시)과 안티페미니즘 논의의 활성화, 여성할당제(97/20 남). n번방 사건(98/20 여). 숙명여대 트랜스젠더 입학 관련 사건(99/20 여).

44 9번 문항 응답 텍스트에 대한 좁은 의미의 텍스트 마이닝 분석처리는 교육학박사 김동진의 지원을 받았다. 본문의 박스 안 분석과정은 김동진의 분석 처리과정을 요약한 것이다. 2장 본문의 키워드 빈도표, 워드클라우드, 키워드 네크워크는 그 분석 결과다.

45 TF—IDF 지수는 해당 키워드가 문서 내에서 차지하는 중요성을 나타내며, 연결중심성 지수는 네트워크를 구성하는 여러 키워드 간 상대적 중요성을 나타낸다.

46 사각으로 표현된 노드(node)와 선으로 표현된 링크(link)로 이루어진 네트워크에서 노드의 크기는 키워드의 중요성을 나타내며, 링크의 굵기는 키워드 간 상호연결의 강도를 의미한다.

47 이해듬, 남민우(2018), 대학 강의평가 주관식 결과의 텍스트마이닝을 통한 전공 계열별 좋은 수업 특성 분석, 「한국유아교육」, 제20권 제 2호, 21~41, 30.

48 이 문항들에 대해서는 약 70~75명이 응답했는데, 그 평균 점수는 각각 4.65점, 4.40점, 4.21점이었다. 설문조사 14번 문항은 수업의

경험과 의미에 대한 평가를 세부적으로 규정하는 문장 4개를 제시하고 동의하는 경우 복수로 긍정 응답하도록 요청했다. 세부 평가에 대한 동의율은 ①수업을 통해 다양한 여성주의 사상에 대해 이론적으로 접근할 수 있었음(50.56%), ②일방적 수업을 넘어 성차와 성평등에 대한 솔직하고 자유로운 소통과 토론을 경험하였음(42.70%), ③나의 젠더 인식과 경험을 되돌아보고, 기존에 당연시 여겼던 생각이나 성차별에 대해 개선이 필요하다는 자극을 받았음(43.82%), ④수업을 통해서 형성한 여성주의철학 관점은 재학 중 또는 졸업 이후에 사회를 관찰하고 인간관계를 분석하는 힘을 기르는 데 도움이 되었음(49.44%)이었다.

49 벨 훅스, 『벨 훅스, 경계 넘기를 가르치기』(2008), 윤은진 역, 모티브북스, 241.

50 앞의 책, 184.

51 앞의 책, 238.

52 앞의 책, 243.

53 위르겐 하버마스, 『공론장의 구조변동-부르주아 사회의 한 범주에 관한 연구 Strukturwandel der Öffentlichkeit』(2004), 한승완 역, 나남출판. 이 책은 원래 하버마스의 교수자격논문으로 약간의 가필 후 1961년에 출판된다. 이 글에서는 새로운 서문이 첨부된 1990년 신판을 한승완이 번역한 2001년 나남출판본을 참조했다.

54 앞의 책, 24.

55 앞의 책, 38.

56 이것은 1960년대 당시 하버마스가 사회주의식 민주주의 개혁을 지지하던 학생운동에 의해 배척되는 이유가 된다. 하지만 1980년대 후반~1990년 초반 동구권의 민주화 운동을 통해 경제적으로 이미 붕괴하던 사회주의 체제가 몰락하자 하버마스의 이론은 진보

적 사회적 실천에 관심을 갖는 모든 정치이론 논의에서 다시 중심에 서게 된다.

57 위르겐 하버마스,『공론장의 구조변동-부르주아 사회의 한 범주에 관한 연구 Strukturwandel der Öffentlichkeit』(2004), 한승원 역, 나남출판, 40 이하.

58 하버마스를 직접적으로 다룬 장춘익 교수의 학술적 글들은 21세기북스에서 2022년 출간된『비판과 체계-하버마스와 루만』의 1부에 모두 정리되어 있다. 특히 1990년대에 집중된 장춘익 교수와 국내 진보적 학자들의 하버마스 연구의 의미와 변천 과정에 대해 다음의 논문을 참조할 수 있다. 이시윤(2021), *90년대 하버마스 네트워크의 형성과 해체 : 딜레탕티즘과 학술적 도구주의는 어떻게 하버마스 수용을 실패하게 만들었는가*, [서강대학교 사회학과 박사학위 논문].

59 장춘익,『비판과 체계-하버마스와 루만』(2022), 21세기북스, 48 ~ 72, 60.

60 "하버마스는 여론의 특징을 그 내용이나 주제에서가 아니라 여론화 과정, 즉 어떤 문제가 사회적 문제로 주제화되는 과정에서 찾는다. 이 과정을 그는 크고 작은 규모로 일어나는 언어적 의사소통에서 본다. 그가 여론 중에서 특히 중시하는 것이 정치적 여론이다. 하버마스에게 시민사회란 "사회적인 문제 상황들이 사적인 생활영역들에서 일으키는 반향을 수용하고 응축하며 소리를 키워서 정치적 여론으로 넘기는 다소간 자발적으로 생겨난 연합체나 조직, 운동 등"(Habemas(1992): *Faktizität und Geltung*, p.443)으로 구성된다." (앞의 책, 18 ~ 47, 40, 미주 32)

61 장춘익,『근대성과 계몽-모더니티의 미래』(2022), 21세기북스, 136 ~ 155, 60.

62 Habermas(2019), *Auch eine Geschichte der Philosophie*, Frankfurt a.M., 23, 출처: 장춘익, 『비판과 체계-하버마스와 루만』(2022), 21세기북스, 177~207, 206.

63 장춘익, 앞의 책, 206 이하. 이 논문은 2019년 두 권으로 출판된 하버마스의 『또 하나의 철학사 Auch eine Geschichte der Philosophie』의 새로운 회고적 문제의식을 탐구한 장춘익의 마지막 논문이다. 이 논문의 마지막 문장은 "단지 수평적으로 연결하라!"(강조는 필자)인데, 이것은 "단지 연결하라!(Only connect!)"라는 포스터의 말을 관계의 평등성을 강조하는 방향으로 유쾌하게 비틀어 차용한 것이다.

64 이와 관련해 집단 설문조사의 몇몇 응답들을 구체적으로 살펴보자. "구체적인 학술적 내용을 바탕으로 한 배움도 당연히 많았지만, 선생님 수업에서 일관적인 특성 한 가지와 그 효과를 말하고 싶다. 선생님은 역사철학 수업을 제외하면 거의 전부 발표 및 토론, 그리고 자발적 참여로 수업을 이끌어가셨다. 적대를 포함하는 주제의 모든 철학이 그렇듯, 이 수업도 단순히 내용 전달과 교류의 건조함을 항상 넘어서는 긴장과 자기 경험의 토로가 뒤따랐는데, 나한테는 이 수업과 방식의 상관이 많은 질문과 배움을 '느끼게' 해줬다."(93/17 남) "여학우들의 의견들을 들을 수 있는 기회가 저에게는 상대적으로 적었던 것 같습니다. 하지만 수업을 통해 여학우들의 의견을 듣고, 제가 가지고 있는 행동이나 신념을 다시 한번 돌아보게 되어 좋았습니다."(95/17 게이) "페미니즘과 관련된 주제면 언제나 갈등으로만 이어지고 온전한 토론이 이루어지기 쉽지 않은데 장춘익 선생님은 그 선을 정말 잘 지키고 모두가 마음을 다치지 않게 잘 조율하여 이론과 실사례를 잘 적용하고 접목하여 수업을 진행하셨다. 앞으로도 어디든 이러한 주제로 신나게 토론할 수 있는

모습을 볼 수 있는 광경은 많지 않다고 생각했다."(92/17 여)

65 이런 학습전이와 공론장의 파생효과가 반드시 공공적인 방식으로만 이루어지는 것은 아니며, 사적 사회적 관계에서도 나타날 수 있다. 2018년도에 〈여성주의철학〉을 수강한 한 학생은 다음과 같이 말한다. "n번방과 같은 사건이 터졌을 때 피해자를 이해하지 못하고 괜히 나선다는 말을 가족들에게 들었을 때 굉장히 충격적이었고, 그들에게 피해자에 대한 입장을 이해시키고 페미니즘에 대한 올바른 생각을 전달해주기 위해서 다시 한번 〈여성주의철학〉에서 읽었던 책을 읽었습니다. 가족들이 아직 완전히 이해하려 하지 않았지만 그래도 이전보다는 눈과 귀를 열었다 생각되어 교수님의 수업에 다시 감사함을 느꼈습니다. 수업이 없었더라면 횡설수설하는 말만 늘어놓아 역효과가 났을 것입니다."(98/18 여)

66 이유진(2006), *성매매와 언론*, [학사학위 논문], 서문.

67 장춘익선생님추모위원회, 『그리운 장춘익 선생님 추모문집』(2021), 곰출판(비공식 출판물, 이하 『추모문집』으로 약칭).

68 이 책 서두에 실린 장춘익 교수의 에세이 「어쨌건 페미니스트인 Y에게」 역시 '날개통신'에 게재되었던 것으로 그가 학과 내 공공의 이슈에 대해서도 어떻게 개인적인 관계형식으로 자신의 생각을 전하는지 잘 보여준다.

69 이와 비슷한 의미로 장춘익 교수의 초기 제자이며 서울 소재의 모 대학 석사과정으로 진학했던 이민호는 다음과 같이 말한다 "(…)교육자로서 장춘익 선생님의 가장 큰 업적이라면, 소외되어 스스로에게 기대하지 못하는 또는 스스로를 신뢰하지 못했던 학생들에게 보냈던 무한의 신뢰와 격려와 실질적인 지지였어요. 그리고 그것은 유효기간이 없었기에 더 든든했었고 학생들로 하여금 이 신뢰와 격려를 저버리면 안 된다는 의무감까지 가지게 했었죠. 선생님

은 신뢰할 수 있는 사람으로부터 신뢰와 격려와 지지를 받을 때 생기는 변화의 힘을 믿었던, 아니 너무 잘 알고 있었던 분이었어요."
(탁선미와의 카톡 교신. 2021.08.15)

70 『추모문집』, 88 이후.

71 『추모문집』, 174.

72 『추모문집』, 89.

73 이런 모습은 이미 독립적인 인간이 된 성인 자식들이 부모의 갑작스러운 죽음을 맞으면서, 또는 이제는 각자 독립적으로 살지만 한 때 깊은 우정을 나누었던 옛 친구의 죽음 앞에서 한 개인이 자신도 예기치 못한 실존적 충격을 겪는 심리상태와 유사하다.

74 E.Teyber·F.H.Teyber, 『상담 및 심리치료 대인과정접근』 7판 개정증보판(2017), 장미경 외 역, CENGAGE, 49.

75 앞의 책, 47.

76 앞의 책, 47.

77 앞의 책, 69.

78 Pedersen et al.(2008), *Counselling across Cultures* (6th ed.), Thousand Oaks, CA:Sage, 재인용: 앞의 책, 69.

79 『추모문집』, 174.

80 『추모문집』, 135.

81 이에 대해서는 크리스티나 폰 브라운·잉에 슈테판, 『젠더연구』(2002), 탁선미 외 역, 나남출판, 164 참조.

82 지배적 남성성이 유지되는 방식을 코넬은 다음과 같이 설명한다. 동성애 남성은 철저히 억압해 '예속'시키고, 위계 질서상 낮은 남성들에게 '가부장제의 배당금'을 지불해 '공범'으로 관리하고, 유색인종의 남성은 '주변화'하는 식으로 권력에서 배제한다(앞의 책, 155).

83 그녀의 교육이론은 다음의 책을 참조: 벨 훅스, 『벨 훅스, 경계 넘기를 가르치기』(2008), 윤은진 역, 모티브북.

84 장춘익, 「요리 철학 혹은 철학 요리?」(2000년대 중반 추정), 『추모문집』, 35.

85 장춘익, 「인류 최고의 생각」(2001 추정), 『추모문집』, 57.

86 장춘익, 「사랑? 자유의 문턱에서」(2006), 『추모문집』, 59.

87 사이먼 크리츨리, 『믿음 없는 믿음의 정치』(2015), 문순표 역, 이후, 17.

88 「대학 성평등 교육 제도화 방안 개발 위탁」(2020) 용역을 수행하는 과정에서 전국의 339개(2019년 KOSIS 기준 일반대학, 전문대학, 교육대학, 산업대학을 포함) 대학에 자료조사 협조 공문을 요청했고, 이에 응하여 최종 201개 대학에서 응답을 보내왔다.

89 이 책의 1장 미주 8을 참조할 것.

90 Achenbach, G. B.(2010), *Philosophie als Beruf. Zur Einführung in die philosophische Praxis: Vorträge, Aufsätze, Gespräche. Essays.* Köln, Verlag für Philosophie Dinter. 156.

91 앞의 책, 157.

92 노성숙(2016), '세계관 해석'의 심화와 확장으로서의 철학상담: '소크라테스 대화'를 중심으로, 「현대유럽철학연구」, 40, 1~36.

93 장춘익 선생님 추모사이트에 실렸던 한승일의 글. 이 책의 1장 58쪽 이하에 보다 자세히 인용되어 있다.

94 탁선미의 발표 내용은 이 책에서 주로 1장과 3장에 반영되어 있다.

95 테오도어 W. 아도르노, 『변증법 입문』(2015), 홍승용 역, 세창출판사, 314.

96 인터뷰는 한림대 철학과 김주일이 2013년 〈교육학개론〉 과제로 실시, 촬영한 것으로, 2021년 6월 5일에 한림대에서 진행된 장춘익

교수 추모제에서 상영되었다.

97 세계 여성의 날(3월 8일)을 상징하는 구호인 "우리는 '빵과 장미'를 원한다"에서 따왔다. 빵은 '생존권'을, 장미는 '인권'을 뜻한다.

98 2000년에 개설된 여성주의 커뮤니티 포털 사이트.

99 1998년에 개설됨. '자본과 국가로부터 자유로운 진보적 사회운동 정보화 네트워크'를 표방.

100 이들은 어느새 모두 결혼을 했고, 각각 한 아이와 세 아이의 엄마가 되었다.

101 박순옥, 2019.08.01. '장흥군 "세미누드 사진촬영대회 예산 지원 않을 것"', 「오마이뉴스」 http://www.ohmynews.com/NWS_Web/View/at_pg.aspx?CNTN_CD=A0002558696

102 '처음 만난 자유'는 여성주의 공동체 '날' 동아리를 중심으로 2004년 구성된 한림대 총여학생회 준비위원회 명칭이다. 그해 한림대 학생총회에서 총여학생회 비준이 부결되어 발족되지 못했다.

103 2004.12.13. '[보도] '성매매 근절…' 대자보 논란' 기사에서 교직원의 인터뷰 내용, 「한림학보」

104 '생활밀착형 B급 교양문예지'를 표방한 지역독립잡지 계간 「지글스」는 2014년 1월부터 2017년 12월까지 4년간 총 16권을 발행하고 완간했다. 지글스 페이스북 페이지 https://www.facebook.com/zigls

105 문화기획달의 농촌 페미니즘 캠페인 활동은 페미니스트저널 「일다」에서 2016년 6~8월 총 6회 연재되었다. 명심, 2016.06.13. '농촌에 온 여성들의 반란, 그 XX' 「일다」, http://www.ildaro.com/sub_read.html?uid=7497

106 문화기획달은 2014년 1월에 창립하여 전북 남원과 지리산 지역을 중심으로 지역 성평등 활동과 다양한 문화예술 교육을 진행했으며

2021년 3월 해산했다. 문화기획달의 활동이 아카이빙된 단체 블로
그에서 사업 내용을 볼 수 있다. (https://blog.naver.com/mooncult)
문화기획달은 2017년 올해의 양성평등문화상을 수상했다. 참고기
사: 이세아 기자, 2017.10.13. '시골엔 여자가 낄 데 없다? 지리산
여자들의 페미니즘 실험', 「여성신문」 http://www.womennews.co.kr/
news/117491

107 2018 문화기획달 페미니즘 캠페인 소식지 https://blog.naver.com/
mooncult/221244038756

108 '여성, 사회를 바꾸다' 인터뷰 "페미니스트로 살 수밖에 없게 만드
는 사람들이 있어요. 저희들은 그들을 '뮤즈'라 부르는데, 성차별주
의적인 발언을 하시면 또 하나의 영감을 주셔서 감사하다, 뮤즈가
또 찾아오셨다고 하죠.(웃음)", 「문화저널」, 2021년 10월호.

109 고등학생운동과 관련해서는 다음의 논문 참조. 양돌규(2006), 민
주주의 이행기 고등학생운동의 전개과정과 성격에 관한 연구, [성
공회대학교 일반대학원 석사학위 논문] / 전누리(2016), 고등학생
운동 참여자의 사회진출에 관한 연구: 고등학생운동의 집합적 정
체성 형성과 결과를 중심으로, [성공회대학교 일반대학원 석사학
위 논문]

110 당시는 '미안해요 베트남' 운동이 막 싹틀 무렵이기도 했다.

111 인티파다는 1987년부터 시작된 이스라엘에 대한 저항운동으로 팔
레스타인의 민중봉기를 의미한다.

112 박원순 서울시장 성폭력 피해자가 여성단체에 지원을 요청한 사실
에 대해, 여성단체연합 김영순 대표가 남인순 국회의원에게 알리
고, 남 의원이 서울시 젠더특보에게 전달하는 사건이 있었다. 이에
여성단체연합 혁신위는 '여성단체연합 김영순 대표─남인순 국회
의원 성폭력 피해자 지원 정보 유출 사건'으로 명명하고, 1년 뒤 피

해자에게 사과문을 발표했다.

113 김도성 기자, 2020.08.05. '[특집] 박원순·안희정·오거돈… '민주·진 보의 권력형 성폭력'을 말한다', 「한겨레TV」, https://www.youtube. com/watch?v=xgOxfnoa9cI / 임재우 기자, 2021.01.25. '진보진 영 성폭력 공론화 21년…경각심 생겼지만 사건은 반복', 「한겨레」 https://www.hani.co.kr/arti/society/society_general/980342.html

114 질병권은 건강권을 포함하지만 초점을 이동시킨 개념으로 잘 아플 권리를 의미한다. 자세한 내용은 다음 참조. 조한진희, 2021.01.16. '건강한 몸 아니라 '아픈 몸'이 사회의 기본값', 「한겨레」 https:// www.hani.co.kr/arti/society/society_general/979037.html

115 응급실에서 복통 치료를 받기까지 남성은 평균 49분이 걸리지만, 여성은 65분을 기다려야 한다. 심장마비가 온 젊은 여성은 집으로 돌려보내질 확률이 7배나 더 높다. 여성은 여성에게 흔한 질병이더 라도 병을 진단받기까지 더 오래 기다리고, 때로는 이 기간이 수년 을 넘어가기도 한다. 자세한 내용은 다음 책 참조. 마야 뒤센베리, 『의사는 왜 여자의 말을 믿지 않는가』(2019), 김보은 외 역, 한문 화, 18.

116 장현구 기자, 2016.12.22. '男의사보다 女의사가 돌본 환자가 더 건강하다?', 「연합뉴스」 https://www.yna.co.kr/view/AKR2016 1222009300075 / 2022.01.22. '여성이 남성 의사에게 수술 받을 때 사망률 더 높다는 연구 결과… 이유는?', 「BBC코리아」 https:// www.bbc.com/korean/features—60013031

117 질병권 관련 활동은 다음의 내용을 참조할 수 있다. 다리아·박목우 외 지음, 조한진희·다른몸들 기획, 『질병과 함께 춤을』(2021), 푸른 숲.

118 장춘익, 『근대성과 계몽-모더니티의 미래』(2022), 21세기북스,

349.

119 지식은 사회적 지위에서 비롯된다고 주장하는 페미니스트 이론적 관점. 이 관점은 전통적인 과학이 객관적이라는 것을 부정하고 연구와 이론이 여성과 페미니스트의 사고방식을 무시하고 소외시켰음을 시사한다. 이 이론은 억압받는 계급의 사람들이 특권 계급의 사람들이 이용할 수 없는 지식에 특별하게 접근할 수 있다는 마르크스주의적 주장에서 나왔다.(브리테니커 백과사전, https://www.britannica.com/topic/standpoint-theory)

120 8·15 민족통일대축전 집회를 조직하기 위해서 7월 말부터 전국을 돌며 통일 이슈를 알리는 활동이다.

121 민족해방운동 계열에서 학생운동을 했던 경험이 이후에 차별금지법 제정 운동에서 어떻게 다시 만났는지는 다음의 글에서 서술한 바가 있다. 나영정, '세계와의 불화, 피부의 연대 : 페미니스트, 소수자, 퀴어'(권김현영 외, 『페미니스트 모먼트』(2017), 그린비).

122 1996년 연세대에서 범민족대회와 통일대축전 행사를 열려던 한총련 학생과 경찰이 9일 동안 격렬하게 충돌했고, 1000여 명이 부상했으며 진압작전에 투입된 이경 1명이 사망했다. 연행자는 5848명. 단일 사건으로 최대였고, 이 중 462명이 구속됐다. 손호철은 "'연세대 사태'가 부른 학생운동의 추락"이라는 칼럼에서 학생운동이 90년대 후반으로 가면서 오히려 대중노선을 버리고 소수정예 중심의 급진주의로 나아가면서 고립을 자처했다고 분석한다. "한총련을 장악한 주사파는 온건자주파와 평등파를 다 숙청하고 강경노선 일변도로 나갔다. 그 결과가 바로 연세대 사태와 이로인한 학생운동의 고립이다. 이후에도 한총련은 자기성찰을 통해 혁신을 하기보다는 지나가던 선반공을 프락치로 몰아 고문 살해하는 등으로 도덕적 추락의 길을 걸었다. 설상가상으로 정부는 한총

련을 이적단체로 판결해 불법화하고 말았다." (손호철, 2021.08.13. "'연세대 사태'가 부른 학생운동의 추락', 「프레시안」 https://www. pressian.com/pages/articles/2021081218422744344)

123 미소지니(misogyny)는 가부장제의 역사와 궤를 같이 하는 여성억압을 가리키는 개념이지만 김신현경은 근대성의 확립과 더불어 생각해야 한다고 한 이브 세지윅의 논의를 지지했다. "근대의 강제적 이성애는 남성과 여성의 성애적 결합을 강제하는 동시에 남성들 사이의 탈성애적 유대를 기반으로 하기 때문에 여성은 고유한 개인이 아니라 남성들 간에 교환되고 소유되는 사물과 같은 위치에 놓인다." (김신현경(2016), '미소지니를 넘어서기 위해 더 물어야 할 질문', 「말과활」, 11호, 114~115.)

124 2020년 알바노조의 언더조직을 비판하면서 조직을 떠난 여성활동가들은 '언더조직 조직문화 인터뷰집'을 만들어서 공개했다. 이 책자를 읽으면서 한총련 언더조직의 문제점을 돌아볼 수 있었고, 언더조직을 유지하기 위해서 여성에게 더 가혹한 통제의 방식을 확인하게 되었다. 관련 내용은 다음의 기사에서 참고할 수 있다. 전현진 기자, 2020.09.05. '노조 활동의 '보이지 않는 손' 맞서 폭로·반성·성찰 2년… 다시 선 청년들', 「경향신문」 https://www.khan.co.kr/national/labor/article/202009050600055

125 장애여성공감은 장애인 시설의 폐쇄를 요구할 뿐만 아니라 다양한 소수자들이 시설화된 삶을 강요당하는 억압을 문제 제기한다. 조미경은 시설화를 "지배권력에 의해서 특정 개인이나 집단을 '보호/격리/관리'의 대상으로 규정하고, 사회와 분리, 권리와 자원을 차단함으로써 '불능화/무력화'된 존재이게 하며, 자신의 삶에 대한 통제권을 제한하여 주체성을 상실시키는 것"으로 정의한다. (장애여성공감, 『시설사회』(2020), 와온, 303.)

126 이진희는 발달장애 여성과 평등한 관계맺기에 대해서 고민하며 "대화의 목표가 어디냐에 따라, 통제를 더 많이 받아들여야 하는 것이 누구냐에 따라, 도전과 변화가 누구에게 더 많이 주어지느냐에 따라 차이는 생겨난다. 장애여성공감도 여전히 그 주도권과 실행력은 비발달장애인에게 더 있다. 다만 주도권과 실행력이 발휘되는 방식과 속도, 주도할 수 있는 기회를 끝없이 배분하고 평가하면서 조금씩 다르게 해보는 방법을 멈추지 않는다"고 결심한다. (장애여성공감, 『어쩌면 이상한 몸』(2018), 오월의봄, 229~230.)

지은이

탁선미

한양대 독문과 교수. 동대학 전 양성평등센터장. 독일미학, 현대독일문학 외 독일과 유럽의 기억문화 및 역사적 트라우마 연구, 젠더이론과 문화적 상징화 연구에 관심이 있다. 관련된 다수의 연구물과 역서『저항의 미학 1권』,『파편화한 전쟁』(공역),『젠더연구』(공역) 등이 있다.

나영정

퀴어페미니스트, 성적권리와 재생산정의를 위한 센터 셰어(SHARE), 가족구성권연구소, HIV/AIDS인권활동가네트워크와 소수자난민인권네트워크 등에서 활동하고 있다. 차별받는 소수자의 관점에서 사회구조 변화를 모색하고 있다. 공저로『페미니스트 모먼트』,『베틀그라운드』,『시설사회』 등이 있다.

정희진

여성학·평화학 연구자, 문학박사, 국방부 양성평등위원회 민간위원, 한국여성의전화 전문위원.『페미니즘의 도전』등 다수의 저서와『한국 여성인권운동사』등 많은 편저·공저작이 있다. 다학제적 관점에서 한국현대사를 재해석하는 데 관심이 있다.

신광영

중앙대 사회학과 CAU-펠로우 교수. 비교사회체제 관점에서 사회 불평등을 연구한다. 저서로는『한국 사회 불평등 연구』,『스웨덴 사회민주주의: 노동, 복지와 정치』,『교육,

젠더와 사회이동』(공저), 『Precarious Work in Asia』(공저) 등이 있다.

오정진

부산대 법학전문대학원 교수. 법여성학, 법사회학, 법철학 외에 여성학 협동과정에서 여성주의철학과 이론 분야를 교육하고, 같이 공부하고 있다. 저서로는 『주변의 법』, 『너머의 법』 등이 있다.

김은희

경인교대 윤리교육과 교수. 롤스와 왈저의 정치철학 비교연구로 서울대에서 철학박사학위를 받았다. 이후 정의론을 성윤리에 적용하는 연구를 한다. 저서로는 『도덕철학사강의』, 『현대 페미니즘의 테제들』(공저), 역서로는 『해석과 사회비판』 등이 있다.

이현재

서울시립대 도시인문학연구소 교수. 여성철학과 도시철학, 디지털 페미니즘과 포스트휴먼 그리고 신유물론에 관심을 가지고 있다. 저서로는 『여성혐오 그 후, 우리가 만난 비체들』과 『코로나 시대의 페미니즘』(공저) 등이 있다.

노성숙

한국상담대학원대학교 상담심리학과 교수이자 철학상담전문가. 철학상담 워크숍을 제공하고, 청소년 및 생애전환기에 필요한 철학상담 프로그램을 개발, 운영하고 있다. 저서로 『심리치료와 철학상담』, 『철학상담으로 가는 길』 등이 있다.

조한진희

여성, 질병, 장애, 팔레스타인 관련 사회운동을 한다. <나는 장애인이다> 등 다수의 인권 다큐멘터리와 연극을 만들었고, 저서로 『아파도 미안하지 않습니다: 페미니스트의 질병관통기』, 『포스트코로나 사회』(공저), 『라피끄: 팔레스타인과 나』(공저) 등이 있다.

이미옥

전남 장흥에서 농사 짓는다. 『네가 좋은 집에 살면 좋겠어』(공저), 『터박이씨앗, 넌 누구니?』 등의 책을 함께 썼다.

이유진

전북 남원에서 친구들과 지역서점 겸 페미니즘 문화공간 '살롱드마고'를 공동운영하면서 젠더교육, 타로상담, 글쓰기 등 좋아하는 일을 통해 사람들과 만나고 있다. 저서로 『몸이 말하고 나는 쓴다』가 있다.

삶을 바꾼 페미니즘 강의실

장춘익 교수의 여성주의 교육실천 20년을 만나다

탁선미·조한진희 외

1판 1쇄 펴냄 2022년 5월 18일

펴낸곳	곰출판
출판신고	2014년 10월 13일 제2020-000068호
전자우편	walk@gombooks.com
전화	070-8285-5829
팩스	070-7550-5829

ISBN 979-11-89327-17-0 03330